JN232650

9 ANGLES

新・住居学
［改訂版］
生活視点からの9章

渡辺光雄・高阪謙次編著

ミネルヴァ書房

改訂版発行にあたって

　初版（第１刷）を出してから16年の歳月がながれた。当時はまだ若い住居学者の７人が全国から集まって，それこそ侃侃諤諤と論議してでき上がったのが本書である。正直，この教科書が第15刷になるまで長く使われるとは考えていなかった。著者一同，使っていただいた皆さんに大変感謝している。

　この間に日本の住宅は大きく変化し，それも全体的には良くなってきたといえる。浴室や洗面所の設備や，台所の調理器具や電化製品などが進化して住生活は着実に快適になった。住宅地の環境も徐々に改善されてきて，「福祉のまちづくり」も始まってきたといえる。しかし一方ではシックハウス問題や，高齢化にともなう住宅のリフォームなど深刻な問題がでてきた。そしてこの間に私たち日本人は阪神淡路大震災・新潟中越地震にみまわれ，意外と震災にもろい住環境のことを深く考えさせられたのである。

　今回の改訂にあたって全体を見直してみることはもちろん，新しく話題になっている事象を本文の随所に「コラム」として載せた。例えば家族型の変化と「ディンクスカップルとは」，「理想の住宅は無い」，「登校拒否から不登校・引きこもりへ」，「コレクティブハウジング」，「住宅改造」，「ユニバーサルデザインとは」，「建築基準法の改正」，「パッシブシステムとアクティブシステム」，「環境共生住宅」，「狙われる高齢者のリフォーム」，「住宅品質確保促進法」，「シックハウス対策」，「景観法および景観緑三法について」，「ビオトープとは」などである。

　実は今回の改訂作業は私たちにとって簡単ではなかった，それは前述した７人の著者たちが現在はそれぞれ責任ある要職にあり多忙になったからである。７人全員が一同に集まることは無理になってしまった。しかし今回の改訂には皆，とても積極的であった。それは自分たちが若くして書いた本書への愛着が強かったことと，また最近は「住居学」に関する新しい教科書があまり作られていないことである。ミネルヴァ書房からの意向もあり本書を改訂し，末永く「住居学」の名著として残そうという強い意気込みが著者一人ひとりの心に共

通してあったからである。

　初版のはしがきにも書いたが，本書はまず面白く，そして分かりやすいことを心がけた。些細な知識だけを詰め込むものとはしたくない，むしろ住居に対する見方，考え方を学んでほしいことを強調した。今回の改訂を迎え改めて全体の内容を検討してみると，確かに分かりやすく面白く書かれている。しかし，それは単に面白く分かりやすいのではなく，若き著者たちのどうしても伝えたいと考えた主張が随所に光っていることに気づいた。そこには著者たちの日本住宅への熱い願いが込められていたからであろう。その観点は現在でも古くない，それどころかますます新鮮にかつ重要になってきていると思う。今回の改訂にあたり著者一同が改めて願うことは，私たちの住居に対する情熱が読者の皆さんに少しでも伝わって欲しいということである。

　2005年6月

著　　者

はしがき

「住居学の授業は本当に必要だろうか」——時々こんなことを考えることがある。わざわざ住居学を学ばなくても，私たちはずっと以前から住居のなかで暮らしてきた。そして，これからも住居で暮らしていくことに別に困難を感じることはなさそうである。

しかも住居に関する情報は実に多い。新聞，雑誌，テレビなどには多くの住居，住宅に関する情報があり，私たちは知らず知らずのうちに住居についてかなりの知識をもつようになってきている。そしてもっとも，「住居学を学ぶ必要があるのだろうか」と考えさせられてしまうのは，土地が高く住宅が高価だという現実を考えるときである。いくら勉強しても理想的な住宅を手に入れることは困難であり，それよりも下手に住居学を勉強すると知識だけ増えて現実とのギャップに悩みつづけることになりそうだからである。

2単位「住居学」の教科書とはいかにあるべきか，こんな問題意識をもって全国から集まり4年前から研究しはじめたのが，この本の7人の著者たちである。その本とは，まず面白くなくてはならないこと，そして些細な知識をつめこむようなものにしたくはないこと，これが最初の全員の合意であった。

誰でも住居での暮らしから逃れることはできない。「食」と「衣」とともに一生ついてまわるのが「住」生活である。そして，その生活が少しでもよくなるようにと誰しも望んでいるのである。それならば一生を貫いて，しっかりとした"住居思想"のようなものをもてないものだろうか。そう考えたのが本書である。それは，住居に関したこまごました雑多な知識をたくさん覚えることではない，一生を生きていくうえでの私たちがもつべき住居に関する基本的な考え方なのである。住宅を新築したり購入するときだけの知識ではない，むしろ普通に暮らしているときの住居，住生活に対する判断力のようなものである。そのような中心の考え方を大切にしたかったのが本書の姿勢である。

本書では，その"住居思想"の要点を8つのポイントに整理した。序章から第9章までの各章，すなわち序章　住居学を学ぼう，第1章　住まいをみる目，

第2章　住まいの移り変わり，第3章　住まいはいま，第4章　住まいと子供，第5章　住まいとハンディキャップ者，第6章　住まいをつくる，第7章　住まいと消費者，第8章　住まいの貧困，第9章　これからの住まいと"まちづくり"，がそれである．

　これら各章の内容はなるべく平易に明快に書くことを心がけた．そして図と表を多くし，最新のデータを使って"住居思想"のポイントが明確にわかるように努力した．特に本書の場合，章を学習する順序はない，どの章からでもよい，楽しくわかりやすい章から順次に学習してほしい．そして，細かな知識よりもその章ごとにある"住居思想"の要点をしっかりと身につけてほしいものである．そして，住居をみる目を少しずつでも養っていってほしいことが執筆者一同の願いである．

　1989年3月

編　　者

新・住居学 ［改訂版］

——生活視点からの9章——

目　次

改訂版発行にあたって

はしがき

序　章　住居学を学ぼう

1　こんな部屋で暮らしてみたい　2
2　住空間を読みとろう　3
3　住空間を自由につくってみたい　5
4　住生活の歴史を学ぼう　6
5　自分の住まいを見直そう　8
6　家族の生活を考え直してみよう　10
7　暮らしの心理を学習しよう　11
8　ハンディキャップの場合は　12
9　太陽がいっぱいの家　13
10　住宅は商品である　14
11　住宅はなぜ高いのか　15
12　まちづくりに参加しよう　18

第1章　住まいをみる目
──住まいと家族①──

1　生活の器──住まいと生活認識　22
　　住居は不可欠なもの…(22)　住居の設計とは…(22)
2　住むことが切なくて泣く──住まいと人格形成　24
　　住宅事情を広く知る…(24)　深刻な住宅事情…(25)　住宅事情と人格形成…(26)
3　あふれるモノのなかで──住まいと生活様式　27
　　あふれる住宅広告…(27)　広告写真の限界…(27)　家具の購入──モノは多

すぎないか…(28)
4 家にいるのはいつ――住まいと生活時間　31
　　在宅時間とは…(31)　家族が顔をあわす時間…(31)
5 何のために働くか――住まいと家計　33
　　高すぎる日本の住宅価格…(33)　住居は個人の責任か…(35)
6 サザエさんの家――住まいと家族の響応　37
　　サザエさんの家庭…(37)　平等主義の住宅…(38)　住み方の比較…(39)
7 壁の長さ――住まいの変化　42
　　壁の量の増加…(42)　洋間と和室…(43)

第2章　住まいの移り変わり
――住まいと家族②――

1 古代――住まいのはじまり　46
　　定住のはじまり…(46)　屋根の形成…(46)　床（ゆか）の発生…(47)　家屋文鏡…(48)
2 中世――いろいろな住まいの発達　48
　　まち（町）の形成…(48)　寝殿造住宅の登場…(49)　農家住宅の発達…(50)　僧侶の生活…(51)　書院造住宅…(52)
3 近世――庶民住宅の発達　52
　　江戸時代の町民の知恵…(52)　下級武士の生活…(53)　「長屋」と「しもた屋」…(54)
4 現代――都市住宅の形成　55
　　明治の都市住宅…(55)　「中廊下住宅」の出現…(56)　台所の改善…(56)　初期のアパート…(57)　戦後の住宅復興…(57)　「居間」（リビングルーム）の確立…(58)　建売住宅の増加…(58)　家具の増加…(59)

第3章　住まいはいま
──住まいと家族③──

1　「もの」と「ひと」の関係　62
　　生活構造論──生活を構造としてみる…(62)　機能分離論──住まいのなかの機能をみる…(63)　ＬＤＫ論──家族の集まるところをみる…(64)　ゾーニング論…(64)

2　行為をめぐる矛盾　66
　　動線論──台所トライアングル説…(66)　食寝分離論──寝室と食事室の分離…(67)　空間矛盾の「暫時的統一」…(68)

3　住まいの変化・発展　69
　　イメージ・ブレイキング（Image Breaking）…(69)　公私室分離論…(70)　「ハレ」と「ケ」の論理──接客優先か家族優先か…(71)

4　これからの住様式　72
　　起居様式論──和風か洋風か…(72)　狭小住宅と多家具現象──モノいっぱいの狭い住宅…(72)　住様式比較論──外国の住まいとの比較…(73)　「もの・ひと」の分類──「もの」「ひと」の無限の連鎖…(75)

第4章　住まいと子供
──住まいと家族④──

1　子供部屋要・不要論　80
　　個室にとじこもる子供たち…(80)　何のための子供部屋か…(81)　「人と家との関係の状態」…(85)

2　登校拒否児の住生活　87
　　とじこもりの意味…(87)　隠れたコミュニケーション…(90)　家族空間密度…(92)　テリトリー行動…(94)

3　テリトリー形成能力の発達　97
　　学齢期前のテリトリー形成…(97)　思春期における「わが家」…(99)　自立とは…(100)

　　　　　　　　　　　　　　　　　　　　　　　目　次

4　システムとしての住居　101
　　家族システム機能の回復…(101)　住居と家族のシステムとしての結合…
　　(103)

第5章　住まいとハンディキャップ者
──住まいと家族⑤──

1　誰もがハンディキャップ者になる　106
　　ハンディキャップ者とは…(106)　なぜ「ハンディキャップ者」か…(107)　ハ
　　ンディキャップを軽減する視点…(108)
2　住まいがハンディキャップをつくる　110
　　住まいが行為達成障害をもたらす…(110)　安全性について…(116)　経済と
　　の関係…(117)
3　ノーマライゼーションと住まい　117
　　ノーマライゼーションとは…(117)　ノーマライゼーションと住宅の可能性
　　…(120)　ソフトとハードの結合…(123)
4　高齢者向け住宅の状況　123
　　高齢者向け住宅施策の発展…(123)　英国の高齢者向け住宅…(126)　デンマ
　　ークの高齢者向け住宅…(127)　スウェーデンの高齢者向け住宅…(127)　日
　　本の高齢者向け住宅…(128)

第6章　住まいをつくる
──設計の方法を学ぶ──

1　いろいろな住空間を知る　132
　　住空間の模写…(132)　住空間のボキャブラリー…(133)　図面を"読む"…
　　(133)
2　計画条件を整える　136
　　敷地・住宅規模の決定…(136)　生活条件の決定…(142)
3　設計をはじめよう　145
　　部屋の位置…(145)　家屋の概略の形…(148)　内部の計画をはじめる…

(149)　エスキースの開始…(150)　エスキースをくり返す…(160)　設計図として清書する…(161)　建築家の役割とは…(165)

第7章　住まいと消費者
——住まいと社会①——

1　住宅の消費者問題の発生と消費者運動　168
　　住宅の消費者問題とは何か…(168)　住宅の消費者運動のはじまり…(168)　草の根型住宅の消費者運動…(170)　阪神大震災——立ち上がった専門家たち…(171)　悪徳商法と土地問題…(172)
2　住宅トラブルの発生とその内容　173
　　住宅トラブルとは何か…(173)　住宅トラブルの顕在化過程…(173)
3　欠陥住宅における被害の実態　178
　　欠陥住宅とは…(178)　深刻な生活被害…(181)　欠陥住宅の売り逃げと近隣関係の破壊…(183)　欠陥住宅の発生と被害の現われ方…(185)
4　住宅の消費者問題発生の背景　187
　　住宅の商品化の進展…(187)　消費者の主体性の低下…(188)　行政の対応の遅れ…(189)　住宅の消費者問題を学ぶ意義…(190)

第8章　住まいの貧困
——住まいと社会②——

1　住まいの貧困とは何か　194
　　人間らしい住宅水準とは…(194)　住宅貧困の階層性…(195)　豊かさのなかの住宅貧困…(197)
2　住宅貧困はなぜ生じるのか　199
　　庶民の住まいの貧しさ…(199)　資本主義と住宅問題…(199)　都市化と住宅問題の深化…(200)
3　住宅政策とその充実　201
　　住宅政策の前史——イギリス…(201)　わが国の住宅政策…(203)　公的住宅

の縮小…(205)　破綻する住宅政策…(205)　住宅とローン地獄…(208)
4　人間らしい住まいを求めて　209
　　生存権保障としての住居…(209)　人間らしい住まいの基準…(210)　住居法の確立…(211)　住宅運動と住生活の改善…(213)　よりよい住まいを求めて…(215)

第9章　これからの住まいと"まちづくり"

1　「まちづくり」とは何か　222
　　ゲーリー・クーパーの名言…(222)　身近な環境への主体的かかわり…(222)
2　自己実現のある住み方　227
　　住への愛着心を生かす…(227)　住への自主性を育む…(229)　地域の文脈を読む住まい・まちづくり…(231)
3　参加による住まい・まちづくり　234
　　生活者主体による住文化創造の時代へ…(234)　「ハード」と「ソフト」の相互関係としてのまちづくり…(235)
4　集住のライフスタイルを育てる　237
　　「ホテル家族」vs「いろり家族」…(237)　集住の「わずらわしさ」を越える…(240)　集住の「楽しさ」を演出する…(242)
5　ともに生きるまちづくり　245
　　老若提携の住まい・まちづくり…(245)　子供にワイルドな環境を…(248)
6　住まい・まちづくりにおける参加の機能　254
　　近代を越えて…(254)　参加の機能…(254)

索　引　257

コラム

第1章　テレビ——カバーをかけては…(23)　食卓——狭さのせいにせずに…(28)　転用——移転自在のワゴンに…(29)　ディンクスカップルとは…(41)　押入——入れっ放しになりがち…(43)

第2章　家作禁令…(50)　「丈間物」角材…(53)

第3章　「理想の住宅」は無い…(76)

第4章　登校拒否から不登校・引きこもりへ…(82)　家づくり…(83)　居住水準と登校拒否…(93)　プロクセミックス…(95)　エステム（ESTEM）…(102)

第5章　コレクティブハウジング…(109)　住宅改造…(118)　ユニバーサルデザインとは…(121)

第6章　建築基準法の改正…(141)　セクションブックの書き方…(146)　「部屋の位置図」を書くにあたっての注意点…(147)　パッシブシステムとアクティブシステム…(153)

第7章　環境共生住宅…(169)　狙われる高齢者のリフォーム…(176)　誇大広告…(177)　瑕疵（かし）保証…(183)　住宅品質確保促進法…(184)　マンション問題と居住者運動…(186)　住宅は特殊な商品である…(191)　シックハウス対策…(192)

第9章　「ハートビル法」のハートは？…(224)　オクタビア・ヒル…(226)　景観法および景観緑三法について…(236)　コーポラティブ住宅…(246)　ビオトープとは…(252)

序　章
住居学を学ぼう

この章で学ぶこと
　私たちは日頃，住居のなかで何げなく暮らしている。住居は空気のようなものであり，このことについてあまり深く考えない。しかも，住居は高価なものであり考えても仕方がないといった一種の挫折感のようなものもある。しかし，一方で誰しもいつかは素敵な住居に住んでみたい"夢"も持っているのである。本書では，この住居のことを自分の問題として改めて深く考え，かつ楽しく学んでほしい。そして，本章ではこの学んでほしいいくつかの視点を紹介したい。これは本書全体の概略の構成（各章）に相当するものであり，この序章により本書で学ぶ概要を理解したい。

1 こんな部屋で暮らしてみたい

　図-1は，外国の雑誌に紹介されていた子供部屋である。上段は作りつけのベッドであり，その下（下段）が勉強コーナーのようになっている。ベッドの下が低い天井のようになっていて，三方の壁で囲まれた勉強コーナーは，子供の活動スケールにあった独特の雰囲気がある。そして，上段のベッドは広々としていて，活発な男の子が喜びそうなベッドである。

　この図を見たある小学生の男の子が「僕もこんな部屋が欲しいなぁ」と言った。男の子には男の子の部屋への夢がある。女の子には女の子の夢がある。部屋への夢は子供たちばかりではない，若者にもある，そして老人にも老人なりに住んでみたい部屋への夢があるはずである。

　しかし，私たちはその夢を具体的に持っているのだろうか。明確にこんな部屋に住みたいという要求をしっかり持っているのであろうか。前述の小学生の

図-1　外国の子供部屋

男の子も，この図を見なかったら，もしかしてその要求は具体的にならなかったかもしれない。そして，この写真に出会わなかったら一生涯，この少年は"部屋への夢"をいだかずにすごしてしまうかもしれない。

　私たちは誰しも"夢"を持つ権利がある。もちろん，夢が夢だけで終わることは残念であり，ときとしてはそれが苦痛になる場合もある。しかし，ほとんどの人間は人生をより豊かに暮らしたい欲求を持っている。暮らしが一歩ずつでも豊かに発展していくことは，人間誰でも共通の願いである。

　本書ではさまざまな住宅を見ていきたい。快適で楽しい，いろいろな住空間を学習していきたい。そして，人間が生活する住空間は実に多様なものがあり，またそこには限りない可能性があることも学びたい。そして，いつの日か私たちが家族を持ち，住宅に暮らしはじめるとき，本書で学習したことを役立てて豊かな暮らしをきずいていくようにしたいものである。

2　住空間を読みとろう

　快適で楽しい，いろいろな住空間を多く学んでいくためには，たくさんの住宅の事例をみることである。それも，ただ写真や絵を見ることだけではなく，住宅の設計図を読みとることを勉強すべきである。

　図-2は，建築家が設計した住宅である。この住宅の内部はどのような住空間になっているのだろうか。まず一階と二階があり，H型をした二階が一階の上にあること，屋上の下が書斎，寝室の下が台所・食堂，ギャラリーの下がホール，子供室の下が車庫，もう一つの子供室の下が和室であることがわかる。そして，居間の上部は二階の床がなく，居間の天井が二階まで抜けている"吹き抜け空間"であることを読みとりたい。

　さて，この住宅の玄関はどこであろう。車庫の脇を曲って，小さな庭をながめながら玄関に入る。玄関に入るとすぐホールである。全面にはソファーの背中越しに吹き抜けの広い居間があり，左手には二階へ上る階段と，居間に降りる2～3段の階段がある。右手には便所に入るドアが見える。

　ホールの上はギャラリー（展示の廊下）であるから，天井は低い。ホールから

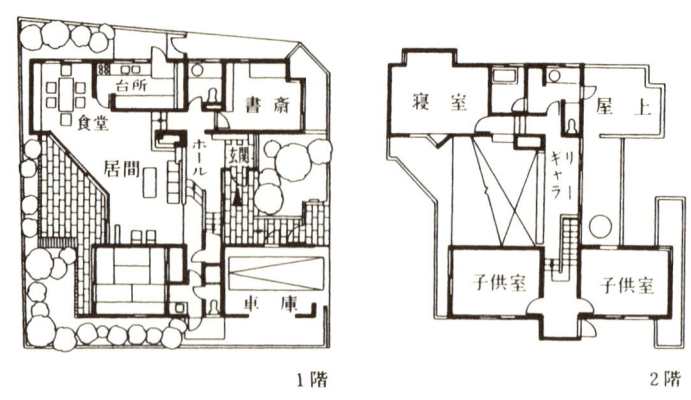

図-2 二階にとった3つの個室は，ギャラリーにより夫婦寝室と2つの子供室は分離され，それぞれのプライバシーが確保されている。（設計：波多野江健郎）

　2～3段の階段を降りると，誘われるように広い居間に出る。居間の外はイスでも出したいレンガ敷の庭があり，食堂の部分は天井が低い落ち着いたコーナーになっている。そして台所からのサービスもしやすい位置にあり，窓からは植え込みの緑が目に入る。

　この住宅の風呂場はどこにあるのだろう。二階である。風呂と便所と寝室，これらがすべて二階にあることは，家族のプライベートな行為の空間が二階に集まっていることである。これは，安心して入浴，洗顔，脱衣，用便，睡眠ができるよう空間的に保証しているのである。

　このように設計図を見ることを"平面図を読む"という。平面図をていねいに，詳細にながめていくと面白い。そこには人間のドラマが展開されているからである。例えば，朝寝室で目覚めたところから，夜寝るまでどのような動きをするのであろう。また，冬と夏ではどのように異なるのであろう。このように読んでいくと，よい設計と悪い設計がすぐわかるようになり，同時にそこにいままで考えたこともなかった住空間の形態がたくさんあることに気づくのである。

3　住空間を自由につくってみたい

　建築家のように自由に住空間が設計できたら楽しいだろう。建築家が自由に住空間を設計できるのは，建物のきまりや構造，その実現できる技術の体系を理解しているからである。本書では，このようなことも学習し，設計の方法も学習していきたい。また，たとえ本格的な設計ができなくても，住空間に対して自由な注文や，あるいは自信ある評価ができるようにしたい。

　しかし，その前に多くの人々は住空間に対して決まった先入観を持っているのではないかと思う。例えば，玄関はこの大きさ，風呂・便所は決まった大きさがあるとか，子供部屋はベッドと勉強机のセットの部屋であり標準の大きさが定まっているとか，何か一定の基準があると考えていないだろうか。窓の形は四角でなくてはいけない，どの高さにどの大きさでなくてはいけないとか，階段の上り方は決まっているなどという先入観がないだろうか。

　図-3は子供の絵本で有名なバーバパパ家族の図である。バーバパパの一家が苦労して新しい家を見つけたときである。子供たちがめいめいの部屋を持てるようになったので，絵が好きなバーバモジャはほんものの絵描きの部屋のように北側に大きな窓をつくった。バーバララは音楽室をデザインし，バーバベルは快適なクッションとカーテンを部屋に取りつけた。バーバピカリは望遠鏡のある部屋を，バーバズーは動物友達と一緒に住める部屋をつくった。バーバリ

図-3　子供たちは思い思いの個室を工夫してつくりました。(© 1971 Annette Tison)

ブは部屋を本棚でいっぱいにしました。バーバブラボーはスポーツのトレーニングができる部屋にした。

バーバパパの家族は，からだの形を自由に変えられるお化けの家族であるから，ふつうの人間にはできないことを自在にやってのける能力がある。私たちには，こんな家作りはもちろんできない。しかし，ここには何と自由でおおらかな"住まい"づくりの姿勢が現われていることだろう。私たちも"住まい"づくりに対して，少なくとも精神的に自由で解放された考えを持ちたいものである。

"住まい"づくりとは，けっして設計や新築することだけではない。現在暮らしている住空間のなかでもできるものである。私たちの身近な人のなかにも壁紙を貼り替えたり，カーテンを替えたり，家具の配置を替えてみることが好きな人がいる。あるいは，センスのよい家具を揃えて自分だけの部屋の雰囲気をつくりだして楽しむ人もいる。一般に，外国人に比べ日本人のほうが住空間を楽しむことに萎縮的であるといわれる。これは，住宅に対して家意識にもとづく封建的な財産意識のこだわりが長く続いたためでもある。

このように萎縮的で封建的な住居観や，先ほど述べた住宅に対する不必要な先入観を捨てて，バーバパパの一家のように自由で解放された住居観を持っていきたいものである（第1章参照）。

4　住生活の歴史を学ぼう

なぜ，私たちが萎縮的で封建的な住居観や住宅に対する不必要な先入観をぬぐいされないのかを考えてみよう。このようなこだわりが私たちの心のなかにあるのは，日本の住宅の発展の歴史と深く関係しているのである。

図-4は「こぶしの谷」（枚方浩介）という小説の一節である。

ここには"いろり"があった時代の農家の生活が描かれている。長男のチョウジロを特別に可愛がるばあの封建的な生活観が描かれている。私たちの先祖の多くの人々は，このような"いろり"を囲んだ生活を体験してきている。そして，そこには多くの人が涙した厳しく封建的な家族秩序があったのである。

奥から、いろりの間の板戸を開けて出てくると、ばあは、いきなり、

「このガキを、よこ座近くへ寄せるなというに！」

いいざま、むしろにはっていた、二つになるジョウキチのからだを、足先にかけてはねた。

ジョウキチのからだは、よりつきにすわっているお父うのヨシキチの横に、あっけなくころがった。声もたてなかった。お母あが、すばやく動いて、それを抱き上げた。八つになる長男のチョウジロが、よこ座にすわって、そのようすをだまって見ていた。

「バア、腹へったど。」

チョウジロがいった。

「よしよし、いま食わせるでな、まっとれよ、坊。」

手のひらをかえすことばづかいになって、ばあはチョウジロの方へふり向いた。

手には、いま仏だんから下ろしてきたばかりの、仏飯があった。

なべじろにすわると、ばあは、チョウジロのわんに仏飯を移した。

「これには、じいと、それから死んだお父うの、たましいがこもっとるんじゃでな。」

チョウジロは、そういわれると、ばあの顔を見てわらった。

チョウジロとばあが、はしを取り上げるのを待っていたように、ヨシキチと、お母あのチョと、そしてジョウキチの朝食も始まった。三人の鍋は、別だった。チョウジロとばあの間には、つけものもある、こうじ味噌もある。野菜の煮つけもあった。が、三人の間の鍋の中は、米粒のほとんどない、ヒエにアザミの葉をきざみこんだ、水だくさんのぞうすいだった。それきりだった。

その三人のようすを、チョウジロとばあのふたりは、見向きもせずに食事をすすめた。

いろりの間は、朝から暗かった。

いろりは、ふせ木という厚いケヤキ板できっちりとくぎられ、その板は、顔も映るほど深くみがきこまれていた。

――ゆるい端は、その家の面じゃ。

そういって、ばあが、柿シブでみがきこんだものだった。黒くしずんだつやの中には、この家にとりつかれたような、ばあのこころがしみていた。

いろり端には、その家のだれそれはどこにすわるという、固いきまりがあった。

家の奥を背にしたところを、よこ座といって、ここには、家で一番上の者がすわった。

よこ座から見下ろす右のところを、よりつきといって、そこには家で二番めの者。左をなべじろ、向かいをしもじろといって、なべじろには、その家の食事を取りしきる者がすわった。これはまた、家のしゃくし持ちともいわれて、ときによってはよりつきの者よりいばっていることもあった。しもじろには、その家で最も力のない、何をいっても相手にされない者がすわった。

――枚方浩介「こぶしの谷」（コボたち編集）

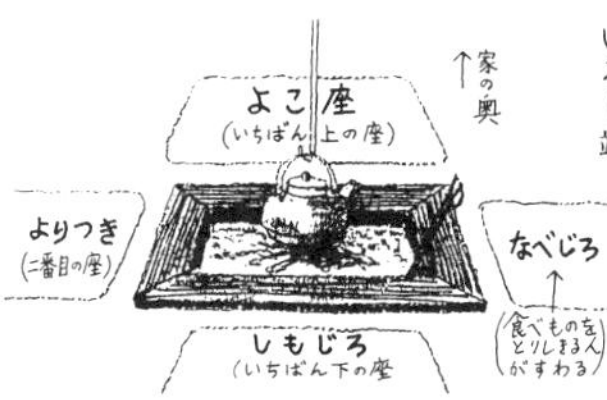
いろり端
家の奥
よこ座
（いちばん上の座）
よりつき
（二番目の座）
なべじろ
食べものをとりしきる人がすわる
しもじろ
（いちばん下の座）

図-4　いろりのある農家の暮らし

現在では，このような"いろり"もなくなり，同時にこのような極端な長男重視の家族観もなくなってきたのである。しかし，この"いろり"での封建的な生活を長い年月をかけて克服してきた人々の努力を思いおこすことが重要なのである。この克服の努力に学ぶことのできない人々は，現在でもその古い影響を受けつづけているのである。

　住居の歴史を学ぼう。かつて平安時代，紫式部は寝殿造住宅のなかでどのような生活をしていたのであろうか。そして当時の人々は，どのような努力をして住宅を改善していったのであろうか。さらに，その当時の住居観は現在の私たちにどのような影響を与えているのだろうか。現在のような住宅とそこでの住生活が実現できるまでには，多くの先祖の長年の努力があったからである。床も天井もなく土を掘っただけの竪穴住宅の時代から改良に改良を重ねて，現在のような住宅になってきたのである。私たちは，この歴史を学ばなくてはならない。

　そして，それは単に歴史的な変遷の事実を覚えることではない。大切なことは，私たちの現在の住宅がこのまま現在の形態で固定してしまうことではないことを学習する必要があるのである。私たちの住宅とその住生活が，今後も必ず変化していくことを理解することである。そして，今後の住宅と住生活の変化と発展のために，私たちが先祖の努力を引き継いでいく立場にあることを認識することでもある（第2章参照）。

5　自分の住まいを見直そう

　歴史的な到達点にある現在の私たちの住まいをみつめ直すことは，大切なことである。もう一度，冷静に自分の住まいをしっかりと見直してみよう。例えば，夏に風通しが悪くて暑い部屋はないか，冬に日が入らず寒くて困る部屋はないだろうか，あるいは，片づけても片づけてもすぐ汚れてしまう部屋はないだろうか，収納場所は十分か，風呂・便所・脱衣場などの使い勝手はどうだろう。

　図-5は，ある農家の現実の住生活を図示したものである。現実をそのままに

序章　住居学を学ぼう

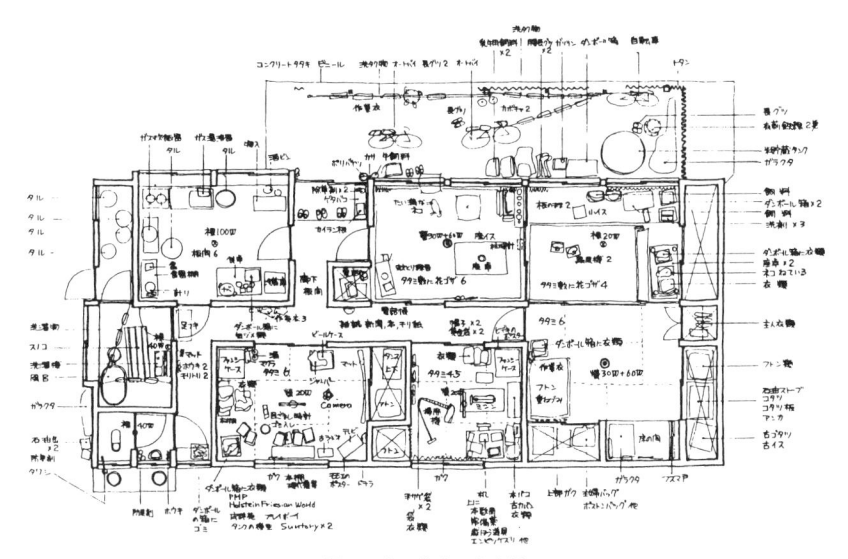

図-5　ある農家の住生活

① 玄関に除草剤, 回覧板がある。玄関脇にポリバケツ, 傘が置かれている。玄関が単に靴脱場ではなく, 多用な用途に使われる空間であることがわかる。
② 玄関脇のポリバケツは, この住宅の台所に勝手口がないためにここで残飯の処理がされることを物語っている。
③ 電話コーナーが玄関ホールにつき出してある。住宅のなかで電話の置き場, そのコーナーの計画はどこがよいのであろうか。この図はその問題を提起している。
④ 座卓のある室 (ネコが寝ている) は, 洗濯物が取り込まれる室でもある。この室に外から直接出入りしている様子が分る。洗濯物→洗濯機→物干し→取り込み (アイロン) たたみ→収納の一連の行為が不可欠であり, このための必要な場所と, 動線が合理的に計画されるべきである。この家の主婦も必要に応じ, 最も近い諸空間で作業しているが, さらに風呂場, あるいは更衣室との関係も重視すべきである。
⑤ 4.5帖に掃除機が置かれている。現在, 掃除機を使用しない家庭は少ないが, 掃除機の収納場所が確保されている住宅は少ない。
⑥ 衣類やマットが床上に散在している。床の間のある6畳には布団も出ている。これらは, 生活が収納空間の充足を要請しているのである。また, 押入に石油ストーブやコタツが収納されているが, これは冬期に出して使われるものである。生活は春夏秋冬のサイクルで展開され, これを配慮して計画されるべきことを示している。
⑦ 台所の横に漬物部屋がある。農家の豊かな食生活を支えるためには, この種の室が必要なことと, 漬物部屋は屋外との連絡と, 台所との連絡が必要なことを示している。この図の場合, 台所の壁面を多くとりたいために, この通路が風呂場を通過せざるをえないことを示している。しかし風呂場にとっては, スノコを乾かす場合など, 屋外との連絡ができるほうが便利である。
⑧ 物干し場に作業着, その近くに長靴がある。これは, 農作業のための更衣が屋外でおこなわれていることを示している。洗濯場の近くに更衣室を要求している。

図示してあるので，大変雑然としていることがわかる。しかし，ネコが寝ていたり，掃除機が出したままになっているのに気づくとき，私たちの住居にも多く見られる光景が，この図のなかにある。実際に雑誌のグラビア写真のような美しい生活は少ないものである。この自然な生活の様子，実態を実態として冷静に客観的にながめることが重要である。

この住宅に対しての①〜⑧の指摘は，この住宅の改善の方向を示している。このように実態を改めて冷静にながめてみると，いろいろな問題点に気づくものである。華々しい雑誌のグラビア写真は私たちに何の解決方法も教えてはくれない。むしろ住宅での問題とは，このような雑然とした住生活のなかにある具体的，個別的な事実である。そして，このような具体的，個別的な事実からの改善こそ，これまでの住宅を発展させてきた歴史なのである。

身近な事実に目を向けよう。冷静で客観的な目でもって調査してみよう。皆で討論していくなかに思わぬ事実が発見できるものである。本書から，このような視点や関心を持つ能力を学びたい。

6　家族の生活を考え直してみよう

図-6はデンマークの住宅の事例である。一つの住宅を三世代にわたって住みこなしているのである。図をていねいに読んでいくと，まず夫婦二人の新婚時代。このときはダブルベッドの寝室（S）が1つに，予備室（S）があり，居間に客用のシングルベッドがある。次に，子供が二人（兄と妹）になると，食堂の位置が変わり寝室（S）は3つになる。さらに，長男が結婚し，孫が二人になったときである。寝室の数は変らないが，ベッドの数が

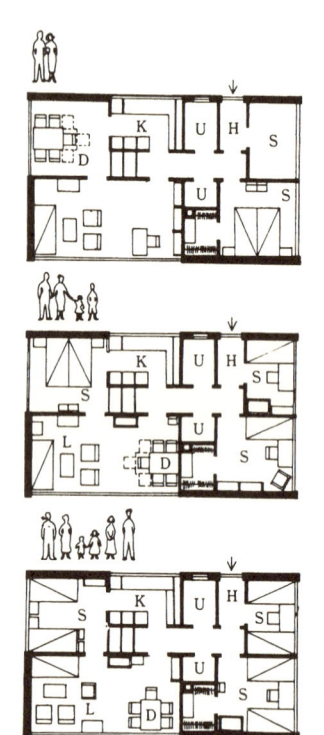

図-6　成長する家でなく，標準的平面に成長する家族が住む場合の室利用を示すデンマークの例
（注）　建築学会編『建築設計資料集成』より。

序章　住居学を学ぼう

増えていて，リビング，ダイニング（L, D）の家具アレンジにも変化がある。
　これは，約30年ぐらいの家族の変化に応じて間取りが変えられるという例である。この事例のように，かなり長期のことを考えて住宅を設計することも大切である。しかし，もっと大切なことは，住空間のなかで展開される「生活」とは何かということをしっかりと考えてみることである。生活には春夏秋冬の生活があり，朝昼晩の生活もある。家族の生活があると同時に，個人の生活もあるのである。「生活」とは，本来ダイナミックに変化・発展していくものである。その一方で，「空間」とはもともとスタティクな存在であり，この両者の間には常に衝突が発生している。私たちが住みにくくなったと思うときは，必ずこの衝突が発生しているのである。本書では身近な事例をたくさんあげて，この問題を学習することにとりわけ重点を置いている（第3章参照）。

7　暮らしの心理を学習しよう

　私たちは父母兄弟，家族と一緒に生活している。家族といえども，一人ひとり独立した人間であり，別々の感情を持って生活している。
　図-7は，有名な漫画『チャーリィブラウンとゆかいな仲間達』に登場するライナスという少年である。ライナスはいつも指をしゃぶっており，お気に入りの毛布を放さないのである。毛布でなくて，お人形を放せない少女も多い。このような子供はときどきいるものであり，子供でなくて大人のなかにも常に一つのタオルを放せない人がいる。実は，このことは生活空間と心理との関係で興味深いことなのである。
　一般に，人間は成長とともに自分の生活空間（テリトリー）を広げていくものである。赤ちゃんが最初に自分のものとして所有し自覚するものは，母親の乳房であるといわれる。成長とともにオモチャ箱を自分だけの

図-7　チャールズ・モンロー・シュルツ（Charles Monroe Schulz）作『チャーリィブラウンとゆかいな仲間達』に登場するライナス（Linus Van Pelt）。バン・ペルト家の長男でルーシーの弟。天才的な頭脳をもつ反面，指しゃぶりと安心毛布がトレードマークのアンバランス少年。おまけにハロウィーンのカボチャ大王の存在を信じている。

ものとし，他人にさわられると怒ったり，引き出しの一つを自分だけのものと宣言する。あるいは，お父さんの机の下に自分の物を集めだし，自分だけの秘密の空間をつくりだしたりする。このように自我の空間を自覚し，これが次第に発展していくことは人間の正常な生活空間（テリトリー）の拡大現象である。これらの過程を経て，ある年齢で自分の個室を自然に要求するようになり，さらにその生活空間（テリトリー）は屋内から屋外へ，家庭から社会へと広がっていくのである。

しかし，個室を要求する年齢に達しても個室が獲得できなかったり，あるいは個室の獲得が実現できても，他の家族から覗かれるようなプライバシーの守れない不完全な個室である場合には，その子供の心理は微妙なものになる。他の家族とその子供との日常の暮らしのなかで形成される心理関係は，住空間と深く関連しているものなのである。

複数の人間（家族）が一つの空間（住宅）のなかで暮らしている。一人ひとりは自立した人間であり，ときとして孤独になりたくてプライベートな空間に入りこみたいときもあり，逆に楽しいコミュニケーションの"場"を求めることもある。このように複雑な心理が存在し，生活が展開されているところが住宅という空間である。本書では，この暮らしの心理を学習したい（第4章参照）。

8　ハンディキャップの場合は

私たちが健康なときは，階段の上り下りなど別に苦にならない。ドアの開閉や入浴，用便など何げなくおこなっている。しかし，車椅子に乗る人は10cmほどの床のギャップを乗り越えるのに想像を絶する努力をしているのである。それは，健康な人が10mの壁を越える努力に匹敵するともいわれている。

このようなハンディキャップは，身体が不自由な人だけではない。幼い子供や老人，あるいは妊産婦の場合も同様であり，私たちも腰を痛めたり，骨を折ったときには途端に起居動作が不自由になってしまう。本書で学習してほしいことは，このようにハンディキャップをかかえた人々の立場から生活空間のあり方を考えていける能力を身につけることである。

それは，住宅のなかだけではない。駅の階段も，新幹線の座席も，病院の洗面所にも子供や老人，妊産婦の使いにくい空間がいたるところにあるのである。ましてやハンディキャップをかかえた人々にとってはむしろ生活できない空間の範囲のほうが，生活できる空間の範囲よりずっと広いということが事実なのである。

　このように私たちの生活空間はいたるところに欠陥があり，大変未完成な空間であるともいえるのである。今後，皆の力で改善してゆかなければならないところが多くあるのである。そして，ハンディキャップの人々にとって快適な空間とは，当然，健康な人にとってもより快適な空間となるのである。

　この場合に大切なことは，他人の立場に立って生活空間を考えることができることである。つまり，自分だけの満足を考えているばかりでなく，他人の立場に立って（例えば身体の弱い人，不自由な人の側から），それも一つひとつの行動の内容から具体的に生活空間を常に見つめることができることである（第5章参照）。

9　太陽がいっぱいの家

　建築家，鈴木恂氏の『太陽がいっぱいの家』という著書がある。そこには多くの建築家の太陽光線を巧みに取り入れた設計例がたくさん紹介されている。"太陽がいっぱいの家"とは何と魅力的な言葉だろう。これに対し，私たちの家はどうだろう。自然の光や自然の風を存分に取り入れた快適な住まいというよりも，暗い廊下，ジメジメした台所，寒い洗面所になっていないだろうか。暗くて通風が悪いから，電気の照明や冷暖房の設備が余分に必要になるのである。本来，住宅は自然の採光と日照を生かして冬暖かく，夏涼しい家にしなくてはならない。

　住宅の設計の方法を学習しよう。建築家のように自由に設計するためには，どのようなことを知らなくてはいけないのだろうか。そして，設計までいかなくても生活空間を自由に考えるためには，どのようなことが構造的に可能で，どのようなことが不可能なのかを学びたい。

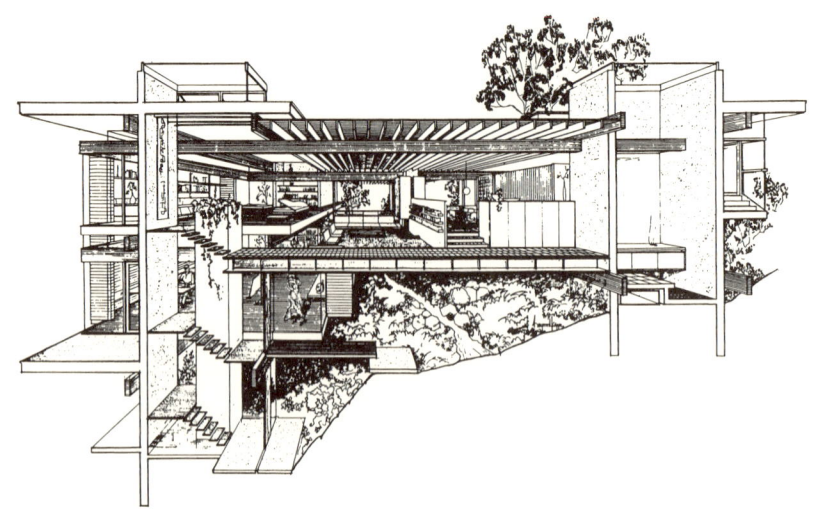

図-8 キャピー・レイモンド邸（建築家の自邸：都市住宅）

―― 建築家の考える楽しい住空間とは ――
吹抜の居間／屋根裏部屋の斜めの屋根と小窓／広い台所のなかの読書コーナー／玄関を入ると庭に向かって視界が広がる／日の当たる縁側／通り土間の玄関／温室を通ってアプローチ／広い和室の続き間／各所に各種の収納スペース／変化ある階段，踊り場が中二階のような／トップライトのある明るい階段／台所には朝日がさんさんと／居間と庭が藤のパーゴラで結ばれて／雪見障子の和室に掘ゴタツ／明るい洗面所大きな鏡／風呂場から坪庭が／LDKがワンルームで一段高い食事のコーナー／花が咲き乱れるバルコニーの植木鉢／玄関ホールと高く大きなドア／居間，食事スペースの延長としての戸外のテラス／地下半地下のプレイルーム／スキップフロアー／etc.

建築家の設計する空間には魅力的な生活空間が多くある（図-8）。

このような空間を自分のものとしよう。そして，このことは既存の住宅に対しても的確な評価，批評ができる能力を身に付けることにもなるのである（第6章参照）。

10 住宅は商品である

現在は，住宅が一つの商品になってきた時代である。プレハブ住宅やマンション住宅，あるいは各種の建売住宅の広告が連日のごとく新聞に折り込まれてくる。

このように商品として売り出された住宅を，多くの人々が購入し，住みはじめるのである。しかし，一般的に商品には欠陥がつきものである。住宅の場合にも"欠陥住宅"と呼ばれ，すでに社会問題となってきている。"欠陥住宅"をめぐって，購入者（消費者）と販売者（業者）との間に多数のトラブルが発生しているのである。

　このトラブルの原因には，広告・宣伝された内容と実際のものが異なっていたという例が多い。第7章，190頁の図を参照されたい。この図によると住宅の完成図が書かれていて，各種の家具が実際の生活のように配置されている。しかし，これらの家具は実際の寸法よりも小さく書かれていて，あたかも住空間が広くて住みやすいかのような錯覚を起こさせている広告なのである。

　私たちがこれから住宅を借りる場合でも，住宅を買う場合でも，また注文住宅を設計してもらう場合でも，多額な金銭が必要であり，十分に検討し判断する必要がある。このためには，住宅に対する予備知識が必要なことはもちろんのこと，そのような誇大広告の実態や流通のメカニズムを知っておく必要がある。そして，一つの消費者の運動としてこのような広告や悪徳な業者を許さない社会をつくりあげてゆかなければならない（第7章参照）。

11　住宅はなぜ高いのか

　わが国の住宅は外国人から"ウサギ小屋"と呼ばれている。これは，地価が異常に高く住宅が狭くなってしまうからである。私たちがいかに住宅に"夢"をいだいても，住宅が高く夢を実現することができなければ，それはまさに夢の夢で終わってしまう。

　しかし，住宅はなぜそんなに高いのか，そしてそれは解決できないことなのか。そして，実際，外国と比べてどのように狭いのか，そこにはどんな問題があるのか。このような問題（住宅問題）を日本人全体がじっくり考えてみる時期にきたのである。

　図-9は，日本とドイツの平均的なアパートを比較したものである。日本のアパートが66.6㎡，ドイツのアパートが141.2㎡，面積にして約2倍である。ドイ

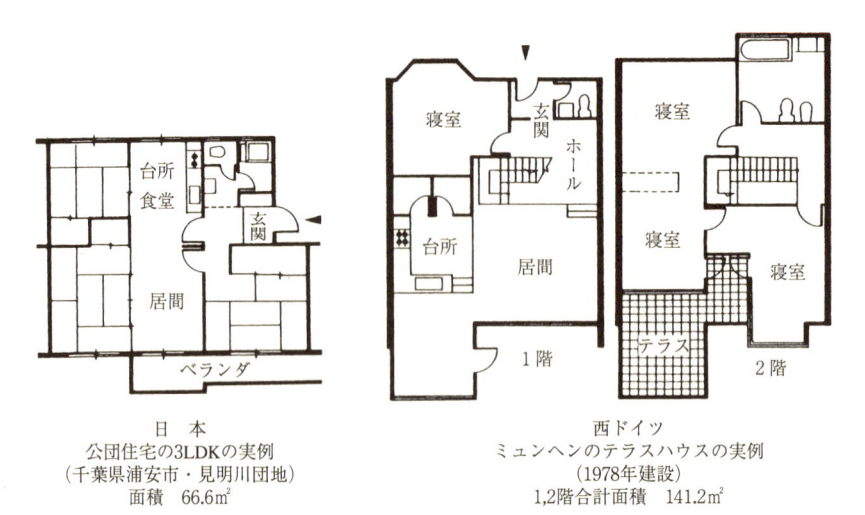

｜日本　　　　　　　　　　　　西ドイツ
公団住宅の3LDKの実例　　　　ミュンヘンのテラスハウスの実例
（千葉県浦安市・見明川団地）　　　　（1978年建設）
面積　66.6㎡　　　　　　　　1,2階合計面積　141.2㎡

図-9　統計上同じ部屋数（5室）の日独比較

ツの場合は，二階建のアパートであり，階段がある。玄関ホールだけ比べても，その大きさの違いが明瞭である。居間も台所も食堂の大きさも違う。ドイツの場合は，便所が二カ所にあり，これも大きく，寝室の数も多く，一つひとつも大きく，テラスもついている。

　しかし，日本の場合，大都市でこのようなアパートに住めればいいほうである。

「現在，子供3人で5人家族の私たちは，結婚以来この10年間6畳1間の共同アパートに住んでいます。主人は定期便の運転手，仕事の性質上，どうしても家に帰ったときは，休ませたいと思い，私はどんな寒い日でも，暑い日でも，雨の日でも，風の日でも，子どもを連れて外出します。せめて家に帰ったときぐらい静かに休ませてあげたい。夜走るので，昼はぐっすり寝ていることが，どうしても必要なのです」（『朝日新聞』1970年2月10日）

　この新聞記事は，早川和男氏がその著書『住宅貧乏物語』の中でとりあげたものである。ここには，住宅難にあえぐ人々の悲惨な生活実態が示されている。住居の狭さは，人間の生命や健康を破壊する。私たちはこの事実を明確にし，真に文化的で，健康的な生活を営めるための住宅の実現を求めていかなければ

序章　住居学を学ぼう

プラムおじさんは、うすぎたない通りに面したテラスハウスに住んでいました。彼は、いつも田舎に住み、大きなひまわりを育てられたらいいなあと夢をえがいていましたが、ある日、彼は素晴しいアイディア——彼の長屋の裏の空地を、美しい庭につくりかえようと思いついたのです。

彼は翌日郵便局で、貯金の残りをおろし、ガーデンショップで必要なものを買いました。それから数ヵ月の間せっせと働き、庭に土を運び、花だんをつくり、種子をまきました。庭がきれいになると、彼の大好きなひまわりが大輪の花を咲かせ、他の花々も咲き乱れるようになりました。庭がきれいになると、彼の家の中もバラ模様の壁紙にかえ、ウィンドーボックスにも草花を植えました。

その年の教会の収穫祭は、プラムおじさんの花と果実でいつになく立派なものでした。彼の隣人のポットおじさんは、プラムおじさんのやったことを一部始終観察していました。ある日彼はいいました。「境い目の塀は取り除きましょう。そうしたらひとつの大きな庭になるでしょう」。通りにいた近所の人びともこれを聞きつけ、みんなが賛同し、とうとうその長屋のすべての塀がとり壊されました。

みんなは果実園をつくり、蜜ばちも飼いました。主婦はおいしいジャムやはちみつをつくりました。みんなは野菜畑もつくりました。子供たちは自分たちの庭をもち、そこに花や野菜を育てました。そうこうするうちに、この庭に、テントウムシ、リス、ツグミ、ミミズなどが生息するようになりました。プラムおじさんと近所の人たちは、とうとううすぎたない長屋の空地を、美しい庭につくりかえてしまったのです。

——延藤安弘『こんな家に住みたいナ』

図-10　プラムおじさんの夢——ひまわりを咲かせること

なるまい。

　このような悲惨な現実が毎日くり返されているのである。私たちはしっかりとこの現実を見すえなければならない。文化国家として，こんな現実を放置しているのは恥ずかしいと一人ひとりが認識を深めなければ解決されない問題である。

　非常識なほどに放置されている土地をめぐる利潤追求，文化国家としてとても遅れている都市の整備計画など，問題の解決の方法はいろいろあり，可能なのである。これらを本書でしっかりと学習してほしい（第8章参照）。

12　まちづくりに参加しよう

　住宅問題の基本的な責任は住宅行政にあるとして，これを要求していくのはわれわれの責任である。しかし，行政と一体になって進めていかなければならない課題がある。それはまちづくりである。

　緑が少ない，下水道が整備されていない，道路が悪い，テレビの映りがよくない，水害や土砂くずれの危険性がある，買物に不便，医者や学校が遠い，交通の便が悪い，繁華街で子供の環境に悪い等々，住宅をめぐる環境にはさまざまな要因がある。このなかのいくつかは行政の責任であろう。しかし，またいくつかは住民の努力で解決できるものなのである。

　自分たちの環境を自分たちの手で改善していく，これを町（村）づくりという。フランスの農村地帯では，毎年，一番環境をよくした町（村）を表彰しているそうである。このために，町（村）中で皆が花を植えたり，木を育てたり，川をきれいにして競争するそうである。

　しかし，町（村）づくりとは住民の一致した協力が必要である。こんなことが果たしてできるだろうか。図-10は，『こんな家に住みたいナ』（延藤安弘）に出てくるプラムおじさんの夢という一節である。一人のおじさんの素朴な夢が次第に広がり，まちづくりまで発展していく様子が描かれている。このようなまちづくりの例はたくさんあり，わが国の都市や農村にも似たような事例がある。本書を学習する諸君が，自分たちの住む町（村）の町（村）づくりを励ま

し，そのリーダーになっていくことが望まれる。こうした努力を重ねていくことが，日本の住宅とその環境の将来をつくっていくことになるのである（第9章参照）。

（渡辺光雄）

第1章

住まいをみる目

——住まいと家族①——

この章で学ぶこと

　本章では，最初に住まいをいろいろな角度から考えてみる。住まいは，単に屋根と壁と床のある建物ではない。そこで家族が暮らしてはじめて住まいとなる。住まいによって，家族の生活が変わってしまったり，人格形成に大きな影響を与えることもある。家族の人間関係や生活時間にも住まいは影響する。

　この章では，住まいを中心に，これを正しく見ていくさまざまな観点を学習し，自分の身近な問題として住まいをとらえ直してみることを学習する。

1　生活の器──住まいと生活認識

❖　住居は不可欠なもの

　住居はそのなかで家庭生活の大部分が展開される「場」である。食生活も，衣生活も，育児も，家族の交流も，睡眠も入浴も，家庭学習も休養も，客を迎えての交際（訪問）や行事も住居内でおこなわれる。住居外でおこなわれる家庭生活行為も少しはあるが，ほとんどの行為が住居内で展開される。

　もし，家族に定まった住居がない場合，家庭生活は営めるだろうか。ある家族が最低限の衣類だけを持ってホテルや旅館を転々と泊り歩くという生活をしたとして，それを家庭生活と呼べるだろうか。遊牧民族は定住していないけれど家族というまとまりがあり，家庭生活を営んでいる。それが可能なのは，彼らは自分の家族が住む住居，自分の家族が使う器具類を持って移動しているからである。ホテルや旅館のように，借りものの寝具や食器を使っているわけではない。また，移住可能なのは，生業が遊牧だからであって，生業の場が固定している勤労者・自営業者・農民では定住しなければ生活できない。

　個人が寝るだけなら，あるいは食べるだけなら，ホテル住まいでもよい。だが，家族が一緒に住むにはホテル生活はふさわしくない。家族の機能は，新しい生命を産み，育て，互いに育ちあうことである。それは，家族のなかでの生活習慣の形成や話しあい，家事や生活文化の伝承などを通しておこなわれる。そのためには，住み慣れた住居と，使い慣れた家具・器具・什器が必要なのである。

　家族が健康を維持し，お互いの交流と援助を通して育ちあい，生と死を迎える場としての住居の意味は，人格の形成，人間の発達にとって非常に重要で不可欠なものなのである。

❖　住居の設計とは

　そのような住居を認識の対象とする住居学では，学習の一つの分野として設計を学ぶ。設計図を作成することや，あるいは他人のつくった設計図を読むこ

とは，"住まいをみる眼を養う"ことから考えて，重要なことである。設計図とは，住居をつくりあげていくための説明図でもあるが，そのなかで展開されるであろう家庭生活の説明もしている。設計のプロセスは，まさに生活創造のプロセスである。住居を設計するということは，この住居に住む家族はどのように生きるのかということを思考することである。思考のプロセスとしての設計のユニークさは，対話や文章による思考と著しく異なり，つくることを通して考えることである。

例えば，家族が集まるということを家庭生活のなかで大切にしたいと考えている家族があり，広い居間のある住居を設計したとする。一般に，設計にあたって敷地面積と建ぺい率は所与条件であるから，何かを広くとれば，他の部屋は狭くならざるをえない。そこで，例えば，子ども部屋を狭くするとする。あまりに狭い子ども部屋は使いづらいし，居心地もよくないので，小さな二つの

> **コラム** テレビ——カバーをかけては
>
> 　子どもたちの生活時間のうち，テレビ視聴時間の占める比率が年々長くなってきている。なかには，5時間も見ている子もいる。テレビ以外の生活行為である食事，学習も，テレビを見ながらする。子どもたちがこんな生活をするのは，子どもにだけ問題があるのではなくて，「時計がわりに……」などと，ずるずるとテレビを見ている親の生活にこそ，問題がある。
>
> 　幼稚園・保育園の子どもを持つ世代では，「ついていないと寂しい」，小学生を持つ親では「テレビを見ていれば静かだから」「子どもが見たがるから」などの意見がでてくる。やはり親の都合で見せていた。
>
> 　どうしてこんなにテレビを見てしまうのか。したいことがあれば，無為にテレビとつきあうことはないはず。テレビを手放すということもできないならば，テレビを隠すことを考えてみてはどうだろう。押入のなかに入れて，見たいときは襖をテレビの幅だけ開けるとか，テレビを見る部屋が隣室と襖で間仕切られていればその襖の向こう側にこちらに向けてテレビを置くとか，考えてみてはどうだろう。
>
> 　置く場所を動かせない場合は，カバーをかけてみよう。電話機や扉の取っ手にカバーをかけるよりも大切なことだと思う。これだけ商品化の進んだ時代に，テレビカバーだけは売っていないが，テレビにふりまわされる生活に，さようならをしたい。（田中）

個室をつくるかわりに，同じ面積で二人の子どもの共同部屋にするとする。設計した人にそのつもりがなかったとしても，子どもたちにとっては，思索・学習・読書・遊び・趣味の活動・着替え・就寝などがお互いに見えあう関係にあり，結果として子ども同士は切磋琢磨することになる。あるいは，子どもの年齢によっては，プライバシーの侵害になることもある。切磋琢磨もプライバシーの侵害も，設計者の意図にはなかったかもしれない。けれど，できあがった図面からは，そのような可能性が読みとれるのである。

逆説的な言い方になるが，広さや高さに制限があるからこそ，つくることを通して考えるという設計の独自性が生まれるともいえる。

書き言葉で表現する文章ならば，一枚の紙の上に相矛盾する論理を書き並べることもできるが，設計は一枚の紙に一つの空間としてまとまった住宅を設計するので，相矛盾することはない。設計では，一つのまとまった空間のなかで家族の生活はどのように展開するかという生活像そのものが決定されてしまうので，その「整合性」が厳しく問われるのである。文章で表現できないような複雑な内容も，文章では許されない厳しい「整合性」を含んだ設計図を学ぶことにより，生活そのものを深く見つめ，理解していくことができる。

> **設問 1**
> もしもあなたとあなたの家族に定住する住居がないという事態が起こったとしたら，どのような点で困るだろう。クラスのみんなで話しあってみよう。

2　住むことが切なくて泣く——住まいと人格形成

❖　住宅事情を広く知る

日本人の住宅事情は千差万別である。地理的・地域的差異だけではなく，経済階層的・社会階層的格差も大きい。

一生に一度の転宅も経験しない人もあれば，子どものときから親の転勤についてまわり，大人になってからは自分自身が転勤のある職業に就いて，一生に20回以上の転宅をしている人もある。転宅をくり返した人は，住宅事情は千差

万別であることを理解しやすいが，転宅を経験しない人にとっては，自分が住んでいる住宅以外の住生活のありようを想像してみることは難しい。

　日本の住宅問題の深刻さを，事実を積み重ねて書いた『住宅貧乏物語』（早川和男著，岩波新書）を読んだある男子学生は，「こんなことがあるはずがない」と言う。彼にとっては，6畳一間に家族4人が住むという現実は，理解の域を越えているからである。彼の住宅事情は，母屋が二階建で8室，離れが4室，隠居部屋1室，合計13室である。これを聞いた他の学生たちは，逆に彼の住生活を想像することができない。彼は長男で，たぶんその住宅に一生住み続けることになると予想しており，広すぎるので，「せめて5室程度の小さな住宅に住みたい」というのが，将来の希望である。なぜなら，現在の家では一日に家族が顔を会わすことがほとんどないのでさびしいからという。

　ところで，一方では，6畳と4畳半に家族4人という学生もいる。彼は男兄弟なので，二人とも中学生になったとき，父母が近くに6畳一間の木造アパートを貸してくれて，食事のときだけ父母のところへ行くという生活をしている。最初の頃はさびしくものたりない気持ちだったが，現在ではすっかり慣れてしまったという。これを聞いた他の学生たちは，彼の住生活を想像することができない。

❖　深刻な住宅事情

　もっと，悲しく切ない場合もある。線路の高架部分の下を住宅として改造して住んでいた家族。その高校生の長男が，親から金をせびりとっては遊ぶようになった。彼の言い分は，「こんな屋根もないようなところは住宅ではない。こんなところにしか住めないのは，親が甲斐性なしだからだ。恥ずかしくて友達を連れてくることもできない。だから，外で遊ぶための金は親が出すべきだ」というものである。親のほうもこの住宅にひけめをもっているので，子どもの言いなりになってしまった。この場合，住宅事情だけが親子関係の崩れの原因ではないだろう。でも，親の心のなかに，「これでも立派に人が住めており，風変わりだけれど住宅なんだ」という意識があったとしたら，子どもに接する態度も当然違っていたであろう。けれど，これは第三者だから言えることであっ

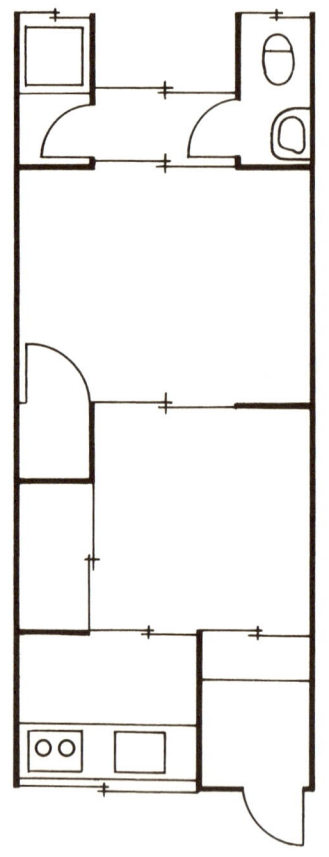

て，当の親の立場に立ってみれば，このように言い切れるだろうか。この親も，この子も，このような住宅事情を望んでいるわけではなく，親も子も切なく悔しい思いをしていることだろう。

さらに，悲しく切ない場合もある。現在は大学生になっている女性だが，中学2年生のとき，両親の性生活を見てしまったという体験を持っている。彼女の当時の住宅事情は，6畳と4畳半の木造アパートで，2室の間のフスマを外して暮らしていたので，親子3人がふとんを並べて寝ているという状態であった（図1-1）。そのときのことをふり返って彼女は，「そのあと1ヵ月近く親の顔を正視することができなかった。親は心配してアレコレ言うので，よけいにいやだった。いまとなれば，当時の親の気持ちも理解できるけれど，私のような体験は他の人にはしてほしくないと思う」と言っている。

図1-1　親子3人の民間木造アパート

❖　住宅事情と人格形成

住宅事情は千差万別で，自分自身にとって体験のない事例は理解が難しいかもしれないけれど，それぞれの住宅事情が，それぞれの家族の人格の形成にとって影響を与えるということは理解できるはずである。

住宅統計では地域や職業別の平均値が示されるけれど，そのことだけで住宅事情が語れるわけではない。住宅は，洋服のように簡単に取り替えられるわけではない。それぞれの家族にとっては，それぞれ一つの住宅事情が対応しているだけである。この住居と家族の関係は，特に成長期の子どもにとっては影響が大きいのである。

> **設問 2**
> 現在までの自分の居住経験をふり返って，どのような問題が起こったときに住宅に対する要望を強く感じたか，思い出して書いてみよう。

3　あふれるモノのなかで——住まいと生活様式

❖　あふれる住宅広告

　地域によって量の差はあるものの，新聞や折り込みチラシのなかで住宅に関する広告は多い。それらの住宅は，売らんがため貸さんがために建てられているから，広告の内容も魅力的な言葉にあふれている。
- 画期的な低価格，ずばり2,500万円／
- 必ず気に入ります，緑と太陽あふれるこの環境／
- お届けします，生活の新しい表情／
- いまいちばん贅沢な住まい／
- ふれあいと健康のあふれる住まい／
- 主婦は家庭の太陽です。明るく能率のよい高機能キッチンをあなたのためにつくりました／
- この広さ。ライフスタイルに合わせて自由に使いこなして下さい／
- よく学びよく遊べる，新発想の子ども室／

　このようなコピーとともにカラフルな外観や室内の写真がついている。こんな住宅に住むことができれば，幸せな家庭をつくれるのではないかと思ってしまう。

❖　広告写真の限界

　しかし，よくよく注意して広告を見てみると，美しい台所の写真にはまな板も炊飯器もポットもふきん掛けもなく，実際に使う状態と異なっている。子供室のおもちゃも，必ずカラフルで高価な木製遊具で，安物が出ていることなど

ない。居間の写真などは無駄なものがなく，すっきりと片づいており，しゃれたインテリアに，立派なソファーが置いてあり，冷静になって自分の家族の暮らし方を考えてみれば，こんなに気ばった住み方では疲れてしまうということに気づくはずである。広告はイメージを売っているので，それにのせられると焦燥感に追いたてられる。

自分の家族が気ばらずに暮らせる住み方は，それぞれの家庭でつくっていくことが大切である。他人から，ああしろこうしろと言われても，お仕着せの生活様式は疲れてしまう。モノが片づいていると毎日の生活が能率的であることに気づき，納得し，習慣化してくれば疲れない。これは，他人からとやかく言われることではなく，その家族内の合意によって決まるものなのである。それは自然と，家族の考え方の総和として決まってくるものなのである。

❖ 家具の購入——モノは多すぎないか

新しい家へ転居するのを契機として，家具を買い替えたり，買い足したりすることが多い。特に，洋風居間に対するあこがれは強く，ソファーを持ちたいという希望が強い。しかし，実際の使われ方を調べてみると，ソファーを背もたれ代わりにしてホームゴタツに入っていたり，家族の家庭着が脱ぎ捨ててあったり，読み終わった新聞が置きっ放しにされていたりする。ソファーは家族団らんの家具として考えられてきたけれど，むしろ家族が一番よく集まる場所は食卓のまわりである。ソファーは「明るい話しあいのある家庭」の象徴のよ

> **コラム　食卓——狭さのせいにせずに**
>
> 食卓のまわりを常時片づけておくことができる人ばかりではない。小さな食卓の上にモノが出しっ放しという状態になっている。そんな家庭で，食事の形態を聞くと，たいがいは父親がはじき出されている。朝は食べずに出かけるか，一人で先にすますか。夕食も家では食べないか，一人だけあとで食べるか，である。父親は家族と一緒には食べないものと決めこまれて，食卓を壁にくっつけて置いている家庭もある。「日曜日ぐらいは一緒に食べないのですか」と聞くと，「食卓を動かすのもめんどうなので，時間をずらしてもらっています」との返事。お父さん，あわれ。しかし，ご本人も怒りもしないのだから，家族の一体感も薄れてきているのであろう。（田中）

うに考えられてきたけれど，現実には必ずしも使いこなされているわけではない。

　自分たちの家族に適した生活様式をそれぞれの家族が考えるならば，どこの家庭にもソファーが必須の家具であるということにはならないはずである。

　結婚して子供もいる娘夫婦と同居している老夫婦がいる。老夫婦は，戦争中や戦後のモノ不足を体験しているので，一度家のなかに入ってきたモノは，もうまったく使えないという状態にならないかぎりは，家から外へ出すことをしない。特に倹約的というわけでもなく，冠婚葬祭や盆暮にともなう到来物を，使わないままに貯めていただけで，家中の押入が満杯になってしまった。使わないモノは捨てればよいと考えている合理主義者の娘とは，モノの処理をめぐって言い争いが絶えなかった。娘は，家のなかのモノの量を減らして，すっきりと住むという暮らし方をよしとしていたので，家のなかが片づかないことをすべて老夫婦のせいにしていた。

　老夫婦は畳に正座という起居様式を好んでいたが，娘夫婦はソファーに座ることを活動的で健康的だと考えていたので，同居をはじめるときにソファーセットを持ちこんできた。娘にとっては，数年前までは自分も住んでいた家なのだけれど，一度離れて，その間に自分の好みを確立していたので，実の親との

> **コラム**　転用——移動自在のワゴンに
>
> 　家具のなかには，転用して使われている場合のほうがもしかしたら多いのではないか，と思える家具もある。その代表選手がワゴンである。ワゴンは，その名のとおり車のついている数少ない家具である。家具の多くは使用場所に固定されているが，ワゴンは運ぶことが目的の家具であるから，モノの移動に使われるはずである。現実には台所の片隅で，下の段には乾物やジャガイモなどの野菜が積みあげられ，上の段にはトースターやポットがのせられ，動かせるはずもないような状態で使われている。もう一つの使われ方としては，食卓に並べて置かれ，食卓にのりきらない炊飯器，ポット，急須，調味料などがぎっしり並べられている。これまた動かせるはずもない状態である。
>
> 　ワゴンが移動できるためには，台所と食事室がいささかでも離れていて，かつ移動のための空間もあるという場合である。動かない，いや動かせないワゴンを見ていると，日本の住宅事情を象徴しているように思えるのである。（田中）

間でも生活様式にかかわる葛藤が生じた。

　その後，老父が亡くなり，モノの整理をしようということになって，さて娘の判断で捨てるモノを決めようとしたとき，娘もまた，まだ使えるモノを捨てるのはよくないという老父と同じ気持ちになってきていた。そのうえ，ソファーこそが家族の集まりをつくる必須の家具だと思いこんでいたものが，老夫婦との共同生活のなかで，あるいは子どもの成長にともなって，それほどこだわることもないということがわかってきた。場所もとり，掃除もしにくく，なければないでやっていけるというふうに考えられるようになり，整理してもよいという考えに変わってきた。家のなかを見まわしてみれば，ソファーをはじめとして，明らかにモノを持ちすぎていることも事実である。

　そこで，まだ一度も使っていないモノは近くの施設でおこなわれるバザーに寄付することにした。ソファーも近所の方で使うという人にさしあげた。モノは無駄にならず，家のなかもすっきりした。娘は，商業主義にあおられていると，モノを持たされ，捨てさせられ，結局は浪費させられていく仕組みに巻きこまれていくことに気づいて，自分たちの家族に必要なモノ以外は，モノが家のなかに入ってくる段階で厳しくチェックする方針に決めた。

設問 3

　あなたの家庭で，この一年間に捨てたモノは何か。捨てた理由は何か，調べてみよう。

設問 4

　粗大ゴミの日に，ゴミ収集地点へ行ってみよう。何が捨てられているか。まだ使えるモノが捨ててあるのはなぜか，考えてみよう。

4　家にいるのはいつ——住まいと生活時間

❖　在宅時間とは
　一日は24時間。住宅の外に出て，勤労したり，学習したり，社会活動をしたり，買物をしたり，交際したりして，残る時間が在宅時間になる。
　この逆の考え方もある。住宅内で，家事をして，子育てをして，老人介護をして，その間に少しでも時間をつくって外出（買物，交際，諸手続き，会合，娯楽など）する。
　日本人の生活時間を継続的に調査している資料に，5年毎におこなわれる「NHK国民生活時間調査」がある。経年的変化としては「在宅時間」が減少を続けてきたが，バブル経済が崩壊してからは，在宅時間は長くなってきている。200年調査では，特に70歳以上の層では外出時間が極めて短いことがわかる。「在宅時間」が長いことは，それだけ住宅の快適性が問われることになる。
　在宅時間から睡眠時間を除いた「在宅起床時間」についても同様の傾向がみられる（表1-1，表1-2）。

❖　家族が顔をあわす時間
「起床在宅」時間が家庭生活と呼べる家族のかかわりあいのある時間なのだから，「起床在宅」時間は，家庭生活のあり方に変化をもたらさないではいない。
　父親は朝，子どもと顔をあわさずに出勤し，夜は子どもが寝てしまってから帰宅する。日曜日は，父親は一週間の疲労を回復するために昼過ぎまで寝ている。子どものほうも，おけいこごとや塾のために夕食には揃わない。こんな家族も多い。
　戦後のモダン・リビングでは，居間は必置の部屋だと考えられてきた。家族の団らんの部屋，来客を家族のなかへ迎えいれる部屋として，その家族が本当に使うかどうかという検討もされないままに，じゅうたん＋ソファー＋いくつかの家具（ピアノ，ステレオ，テレビ，サイドボード，飾り棚など）という組み合わせの居間の形だけができあがってしまった。それまで掘りゴタツがあって，冬

表1-1 行動分類

大分類	中分類	小分類	具体例
必需行動	睡眠	睡眠	30分以上連続した睡眠，仮眠，昼寝
	食事	食事	朝食，昼食，夕食，夜食，給食
	身のまわりの用事	身のまわりの用事	洗顔，トイレ，入浴，着替え，化粧，散髪
	療養・静養	療養・静養	医者に行く，治療を受ける，入院，療養中
拘束行動	仕事関連	仕事	何らかの収入を得る行動，準備・片づけ・移動なども含む
		仕事のつきあい	上司・同僚・部下との仕事上のつきあい，送別会
	学業	授業・学内の活動	授業，朝礼，掃除，学校行事，部活動，クラブ活動
		学校外の学習	自宅や学習塾での学習，宿題
	家事	炊事・掃除・洗濯	食事の支度・後片づけ，掃除，洗濯・アイロンがけ
		買い物	食料品・衣料品・生活用品などの買い物
		子どもの世話	授乳，子どもの相手，勉強をみる，送り迎え
		家庭雑事	整理・片づけ，銀行・役所に行く，病院や老人の介護
	通勤	通勤	自宅と職場・仕事場（田畑など）の往復
	通学	通学	自宅と学校の往復
	社会参加	社会参加	ＰＴＡ，地域の行事・会合への参加，冠婚葬祭，奉仕活動
自由行動	会話・交際	会話・交際	家族・友人・知人・親戚とのつきあい，おしゃべり，電話，電子メール
	レジャー活動	スポーツ	体操，運動，各種スポーツ，ボール遊び
		行楽・散策	行楽地・繁華街へ行く，街をぶらぶら歩く，散歩，釣り
		趣味・娯楽・教養	趣味・けいこごと・習いごと，鑑賞，観戦，遊び，ゲーム，仕事以外のパソコン・インターネット
	マスメディア接触	テレビ	BS, CS, CATVの視聴を含める
		ラジオ	
		新聞	朝刊・夕刊・業界紙・広報紙を読む
		雑誌・マンガ	週刊誌・月刊誌など，マンガ・カタログを読む
		本	
		CD・テープ	CD・MD・テープ・レコードなどラジオ以外で音楽を聴く
		ビデオ	ビデオ・ビデオディスク・DVDを見る，ビデオ録画は含めない
	休息	休息	休憩，おやつ，お茶，特に何もしていない状態
その他	その他・不明	その他	上記のどれにもあてはまらない行動
		不明	無記入

でも夏でも家族がそこに集まっていた家族までも，まるで申しあわせたように，この形骸化したソファーセットのある居間を持ちはじめた。

　住宅の形が先にあって，生活をあわせていくというのでは，服に体をあわせる，靴に足をあわせて暮らすように窮屈である。

　そこで，少なく，そのうえズレている「在宅起床」時間に，自然に家族が集まる場所として，食卓が見直されている。小さな食卓，それも半分ほどの面積に，炊飯器，ポット，茶筒，急須，湯のみなどが雑然と置かれているような，小さな食卓ではなく，畳一枚かそれより大きい食卓で，食事も，接客も，家庭事務も，子どもの学習も，アイロンかけやつくろい・洗濯物たたみも，お茶を

表1-2 層別にみた在宅時間

	平日		土曜日		日曜日	
	行為者比率	平均時間	行為者比率	平均時間	行為者比率	平均時間
国民全体	98.8%	15時間30分	98.8%	16時間39分	98.5%	17時間54分
男平均	98.6	13　52	98.5	15　28	98.6	17　15
10〜15歳	99.6	13　55	100.0	15　19	99.1	18　16
16〜19歳	99.2	13　28	98.4	15　22	100.0	17　26
20代	97.8	12　19	97.5	13　39	97.4	14　39
30代	97.3	11　31	98.8	14　12	98.7	16　01
40代	99.1	12　16	98.5	14　37	98.5	17　13
50代	98.1	12　08	97.7	15　14	98.2	17　05
60代	99.0	16　33	98.3	16　59	98.8	18　14
70歳以上	99.6	20　00	100.0	19　20	99.2	20　04
女平均	98.9	16　59	99.0	17　43	98.5	18　30
10〜15歳	100.0	14　14	98.1	16　04	97.1	18　21
16〜19歳	100.0	14　10	100.0	15　16	98.0	17　45
20代	97.8	14　30	99.5	15　15	98.3	16　48
30代	98.9	16　24	97.5	17　55	97.5	17　40
40代	99.2	16　42	100.0	17　41	99.5	18　24
50代	98.6	16　58	99.1	18　09	98.6	18　30
60代	98.9	19　09	99.4	18　33	99.4	19　40
70歳以上	99.2	20　41	98.9	20　21	98.3	20　30

(注) 行動分類の「拘束行動」の多くは自宅外でおこなわれている。在宅時間行為者が100%にならないのは，その日帰宅していない人（出張，入院，旅行等）がいることを示している。「NHK国民生活時間調査 2000」

飲みながらのくつろぎも，読書も新聞読みも，ゆっくりしようという考え方である。このような，実際に家族が顔をあわす大切な時間に，実際くつろげて楽しい空間の工夫をもっともっと考えていく必要がある。

設問 5

あなたの「在宅起床」時間内にした行為とした場所を表にしてみよう。家族各人についても同じ表をつくり，家族が集まっている時間と場所がどこであるかを考えてみよう。

5　何のために働くか——住まいと家計

❖ 高すぎる日本の住宅価格

日本の勤労者が長時間働くのは勤勉な国民性によるといわれてきたが，その国民性を生んだのは生存のためには働かねばならなかった現実であろう。現在もそのことに変わりはない。

表1-3 1日の労働時間と休日・休暇日数

(有職者に)

	該当者数	休日・休暇日数が増える方がよい *1	1日の労働時間が短くなる方がよい *2	1日の労働時間や休日・休暇日数は変えなくてもよい *3	その他	わからない
	人	%	%	%	%	%
総　　　　数	2,465	38.6	14.7	41.5	1.1	4.1
男　　　　性	1,375	43.3	13.4	38.5	1.5	3.6
女　　　　性	1,090	32.8	16.4	45.4	0.7	4.7
（男　　　性）						
20 ～ 29 歳	165	53.9	9.7	32.7	1.2	2.4
30 ～ 39 歳	265	54.0	13.6	28.3	0.8	3.4
40 ～ 49 歳	346	49.4	10.7	35.5	2.0	2.3
50 ～ 59 歳	324	36.7	14.5	42.3	2.2	4.3
60 歳 以 上	275	26.5	17.5	50.2	0.7	5.1
（女　　　性）						
20 ～ 29 歳	163	51.5	4.9	39.3	0.6	3.7
30 ～ 39 歳	205	33.2	14.6	48.8	1.0	2.4
40 ～ 49 歳	351	33.0	19.1	42.7	0.3	4.8
50 ～ 59 歳	239	25.9	20.9	47.3	1.3	4.6
60 歳 以 上	132	20.5	18.2	51.5	0.8	9.1
自 営 業 主	512	30.1	12.9	49.0	0.8	7.2
農 林 漁 業	136	23.5	19.1	44.1	0.7	12.5
商工サービス・自由業	376	32.4	10.6	50.8	0.8	5.3
家 族 従 業 者	239	28.0	14.2	44.4	0.4	13.0
農 林 漁 業	78	12.8	20.5	37.2	1.3	28.2
商行サービス・自由業	161	35.4	11.2	47.8	―	5.6
被　傭　　者	1,714	42.6	15.3	38.8	1.3	1.9
管理・専門技術者	124	43.5	11.3	38.7	4.0	2.4
事 務 職	656	45.6	11.7	39.4	1.7	1.4
労 務 職	934	40.5	18.4	38.2	0.7	2.1
正 規 の 社 員	1,255	47.0	13.6	36.1	1.8	1.5
正 規 でない 社 員	459	30.7	20.0	46.2	0.2	2.8

*1 現在より1日の労働時間が長くなっても，休日・休暇日数が増える方がよい。
*2 現在より休日・休暇日数が減っても，1日の労働時間が短くなる方がよい。
*3 現在の1日の労働時間や休日・休暇日数は変えなくてもよい。
(注) 被傭者を「正規の社員」と「正規でない社員」に区別している。総理府公報室『月刊世論調査』平成8年4月号。

労働時間と収入との関係をどう考えているかという世論調査の結果では,「労働時間が長くなっても収入が増えることが望ましい」と考えている人が最も多い。世界的な労働時間短縮の動きの中でも,その後も日本人の労働時間短縮は大きな要求となっているとは言い難い。(表1-3)。

収入の増加を願う理由はいくつかある。居住状態を改善したい,子どもの教育費(おけいこや学習塾の月謝,私学の学費など)が高い,老後の生活費の準備をしておきたい,子どもの結婚資金を貯める,生活全体にゆとりが欲しい,などである。これらは,いずれも将来の生活への不安感からくるものである。

なかでも,居住状態を改善するためには多額のお金が必要である。今日の日本の住宅事情では,適切な家賃の良質な借家はほとんどないため,家族の人数にみあった,かつ,家族のコミュニケーションとプライバシーを保つことのできる住宅に居住しようとすれば,持ち家を持たざるをえない。そのためには多額の資金が必要である。

❖ 住居は個人の責任か

日本の住宅政策は,諸外国と異なって一貫して住居は個人の責任であるという考え方をとってきているために,個々の家庭の経済力の差が居住状態に反映する。

そのため,住宅改善に対してはきわめて日本的な「構造」が生み出される(図1-2,図1-3)。つまり,住宅改善を願っても,住宅事情を考えればあきらめざるをえず,各世帯の経済力を考えればあきらめざるをえないのである。この構造を解決していくためには,公共機関が住宅改善を援助してゆく手だて(政策,制度)を緊急に確立しなければならない。

そこで,いまだ少数の人々ではあるものの,政策改革の住宅運動に取り組んでいる人々もある。働いても働いても住宅価格の上昇のほうが激しければ,人間らしい暮らしのできる住宅は遠のくばかりだから,土地や住宅価格の上昇を抑える政策を要求し,良質な住宅や環境は公共的財産でもあるのだから,住宅改善への公的援助をきめ細かい制度として確立していくことを求めていくことが大切である。

図1-2 下落している住宅価格

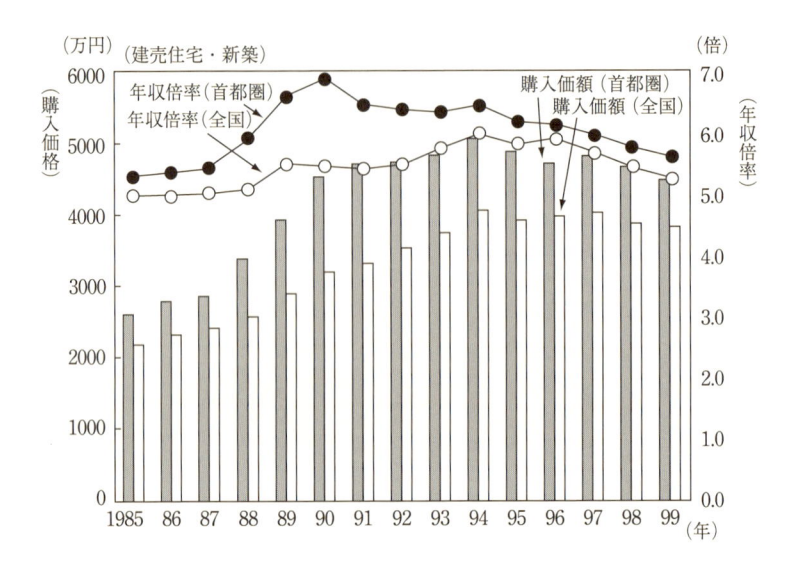

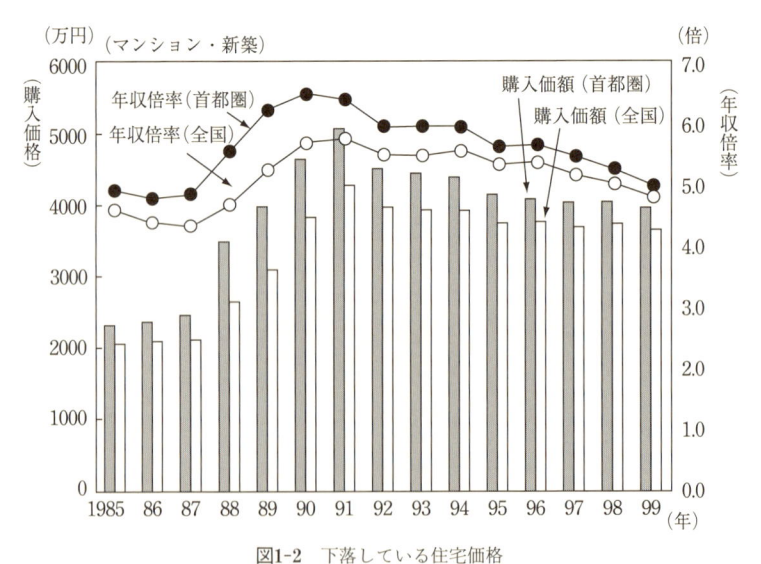

1. 住宅金融公庫「公庫融資利用者調査報告（マンション購入融資編）」「同（建売住宅購入融資編）」により作成。
2. 右目盛（年収倍率）は、公庫融資利用者の、平均購入価額／平均世帯年収である。
3. 首都圏は、埼玉県、千葉県、東京都、神奈川県。
（注）『平成12年版国民生活白書』経済企画庁編より。

第1章　住まいをみる目

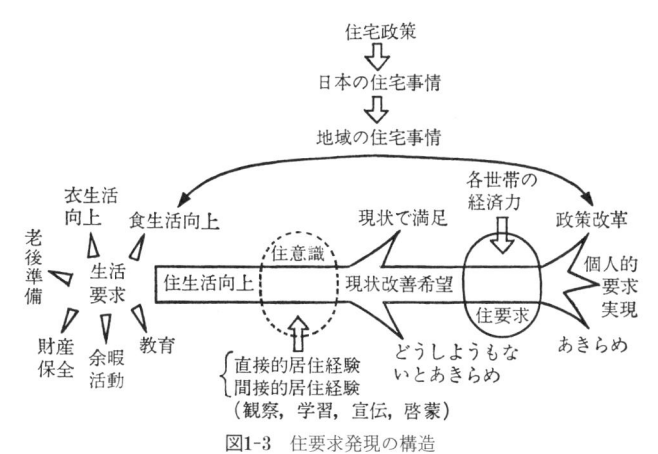

図1-3　住要求発現の構造

(注)　田中恒子「賢い住生活者をめざす」（日本科学者会議編『住まいを見直す』大月書店，1984年，95頁）より。

設問 6

新聞や折り込みチラシの広告のなかから，あなたが結婚したら住みたいと思う住宅を選び出して，住宅ローン返済の計算をしてみよう。それは，予想される年収の何倍になるだろう。

6　サザエさんの家——住まいと家族の響応

❖ サザエさんの家庭

日本人に最もよく知られた家族は，たぶん磯野さんの家族だろう。父・波平，母・舟，長女・サザエ，その夫・マスオ，孫・タラ，長男・カツオ，次女・ワカメの7人が織りなす家族模様，また近隣の人々や学友との交流など，見る者をほのぼのとした気持ちに誘いこむ。磯野さんの家庭は実に会話が多い。さりげない日常生活の場面が，何でも会話にのぼってくる。磯野さんの住居を，テレビのアニメから想像して描いた図（図1-4）がある。この図を見ながら，磯野家の人々の動き・住み方を考えてみてほしい。

縁側での波平とタラちゃんの会話，円い卓袱台を囲む家族全員の会話，子ども部屋での兄妹の会話，玄関での夫婦・親子の会話，勝手口でのサザエさんと

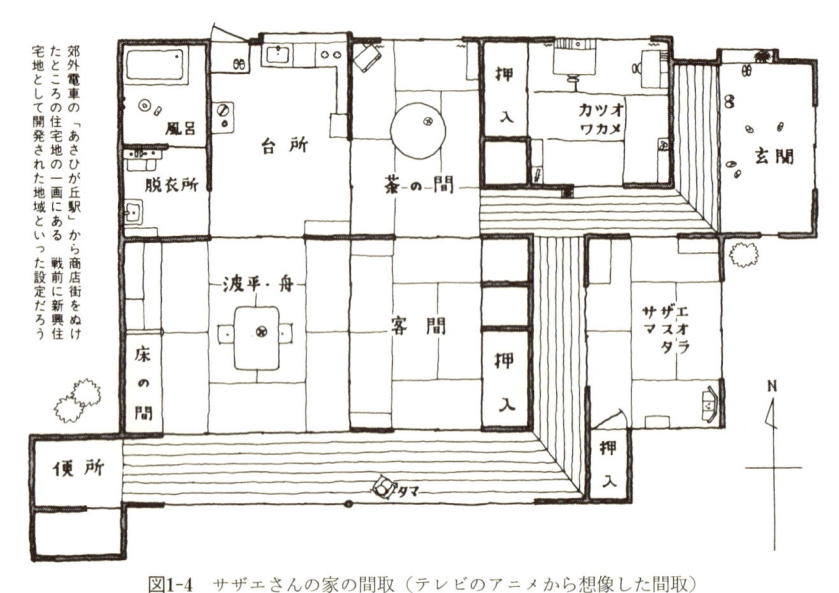

図1-4 サザエさんの家の間取（テレビのアニメから想像した間取）
（注）『芸術新潮』1986年7月号。平面図としては不完全であるが，部屋のつながり方はわかる。

三河屋さんの会話など，生活の場面と家族の生活の様子が空間の機能によって規定されていることがわかる。

❖ 平等主義の住宅

ところで，サザエさんの家とはまったく対象的な住宅がある（図1-5）。家族は独立した個人としての側面が強調されており，その象徴として玄関という場所がない。居間や客室もなく，家族室に家族以外の人を入れるためには，他の家族の了解が必要であるという家である。

磯野さんの家族が図1-5のような住居に住むとは考えられない。磯野さんの家庭では，家族の交流を大切にしているから，図1-5のような住居は選ばないであろう。見方を変えれば，磯野さんは図1-4のような住居に住んでいるから，家族の交流がはかりやすいともいえる。

第1章　住まいをみる目

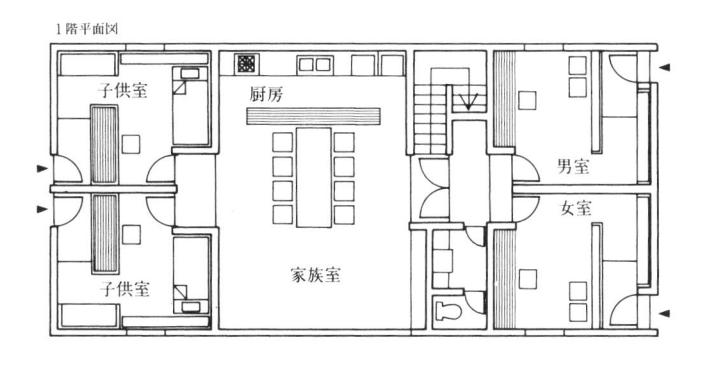

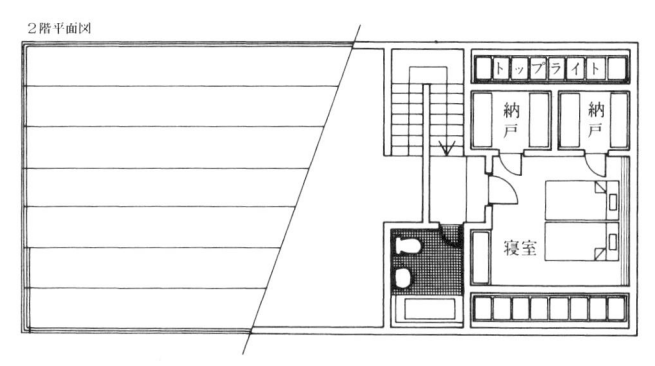

1階平面図

子供室／厨房／子供室／家族室／男室／女室

2階平面図

トップライト／納戸／納戸／寝室

図1-5　徹底的平等家族住宅
　（注）　集英社『ニューサーティの生活デザインブック②ものコミュニケーション』。この住宅は山本理顕，元倉真琴両氏によるアイデア設計の段階のものである。

❖　住み方の比較

　図1-6に，6帖と4帖半からなる2室住宅が2例ある。平面を構成する要素はまったく同じである。しかし，住み方調査をしてみると，かなり違った結果が出てくる。

　Aでは，北側4帖半が食事室として確立しやすく，ゆえに南側6帖が寝室となり，就寝分離（この場合は2室しかないので，夫婦と子どもの分離）が遅れる。逆にBは，広いほうの部屋である6帖が台所の隣にある食事室となりやすい。そこで，寝室は4帖半ということになるが，狭いので早く就寝分離していく。しかしBは，食寝分離はできない。

　このように，形として見ればほんのわずかの違いであっても，現実の生活に

39

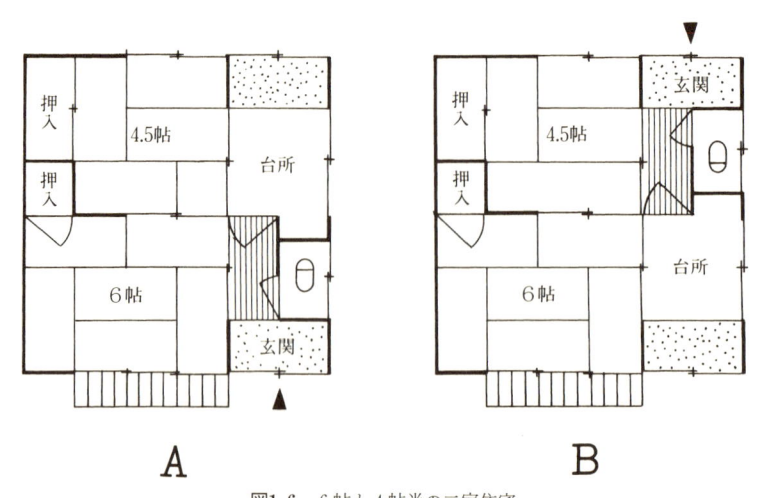

図1-6 6帖と4帖半の二室住宅
(注) 鈴木成文「現代の日本住宅」(『家』東京大学出版会)より。

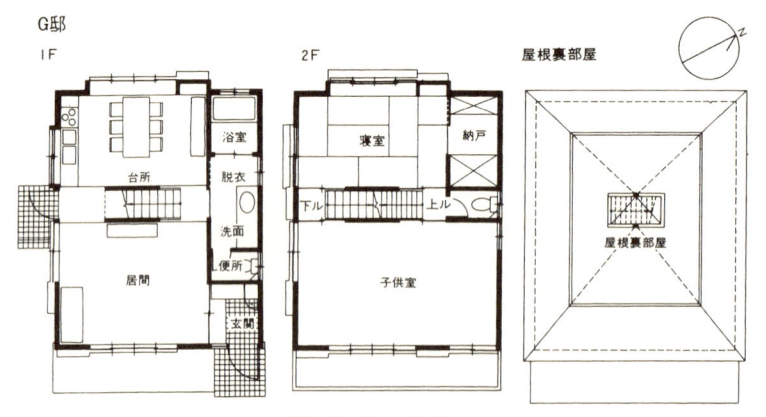

図1-7 育みの住まい
(注) 山本厚生「育みの住い論」(『ガラスGA』1983年10月号)より。

は大きな差を引き起こす。

　もう一例平面図をとりあげて考えてみる。図1-7の住宅は，玄関から居間へ直接あがる。家族も来客も居間を通ることなしには他の部屋には行けない。よくあるタイプであるが，玄関から階段を通って直接個室にあがってしまうタイプの住宅とは考え方が違う。まして，図1-1の住宅とはまったく違う。さらに，こ

コラム　ディンクスカップルとは

　ディンクス（DINKS）とは，Double Income No Kids の略語であり，夫婦二人にそれぞれ収入があるが，子供を持たない世帯（カップル）の意味である。男女共にそれぞれの仕事を持ち，お互い自立しながらも結婚生活を充実してゆこうとする生き方といえよう。夫婦二人だけの生活はディンクスカップルだけではない。新婚時代の子供ができるまでの期間と，高齢者・老夫婦同士の生活もある。とくにこれからは高齢化時代，高齢者カップルも確実に増加してくる。人生90年時代になってきたともいわれ，ほぼ60歳から90歳までの30年間ちかく高齢カップルの生活が続けられる。高齢者で収入は多くはないが時間的に余裕があり趣味豊かな生活スタイ，21世紀の新しい生活スタイルが確立されてくるだろう。

　シングルライフにもさまざまな形態が登場してきた。結婚前の若年・青年・学生などのシングルライフ，高齢者で伴侶をなくしてからのシルバーシングル，さらに中年での独身志向，自由な単身生活を選択したシングルライフも増えてきた。シングルライフの増加は世界的な現象でもあり，家族形態のなかで「単身家族」の割合が非常に多くを占めるようになってきた。この傾向は20世紀前半の数世代同居・大家族時代，それから20世紀後半の都市への人口集中，核家族中心時代を経過して，21世紀は少人数家族時代に入ってゆく前兆だともいわれている。

　このように今後は複雑・多様な家族形態が登場してくるなかで，アパート・マンションなどの集合・共同住宅も変化してゆかなければならない。従来からの2DK あるいは3LDK などの画一的ではなく，単身生活から数世代の大家族まで生活できる多様な間取りの集合・共同住宅が求められている。下表は家族形態に応じた部屋数の（一応の）目安をしめしたものである。（渡辺）

ライフステージ（人数）	若い　　　　　　　　　　　　　　　　→　高齢		
シングルライフ（1人）	若年単身 1DK	独身 1LDK	高齢単身 1DK
カップルライフ（2人）	新婚　　　ディンクス 1LDK　　1—2LDK	ミドル 2LDK	高齢 2LDK
2世代ライフ（3—5人）	育児ライフ 2—4LDK	進学ライフ 3—5LDK	成人ライフ 3—5LDK
3世代ライフ（3—6人）	若年3世代 4—5LDK		高齢3世代 5—6LDK

ライフステージと室数

の図は，磯野さんの住宅とも違う。図1-7の住宅では，コミュニケーションとプライバシーがほどよくバランスをとっている。

以上見てきたように，住居の形は家族の関係を制約もし，発展させもするものなのである。

設問 7

設問 6 で選んだ広告を使って，どんな住み方ができるかを考えてみよう。

7　壁の長さ──住まいの変化

❖　壁の量の増加

住居の平面図が読みとれるようになれば，その家の建てられた時期の生活がトータルに見えてくる。読みとれるということは，表示記号のような約束ごとがわかり，各部屋の使用目的が推定できるというだけではなく，時代の技術水準も見えてくるし，生活様式も家族関係も見えてくる。建築技術の発展はもちろんのこと，水・光・熱源の社会化（水道・電気・都市ガスなどの普及），設備や器具の改良などが総合して住宅の形を決めてくるものなのである。

先にあげたサザエさんの家は，戦前（昭和10年前後か）の東京郊外の住居であるが，今日の住宅と比べて，壁の量がいかにも少なく，フスマ・障子などの簡単な間仕切と押入が多いことに気づく。

一つには，この住宅が建設されたと推定される時期は家父長制家族制度下にあり，プライバシーという考え方も未成熟であったこと。もう一つには，当時の生活は所有家具が少なかったから，壁面が少ない住居でも暮らせたことによる。

いま，どの家族でも所有している家具や器具の数を数えてみれば，その延べ長さを合計してみれば，家具を壁に沿って置くためにはいかに長い室内壁面が必要かがわかる。

❖ 洋間と和室

　昭和30年代以降の住宅には洋風の部屋が増加してきており，いまでは，全室洋室の住居や，客間のみ和室の住居というものも珍しくない。洋風の住み方は起居行為が楽であることから選ばれる場合が多いが，なかには単にあこがれで選ぶ人もある。洋風の生活様式はいずれの行為にも家具を必要とするので，部屋の機能が固定してしまい，和式に比べると，各部屋を広めに，また部屋数も多くとらねばならない。

　この関係は，図1-5の徹底的平等家族住宅と図1-4のサザエさんの家を比較してみれば明らかである。

　サザエさんの家では，開き戸は例外的に使用されているだけだが，平等家族住宅では，開き戸のみで，引き戸は一カ所もない。屋内での引き戸は一般的に鍵をかけるとは考えられないが，開き戸は鍵をかけることもある。平等家族住宅では外部に開いている扉はすべて個室についており，そこには当然鍵をかけるが，家族室との間の扉にも鍵をかけると考えられる。戸や扉にもプライバシー意識の歴史的な違いがみられる。

　サザエさんの家には押入があり，そこが主たる収納空間である。平等家族住宅には押入がなく，納戸と家具である。押入はふとんの収納には適当なサイズではあっても，その他のモノの収納には不便である。押入のなかは，前後に詰めこまれ，積みあげて押しこまれている。入れるときはまだしも，取り出すと

> **コラム**　押入——入れっ放しになりがち
>
> 　どこのお家でも住宅改善希望の一つに，収納空間の拡大という要求が出される。その理由をたずねると，「モノがたまってくるんです」という返事で，ためるという自覚的行為ではないことがわかる。たまってくることを許しているのが押入であるといえる。
> 　押入という融通無碍(むげ)な空間が，モノがたまってくるという生活様式の免罪符の役割を果たしているわけである。もしも押入という収納空間がなければ，私たちはモノの管理，とくにいつまで残しておくのかということに，ぐっと厳しい態度をとるようになるだろう。押入は，一度入れたら入れっ放しになってしまいやすいので，「残そう」と判断するモノ以外は入れないくらいの決心をしないと，結果的に不便な空間になってしまうのである。（田中）

きは探しにくくて苦労する。モノの量が増加する一方の今日の暮らしでは，押入はたくさんのモノが入るけれど，使用にあたって時間をとられてしまう。

平等家族住宅では，所有するモノの量は設計のときの収納空間以上にはモノの所有量を増やしていかないという，しっかりした考えがないと整然とは住めない。この住宅で野放図にモノを所有していけば，雑然とした住み方になってしまう。

現代は，住居の形（ハード）で生活を秩序づけるだけではモノの増加に対応できず，住み方（ソフト）にも方針が必要である。

設問 8
あなたの父母や祖父母が子ども時代を過ごした住居の間取り，設備，所有していた家具などを聞きとって，現在あなたの家庭の住生活と比較してみよう。

設問 9
あなたの父母や祖父母が結婚したときに用意した家具・道具などを聞きとって，あなたが結婚するとしたら持ちたい家具・道具・器具などと比較してみよう。

（田中恒子）

第2章

住まいの移り変わり
―― 住まいと家族② ――

―――――― **この章で学ぶこと** ――――――
この章では、住まいと家族の歴史を学習する。その目的は次の3点である。
① 現代のわれわれが住んでいる住宅が、歴史的にどのように形成されてきたのかを把握する。
② しかし、現代の住宅はけっして固定的に完成されたものではない。今後、変化発展していくものであることを歴史の学習から理解する。
③ そして、これまでの歴史のなかから"住まい"を発展させてきた多くの庶民の知恵を学ぶ。

1　古代——住まいのはじまり

❖　定住のはじまり

　現代の住宅は大地に基礎を下ろし，固定された住居である。ところが，このように定まったところに住む（定住）までに古代人は長い移住生活をしていたのである。いつ頃からなぜ，定住生活をはじめたのであろうか。人類が発生しはじめて400万年以上たつといわれる。そして，洞穴に住居らしきもの（横穴住居）をはじめるのが40万年ぐらい以前から，さらに，平地に竪穴住居をはじめたのが約1万年以前からである。

　つまり，平地に暮らしはじめ，農耕により安定した収穫ができるようになって，はじめて定住（竪穴）生活の条件が生まれたといえる。定まった場所で春夏秋冬を迎え，季節の変化に耐えうる住居を工夫しはじめるのである。この住居の発達と並行して衣服も徐々に発達していくのである。

❖　屋根の形成

　図2-1は，静岡市登呂遺跡の竪穴式住居の復元家屋である。水稲耕作をはじめた弥生人はこのような住居に暮らしていたのであるが，家屋全体がほとんど屋根のようである。住居の発達は屋根からはじまった。屋根には，雨風はもちろん寒暑をしのぐ大切な機能がある。

　現代の住居の屋根にもさまざまな形態がある。そして，屋根を葺く材料もさまざまである。登呂遺跡の住居には天井がないが，現代の屋根と天井との間には隙間があり，ここで熱気をのがしたり，寒気をさえぎったりしているのである。

図2-1　静岡市登呂遺跡復元家屋

第2章　住まいの移り変わり

> **設問1**
>
> 　屋根の種類を調べてみよう。特に切妻型，寄棟型，入母型の形を書いてみよう。また，豪雪地帯や強風地帯の屋根も調べて，なぜその形になるのか考えてみよう。

❖　床（ゆか）の発生

　登呂遺跡の住居の床（ゆか）は土の土間床である。古代，世界各地に竪穴住居があったが，ほとんど土間床であった。そして現代でも，大陸や欧米の住居は土間床が中心である。わが国のように地上45cmほどに床が張られ，畳や板が貼られ，この上で生活しているのは少ない形態なのである。では，この床はいつ頃から形成されてきたのであろうか。

　竪穴（径10m前後，深さ1m前後）は，土の温度が一定であるために，夏涼しく，冬暖かかった。そして，当初は敷物（獣皮，アンペラなど）を敷いていたが，湿度の高いわが国では次第にベッド状の床が部分的に出現してくるのである。この床が拡大されていき，稲作によるワラから作られた筵（むしろ），畳が敷かれはじめ，長い年月をかけてわが国独自の床が形成されてきたのである。

　外国にもベッドはあるが，それは土間床に置かれた"家具"としてのベッドであり，わが国のように床面全体があがっている床ではない。このために，わが国では"床面で起居する独特の住様式"が現在まで継承されてきたのである。しかし，現代のように屋内全体が床になってくるのは，ごく近代のことであり，農家住宅や町屋住宅の多くは土間部分を長く持ちつづけてきた。そして，畳が庶民のものになるのは江戸時代以降であり，農民などは土座生活（モミガラにワラ，筵を敷く生活）を長く続けてきたのである。

> **設問2**
>
> 　わが国の"床面で起居する独特の住様式"を考えてみよう。例えば，床面で赤ちゃんがハイハイする場合とか，洗濯物をたたんだり，アイロンがけするなど床面でおこなう行為が多くある。外国の場合は，これらの行為をどこでおこなっているのだろうか，考えてみよう。

❖ **家屋文鏡**

　奈良県佐味田古墳から発掘された銅鏡（家屋文鏡, 図2-2）は，3世紀頃の古代住宅を示している。これには，それまでの竪穴住宅の他に「壁」を持つ平地住居，床が高い高床（倉庫）など各種の建物が描かれている。

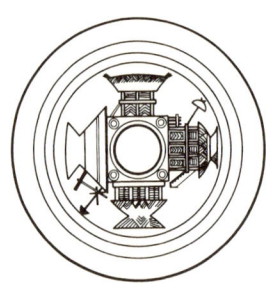

図2-2　家屋文鏡（写）

　上・下の階級に分化しはじめ，権力者が出現してきた頃である。床を張る技術と，壁をつくる技術が完成してきたことに注目させられる。また，これまで竪穴住居のなかの炉は中央にあり，煙が屋内に充満していた。この煙から解放されるために炉が徐々に隅に移動し，最後には壁につく"カマド"になった。このことも，住居に壁をつくらせることを促す原因になったのである。

　この当時の権力者の家屋は，主屋，副屋，納屋，倉庫，炊事場など複数の家屋を持っている。各屋の機能が別々であるわけであるが，このことは，現代の住宅のように大きな屋根をかけ，内部を部屋ごとに内壁と建具で間仕切る技術が完成されていなかった時代の特徴といえる。

設問3

　現代の住宅の部屋の種類をすべてあげてみよう。そして，お年寄りに聞いてみて，大正時代や昭和時代にはなかった部屋が現在あるか調べてみよう。

2　中世──いろいろな住まいの発達

❖ **まち（町）の形成**

　平安京（794年）の時代になると人口が集中した都市が形成されてくる。ここに貴族を中心とした住宅（後に述べる寝殿造住宅）と，町人を中心とした住宅（町屋住宅）が出現してくる。図2-3は平安京の道に沿ってできてきた町屋住宅である（まちという言葉は，みちという言葉を語源としている）。

　屋根は板葺，壁は網代張り，または板張りの粗末な小屋であった。これが，

図2-3　中世の町屋住宅（『年中行事絵巻』巻十一）
（注）　西山夘三『日本のすまいⅠ』より。

室町時代になると屋根に柿葺や瓦葺が現われてくる。次第に入口にはのれん，窓には荒い格子ができてきて，江戸時代に完成する町屋の形態を形づくっていく。

❖　寝殿造住宅の登場

　538年仏教伝来以降，894年遣唐使廃止までの仏教文化の導入と4世紀にわたる律令国家の定着を背景として，天皇の宮城を中心に貴族の住宅（寝殿造住宅）が形成されてくる。現在の京都平安神宮（紫辰殿，清涼殿）にその面影をしのばれる建物がそれである。つまり，源氏物語（紫式部）や枕草子（清少納言）にある十二単衣（女性），衣冠束帯（男性）の貴族の生活が展開された世界が寝殿造である。池に船を浮かべ，詩歌管弦の遊びをし，釣殿で魚釣をし，夏は夕涼み，秋は観月，冬は雪見をして詩宴をおこなった古典文学の世界である。

　しかし，この住宅は貴族の日常生活のためよりも，むしろ当時の貴族政治の場であった。年中儀式や政事がおこなわれる接客中心の住宅であった。しかも，ほとんどの床は板張であり，畳はまだ部分的に敷かれていたにすぎなかった。天井もまだ張られておらず，障子や襖も完成していないために部屋の間仕切もなかった。畳や天井，障子や襖の完成は，これから600年後の武士の住宅（書院造住宅）まで待たなくてはならない。

> **設問 4**
>
> 接客中心の住思想（住居観）は現代にも引き継がれている。玄関を豪華にしたり，客間を優先して，逆に北側の日のあたらない場所を家族の生活の場（居間，台所，寝室）にする思想である。住宅平面図を集めて，"接客中心の住思想"の面から批判してみよう。

❖ 農家住宅の発達

先の寝殿造住宅，これを囲み都市を形成していた町屋住宅，そしてこの背後には圧倒的多数の農家住宅があった。しかも，この農家住宅はほとんどが竪穴住居か，粗末な平地住居であった。

図2-4は，その農家住宅の変遷を示したものである。①は，竪穴住居の時代であり，土間に乾草，ワラ，筵を敷いていた。②は，板床の部屋が一室できた時代である。③と④は，この板床室が分化し複数の部屋が形成されていく時代である。特に④になると奥は畳室（座敷）になり，広い板間には「いろり」が置かれ「広間型住宅」と呼ばれるものになる。⑤は，これがさらに発展し，現代農家住宅の基本型「田の字型住宅」になる。

しかし，重要なことは①〜⑤が時代に沿って単純に発達してきたわけではなく，①〜④の形は現代でもあり，①〜⑤の形態が各時代の農民の階層に応じて並存していたことである。と

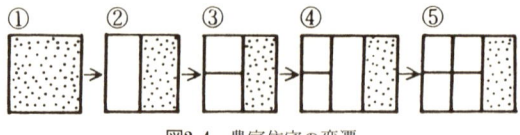

図2-4 農家住宅の変遷

> **コラム　家作禁令**
>
> 江戸時代に幕藩体制の社会秩序を守るため農民の住宅（家作）に厳しい規制（禁令）をしたこと。家の大きさをはじめ材料は雑木，曲り木以外の使用を禁じ，床は畳はおろか板張りさえ禁じた。床の間など贅沢は許さず縁側も禁止され，紙は高価なものとして紙の襖障子も許されなかった。つまり，粗末な小屋での土座住まいを強要された。この規制は藩によって違いはあるが，生活上の規制（法度，触書）により衣，食，住のすみずみまで規制し，一切の生活余剰をしぼりとり，"殺さぬよう生かさぬよう"に貢納を生みだすことだけを求めたものである。（渡辺）

りわけ江戸時代の貧農は,「家作禁令」により家を立派にすることを長い間禁じられていたのである。

　ここで,③に注目しておきたい。③は奈良時代,地方に班田制が確立してきた時代の名主職の住宅である。2つの部屋の南側を「デエ」,北側を「ナンド」と呼んだ。「デエ」とは,班田を見まわりにきた中央の役人を接待する場所であった。実は,この階層を中心に地方に地侍層が発生し,武士が登場してくるわけである。つまり,「デエ」を中心とするこの住宅が,のちに述べる武家住宅の母胎になるのである。

❖　僧侶の生活

「玄関」という言葉は,もともと"玄妙なる道に入る関門"という仏教用語である。仏教文化は,長い間わが国の文化の中心であり,その住宅ものちの支配者,武士の住宅に多大な影響を与えていく。

図2-5　僧侶の生活「納戸」と「風呂」

図2-6　僧侶の生活「接客」と「食事」

図2-5と図2-6は，当時の僧侶の生活を示すものである。図2-5の簡単な吊り棚や図2-6の掛け軸は，これらが次第に作りつけになっていき，わが国独自の「押入」や「床の間」を形づくっていく源となるのである。仏教文化を通じて外国から導入された二階棚や厨子，あるいは香炉，燭台，花瓶といった置き物が一体となって"わが国独自の作りつけ家具"（床の間）が形成されていく過程が示されているのである。

❖ 書院造住宅

「書院」とは，もともと禅宗を学ぶ書斎のことであった。支配層となった武士は，その文化的支柱を禅宗に求め，これを住空間のなかに取り入れた。

　武家住宅とは，最終的に「城」を代表される建物であり，この「城」を頂点として下級武士にいたるまで，さまざまな

図2-7　書院造の内部

規模の住宅が江戸時代に形成された。これらの形態を「書院造住宅」と呼び，図2-7がその内部を示す典型である。図のように，床の間，違い棚を正面として脇に書院を持ち，障子，襖で間仕切られた部屋，畳が敷きつめられ竿縁天井，欄間がある，このような部屋をもつ住宅を「書院造住宅」というのである。そして，ここで対座形式と呼ばれる武士の主従関係（封建的な人間関係）を維持する座様式が生まれたのである。

　この室内は，現代の住宅にも多く見られるものである。つまり，これまでの長年の曲折を経てここに，わが国独自の和風住宅の形が完成したのである。

3　近世──庶民住宅の発達

❖ 江戸時代の町民の知恵

　江戸時代中期の町民のなかから生まれたもののなかに，現代のわれわれの生活の必需品になっているものが多い。その代表的なものは「炬燵(こたつ)」と「箪笥(たんす)」

であろう。安い土火鉢を改善し，これに櫓を立て，熱効率を高めるためにフトンをかけたのが「置炬燵」のはじまりである。「簞笥」にしても，狭い住宅のなかに最も効率よく収納するために工夫された庶民の知恵の結果である。つまり，この頃になってはじめて庶民が，これまで支配者の独占物であった「大鋸」(のこぎり)，「台鉋」(かんな)などの大工道具を手にすることができるようになった。これらを使って，木材を角材や薄板に自由にきざみだし，さまざまな精巧な家具や建具をつくりだしていったのである。

設問 5

一間とは約180cm，三尺とは約90cmの長さをいう。また，一坪とは，一間×一間の広さ（約3.3m²）をいう。現在住んでいる住宅をこれらの単位で測定してみよう。

❖ 下級武士の住生活

図2-8は江戸時代・下級武士の住宅である。入口を入ると玄関の間があり，4畳の次の間があり，その奥は8畳の客間である。これらが接客空間である。次に，居間8畳と大きな納戸，この納戸には脇差し，稽古面，提燈，笠道具，竹刀，煙草入れなどが入っている。ここは主人だけの部屋であり，ひとり寝起きしたり食事をする主人専用の部屋である。次に，応対台所である。ここは，他

コラム 「丈間物」角材

丈とは10尺（約3.03m）であるが，とにかく長い角材のことで，切り口が四寸角（12cm）の規格材料が江戸時代にできた。

これまで庶民が手斧，チョーナ，楔で刻んでいた木材が「大鋸」(のこぎり)「台鉋」(かんな)の普及により滑らかで真直ぐな木材が入手できるようになった。「丈間物」を二つ割にして敷居や鴨居に，四つ割にして捶木，六つ割にして格子に，八つ割にして野縁，十二つ割にして腰板や天井板に無駄なく使用した。この方法は，現在にも引き継がれている。

この当時から畳も田舎畳（6尺×3尺），京間畳（6.3尺×3.15尺）などの企画品ができ，庶民の住宅も企画品（大量生産）プレハブ（現場組建て）の時代になっていく。（渡辺）

図2-8 下級武士の住宅

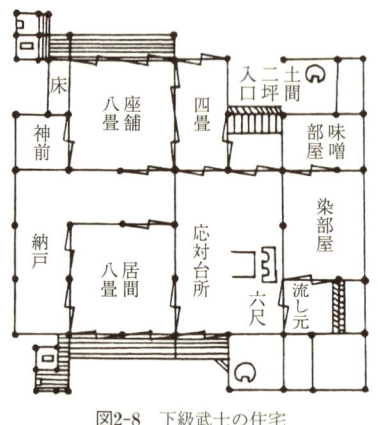

の家族が寝起きしたり食事をする部屋である。

接客中心であり,主人中心の封建的な家族関係がよく現われている住空間構成であるが,ここで応対台所につながる小部屋(流し元,味噌部屋,染部屋,東入口座)に注目しておきたい。ここでは主に味噌をつくったり,麺類を加工したり,漬物を貯蔵したりする部屋である。つまり,炊事をはじめ家事作業の空間がかなり広いのである。これは,食品の加工の各工程に手間がかかり,その作業空間が必要だったことがわかる。現在は,台所がかなりコンパクトになり,ガス,水道,電気がつき,冷蔵庫に二次加工食品を豊富に収納できるようになった。つまり,これ以降の住宅の歴史は「火」や「水」を中心に設備的な改善が進行していき,台所がコンパクトになっていくのである。

❖ 「長屋」と「しもた屋」

江戸時代に,表通りの商店の裏側に「長屋」住まいをする者が多かった。長屋は4.5畳一部屋だけの狭小なものであった。共同の井戸があり,ここで炊事,洗濯,洗顔すべてがおこなわれていた。これが,わが国の"集合住宅"のはじまりである。

また,「しもた屋」とは琴,三味線の師匠や手内職の職人,あるいは隠居,出職人などの住宅,つまり店舗がなく住むためだけの専用住宅のことである。現代の住宅はほとんどが専用住宅であるが,これまで歴史に登場してきた住宅は農家住宅にしろ農作業空間が,町屋住宅にしろ店舗が,寝殿造住宅にしろ儀式空間が,武家住宅にしろ接客空間が,それぞれ住生活以外の機能が含まれていた。つまり,この「しもた屋」が現代に通じる"専用住宅"のはじまりともいえるのである。

4　現代——都市住宅の形成

❖　明治の都市住宅

　図2-9は，夏目漱石が暮らしたといわれる住宅である。図2-8の江戸時代下級武士の住宅よりも台所がコンパクトになり，風呂も備えた現代的な住宅になってきている。しかし，現代の住宅と異なる点は，すべての部屋が和室であり，そして廊下がほとんどないことである。また，この家には階段がなく二階建てではないことがわかる。一般に，二階建て住宅が現われるのは大正時代になってからであり，図の書斎も洋間になってくるのである。そして部屋と部屋をつなぐ通路専用の廊下（「中廊下」）が現われてくるのも，大正時代になってからである。

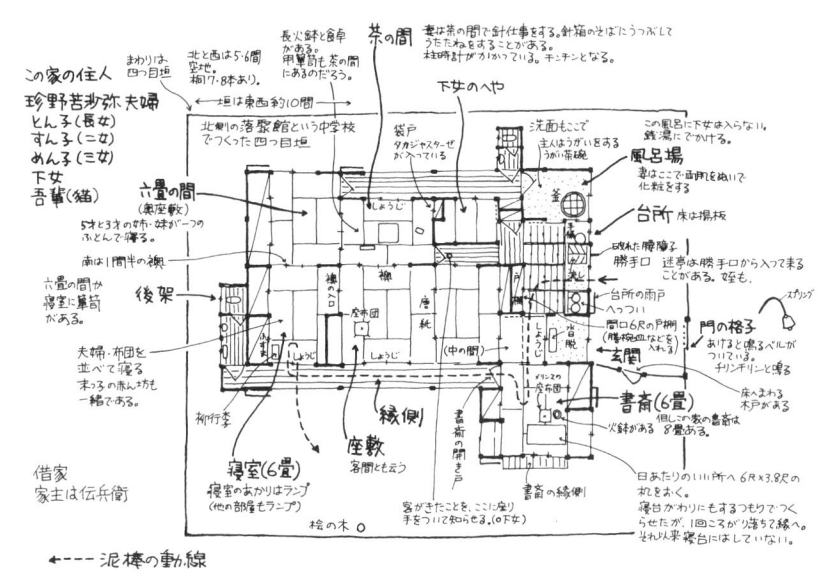

図2-9　漱石の家。漱石はこの家に明治36年2月から39年12月27日まで住んでいた。その間の37年11月3日に三女が生まれた。「吾輩は猫である」は明治38年1月から連載（『ホトトギス』に）がはじまった。

（注）　平面は明治村にある鴎外・漱石の家。書き込みは「吾輩は猫である」による。平井聖『図説日本住宅の歴史』学芸出版。

❖ 「中廊下住宅」の出現

図2-10は大正時代に現われた「中廊下住宅」と呼ばれる住宅である。名前のとおりに中央に廊下があり，この廊下という通路専用空間により各室のプライバシーが守りやすくなったのである。また，南面に家族の生活空間（茶の間，居間）が位置してきて，かなり生活を重視する近代的な住宅になってきたのである。

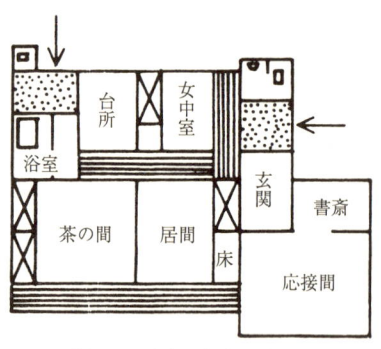

図2-10 中廊下住宅の平面図

しかし，居間は前時代の，図2-8の下級武士の主人の間の流れをくむ，実質的に主人の専用空間であり，接客室とされたことも多い。茶の間も，前述の応対台所のように他の家族全員の食事，団らん，就寝など他目的に使われていたのである。つまり，生活の「食寝の分離」，あるいは家族の「就寝の分離」がいまだなされていなかったのである。これらは，次の時代の住要求の基本原則になっていくのである。

ここで図2-9と図2-10の女中室に注目しておきたい。当時の都市住宅では，女中（お手伝いさん）がいることが一般的であった。しかし，ここで唯一プライバシーが守られる「個室」が女中室だけであったことも興味深いことである。

❖ 台所の改善

江戸時代に発明された「置かまど」や「コンロ」「七厘」は，火を火床から離し，小型化することによって調理の火に可搬性を持たせることに成功した。図2-11は大正時代の台所である。水道が普及して，これまでのように水瓶にためて汲みだして使用する手間が省けるようになったことと，台所空間もかなりすっきりしてきた。しかし，図の流し台はかなり低く，手前の"すのこ板"

図2-11 大正時代の台所
（注）西山夘三『日本のすまいⅡ』より。

に座って調理していたことがわかる。つまり，水もれしやすい木製の流し台に対し，銅板やブリキ張りの流し台が現われるまでは立って作業することができなかったのである。したがって，当時は置かまどや七厘も座って作業する位置にあったのであり，炊事作業を立っておこなえるようになったのはごく近代である。

❖ 初期のアパート

　1923年の関東大震災による難民救済のために，はじめて本格的なアパートが建設された。図2-12は，その"同潤会アパート"の平面図と配置図である。当時の建築家たちの間では，アパートを完全な洋風，椅子座方式にしようと主張をする人もいた。その後，住宅の様式をめぐって「和風」「洋風」あるいは和洋の「折衷風」といった論議が盛んになるのである。

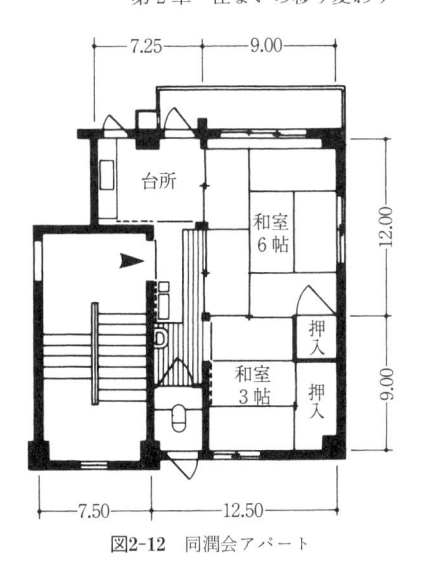

図2-12　同潤会アパート

　また一方で，アパート建設は国や地方自治体の住宅政策にも大きな影響を与えた。つまり，住宅建設を個人の力でするのではなく，公的機関により計画的に供給することである。このことにより，住宅の質を一定水準以上に保ち，同時に都市の整備をおこないながら，いたずらに地価が上昇することを制御しようとするものである（第8章参照）。

❖ 戦後の住宅復興

　第二次世界大戦（1941～45年）は国土の全面的荒廃と国民生活の窮乏をもたらした。当時の住宅不足数は420万戸にも及び，巷には住む家もない人々があふれていた。焼けだされた人々は，防空壕や仮小屋・バラックと呼ばれる応急住宅を建てたり，地下道や廃屋，壕舎や廃棄されたバスや電車を改造して暮らす，いわゆる"ねぐら住まい"をする人々も多かった。このような事態のなかで，

戦後の住宅政策として「日本住宅金融公庫法」(1950年)「公営住宅法」(1951年)「日本住宅公団法」(1955年)が立法化された。そして，この"三法"により全国各地に住宅の建設が進められたのである。

❖ 「居間」(リビングルーム) の確立

戦後の住宅のなかで家族が団らんする居間の確立は重要なことである。すでに図2-8, 9, 10に居間という部屋はでてきているが，先に説明したように主人専用の部屋であった。また，茶の間と呼ばれる家族室も図2-10に登場してきたが，寝室を兼ねるものであって，けっして家族全員がくつろげる部屋ではなかった。長い住宅史の流れのなかで，はじめて生活の中心の場，明るく楽しい家族の集まる場所が確保されたのである。この家族の「公」的な部屋，居間を中心として個人個人の「私」的な部屋が確保されたものを，近代住宅の基本として「公私型住宅」と呼ぶ。

しかし，この家族のための空間・居間(リビングルーム)を応接間(ゲストルーム)と勘違いして，客に見せるためにソファーや大型洋風家具を並べたてる誤った傾向もある。また，個室の確保においても子供の勉強部屋といった考えが強く，個人の自立したプライベート空間としての認識が諸外国に比べて遅れている。さらに，子供の個室は確保されても，夫婦の個室が確保されていない家庭も少なくないのである。

❖ 建売住宅の増加

高度経済成長による都市への人口集中にともない地価が高騰した。このために，比較的安価で小規模の建売住宅が増加してきた。ところが，この建売住宅の多くは，これまで見てきた江戸・明治・大正の住宅と規模の点でさして変わらないし，むしろ規模は縮小しているといえるものもある。このように小規模の建売住宅が増加してきたことは，わが国の都市整備が大幅に立ち遅れている結果である。つまり，良質な集合住宅を公的に，計画的に建設していけば，かなりの程度地価の高騰は抑えられたはずであり，良質な住宅地を確保できたはずである。

建売住宅のプランのなかには，玄関ホールに続いて便所，風呂，階段上がり口が配置されている例が圧倒的に多い。プライベートな行為（入浴，用便）とソシアリティな行為（接客，応対）が一つの場所で交錯する，という住生活上の問題が発生する空間構成になっているのである。

❖ 家具の増加

建売住宅に代表される狭小住宅の増加により，住生活の向上を"広さや明るさ"に求めることを断念し，むしろ内部の家具や設備の充実を求めていこうとする傾向がでてきている。

図2-13は，あるアパートの「多家具生活」を示すものである。このように家具の谷間で生活をするような事例が圧倒的に多くなってきている。家具量が増えてくると，ふとんを敷いたり，こたつを置いたりする場所，さまざまな生活行為をする場所が大変狭くなってきてしまう。また，襖やドアの前にも家具が積まれ，日常生活が不便になると同時に，地震などの災害時にも危険である。

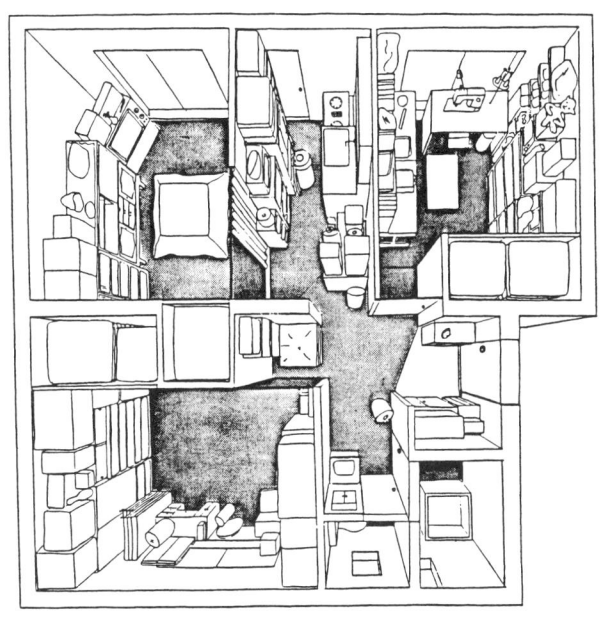

図2-13 アパートの「多家具生活」の例

わが国の住宅は，無計画な都市への人口集中と，さらに都市整備の立ち遅れによって地価が高騰し，狭小な敷地，そこでの狭小な住宅しか入手できなくなってきているのが現状である。敷地が狭く，日照と通風条件が悪いために，電機照明や冷暖房設備が過大に必要になり，さらにその熱効率を高めるために，住宅を閉め切る。閉め切った狭い住宅の内部は多量の家具で占領されてきている。この環境はけっして健康的なものではなく，逆に家ダニやゴキブリを増加させる環境をつくりだしている。

　住宅政策や都市政策を強く要請していくとともに，国民自らが真に豊かな住生活とは何か，そしてこれから求めていく素晴らしい住空間とはどのようなものであるのか考え，工夫していかなければならない。

（渡辺光雄）

第 3 章

住まいはいま
──住まいと家族③──

この章で学ぶこと

この章では,現代の住まいと,そこで生活している現代人の実生活との関係や問題点について学習する。

① 現代の住まいがけっして完成したものではないこと,そこには多くの問題や改善すべき点があることを認識する。

② そのためには,住まいのなかの一つひとつの「もの」と,これにともなう「ひと」の行為を具体的,個別的に見つめなければならない。

③ 現代の住まいに対して客観的な批判能力を持つことと,将来の住まいに対して科学的な展望を持つことである。

1 「もの」と「ひと」の関係

❖ 生活構造論——生活を構造としてみる

　戦後，農村において住宅改善（生活改善）の運動があった。その一つに土間台所の「カマド」改善があった。当時のカマドは薪による焚カマドであり，これを衛生的，能率的なガス釜に改善しようとするものであった。ところが，この改善は「嫁殺し」と呼ばれて，多くの人々から批判された。なぜなら，当時の農家の嫁は誰よりも早起きして一日中立ち働いていなければならなかった。封建的家族関係のなかで嫁の立場は弱いものであり，働き者の嫁でなくてはならなかった。この嫁が唯一休む場所，休む時間が許されるのがカマドの前に座っての火の番のときであった。
「カマド」改善が，逆に弱い立場の嫁をますます苦しくし，休む場所も奪ってしまったのである。このように一部の改善が，他にしわ寄せを生じてしまい，別の問題を発生させてしまう場合がある。つまり，「もの」の改善には同時に「ひと」の関係の改善も必要となるということである。住宅や家具，あるいは設備の改善にともなって人々の生活の改善も必要であるのである。このように「もの」と「ひと」は密接な関係にあり，相互に影響しあっている。この関係を注意深く見つめ，生活を構造的に発展させていく考え方を「生活構造論」と呼ぶのである。

　戦後の住宅から改善されてきたものは，ガス釜だけではない。上下水道の普及，台所，風呂・便所の改善，電化製品や家具の増加，洋間や二階の増加，等々の変化が急速に実現されてきた。しかし，これらの変化があまりにも急激であったために，現代の住生活には多くの新しい"ひずみ"を発生させてきている。われわれの将来の生活を真に"構造的"に発展させ，豊かな生活を実現していくためにも，いま冷静に「生活構造論」の視点から，現代の住宅と，そこで展開されている生活を見つめ直していかなければならない。

第3章　住まいはいま

❖　機能分離論――住まいのなかの機能をみる

　かつての農家には「いろり」があった。「いろり」の機能は，採暖はもちろん，煮炊，魚焼や食物の乾燥などの調理機能，さらに家族の食事，団らんと客が来た場合は接客の機能も備えていた。雨雪の日には薪や洗濯物を乾かし，床下には馬鈴薯を凍らないように置く食品の貯蔵場所もあった。祖父が夜なべ仕事をしながら孫たちに昔話を聞かすとき，「いろり」の火は小道具ともなった。

　このように「いろり」空間は，多目的な機能を備えた住生活（家族生活）の中心であった。ところが，現代の住宅には「いろり」がなくなった。これは，「いろり」の持つ多目的な機能がさまざまに分解したためである。接客機能が応接間やソファーセットに，調理機能が台所に，採暖機能が電気・ガスストーブや空調設備に，次々と分離し部屋や家具，設備になっていったのである。

　機能分離は「いろり」だけではない。かつて座具は座布団だけであったが，現在ではイス（ソファー，スツール，チェア）と目的によって機能分離してきて，これにともなって机も各種増えてきた。タンス類も，和洋の各種のタンスから茶ダンス，ベビーダンスと機能分離してきている。最近では，冷蔵庫の内部収納が次々と分離し，5ドアの冷蔵庫まででてきている。スリッパなども夏用，冬用，客用，子供用などと機能分離してきている。

　このような機能分離の傾向は，高度経済成長以降「もの」の増加にともない，住宅内のいたるところに発見できる。確かに，機能分離は場面場面の生活を便利にしてきたといえよう。しかし，「ひと」の生活は整然と各種に機能分離された部屋部屋と，そこでの機能分離された家具に沿って展開されるとは限らない。むしろ，住宅内には家族が皆集まって，いろいろの行為をする場所があり，機能分離が簡単にできない部屋がある。他方で，便利にみえて購入してもほとんど使用されない部屋や家具や食器も多くある。かつての「いろり」空間が豊かな家族生活の中心であったように，現在の住宅でも家族がよく使用する場所の機能を充実させ，むしろ機能を集中させて，現代的な「いろり」空間を工夫してゆくことも大切なことであろう（機能の分離と集中の再検討）。

> **設問 1**
>
> 　自分の住宅のなかで最も頻度が高く使用される部屋と，ほとんど使用されない部屋を調査してみよう（一日頻度，一週頻度，一月頻度，一年頻度）。また，部屋の機能を分離したほうがよい部屋，逆に機能を結合・集中したほうがよい部屋はないか検討してみよう。

❖ LDK論——家族の集まるところをみる

　Lはリビング・居間，Dはダイニング・食堂，Kはキッチン・台所である。この3種類の部屋の組み合わせで，次の4型（タイプ）の形態ができあがる。①LDKがワンルームの場合，逆に②L・D・Kがすべて独立した部屋として分離している場合，③K-DL，台所が分離していてDとLが一室の場合，④DK-L，いわゆるダイニングキッチンと呼ばれる型，の4型（タイプ）である。

　われわれの住宅は，この4型（タイプ）のいずれかに属しているはずである。しかし，「ひと」の生活からみると，このように単純ではない。例えば，Lといっても客間を兼ねていることが多く，客本位にソファーセットを備え，家族のためのくつろげる部屋になっていない場合がある。また，LDといっても実際は狭く，コタツ一つ，あるいは食卓テーブルが一つしか置けなく，ここにほとんどの生活行為が集中してしまう場合も多い。さらに，DKも食事の用意やあと片づけには便利であるが，台所を見ながらの食事はけっして快適なものではない。逆に，Kを独立させた場合でも，家族の民主的な協力が得られない場合は主婦の労働はきつくなり，家族の団らんに一人取り残されての皿洗いとなる。

　L，D，Kは住宅のなかで大切な空間であり，家族の「公」的な中心の空間である。そして，この空間は家族のスタイルにより，家族ごとの個性が強調されてよい空間でもある。さまざまなタイプの家族がその個性に応じて，それぞれに豊かな空間を創造していくことが大切である。

❖ ゾーニング論

　台所のにおいや残飯は，家族にとってはなんでもないが，客には見られたく

ないものである。家族でくつろいでいるときに突然の来客があるのはいやなものである。このように，住空間のなかには家族以外の他人に見られたくない，聞かれたくない，知られたくない生活がある。これを"家族プライバシーの空間"と呼ぶ。

　もちろん，家族間のなかにも個人個人のプライバシーがあり，便所や浴室，寝室などは"個人のプライバシー空間"として確保されなければならない。しかし，生活とは複雑なものであり，例えば親子で風呂に入ることは，親子の間に必要なコミュニケーションである。また，夫婦間ではプライバシーを感じな

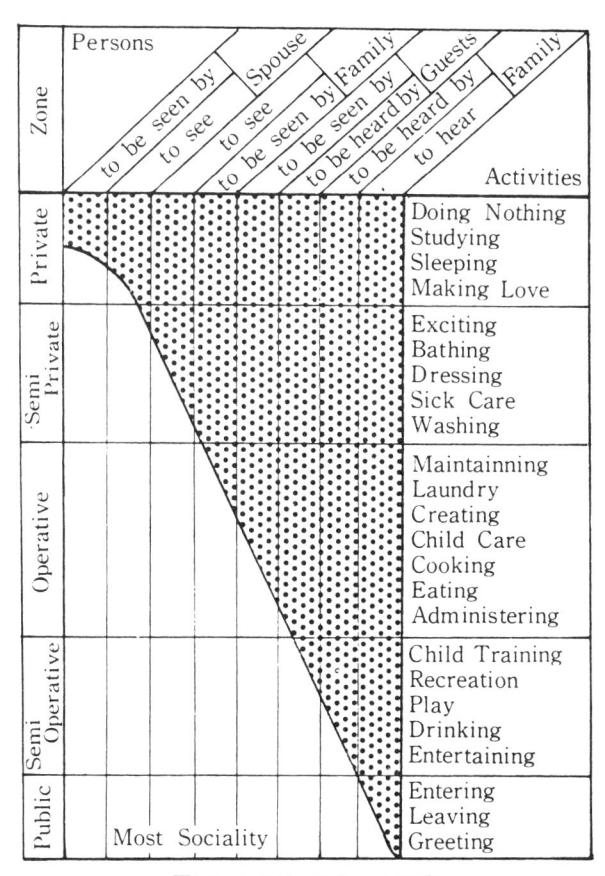

Zone	Persons to be seen by / to see	Spouse to see	to be seen by Family	to be seen by Guests	to be heard by Family	to be heard by Guests	to hear Family	Activities
Private								Doing Nothing Studying Sleeping Making Love
Semi Private								Exciting Bathing Dressing Sick Care Washing
Operative								Maintainning Laundry Creating Child Care Cooking Eating Administering
Semi Operative								Child Training Recreation Play Drinking Entertaining
Public	Most Sociality							Entering Leaving Greeting

図3-1　ケネディのゾーニング表

い行為も家族の世代間や男女間では，お互いに見たくない行為，見られたくない行為があるものである。電話の内容が家族すべてにわかってしまったり，寝室の灯がもれたりして，家族の監視下にあったりする場合も多い。

　一般にプライバシーとコミュニケーションは対立概念であり，目，耳，鼻，口と手などの五感を通して排除結合しあうものである。そして，ある場合には「ひと」の存在する気配さえも，コミュニケーションの一つとして重視する場合もある。このような複雑な関係を表にしたものが，図3-1に示すケネディのゾーニング表と呼ばれるものである。

　Doing Nothig（何もしないボーッとした瞬間，伴侶にさえも見られたくないとき）を最もプライバシーの高い行為とし，徐々にプライバシー度が下がり，逆にコミュニケーション度があがる生活行為をあげてある。そして，住空間とは個人のプライベートゾーン，家族のセミプライベートゾーン，家事作業のオペレイティブゾーン，少し社交的なセミオペレイティブゾーン，さらに外来者に対するパブリックゾーンの5つのゾーンに分割することを主張しているものである。

設問 2

　年代別，男女別にプライベートな行為をあげて比較してみよう。また，ケネディのゾーニング表から見て，自分の住宅のなかでゾーニング上，問題がある箇所を指摘してみよう。

2　行為をめぐる矛盾

❖　動線論——台所トライアングル説

　住空間のなかでプライバシーな行為が疎外されたり，コミュニケーションが充足されないということは，これらをさえぎる他の人の行動が入りこんでしまう空間配置（プランニング）になっているためである。「ひと」の行動（動きの線）を「動線」と呼ぶ。動線計画が不十分な住宅は，さまざまな心理的苦痛を発生させる。例えば，建売住宅に多いのであるが，玄関ホールに直接，便所・風呂の入口があり，二階への階段が見えている場合，突然の来客により便所や風呂

から出られなくなったり，二階の自分の部屋に行けなくなることがある。これは，ゾーニングと動線計画が考えられていない典型的な例である。

　台所などでは「作業動線」が重視される。トライアングル説というものがあり，「流し」「レンジ」「冷蔵庫」を三角形に配置すること，その距離の合計が6m以内であることが望ましいという説（米国）である。わが国の実情からいえば，「流し」「レンジ」は一連のものが多く，一方で「配膳テーブル」が配慮されていないか極端に狭い場合が多い。そこで，「流し・レンジ」「配膳テーブル」「冷蔵庫」を三角形に配置することを留意すべきであると思う。

　しかし，「動線」は単純に短くすることばかり考えてはいけない。前述したように，「動線」が複雑に交差しないように配慮すること，またある場合には，作業の空間が充分に確保されていることが重要であり，「動線」が長いほうが快適な空間が創造される場合もある。

❖　食寝分離論──寝室と食事室の分離

　戦前までの住宅の設計方式は，畳室を中心とする「転用理論」であった。つまり，住宅全体が特別に固定した設備もなく，機能（使い方）も定まっていない幾部屋かの畳室からできており，これらを多目的に"転用"して使うという理論であった。

　昭和10年代に西山夘三博士は，この「転用理論」を批判し，転用は主婦の家事労働を過重にするものであり，少なくとも寝室と食事室は分離したほうがよいと主張した。これが，「食寝分離論」であり，多量の実態調査に裏づけられた理論であった。生活のあり方から住宅設計を考えた理論として有名であり，集合住宅の計画にも適応された。現在では，寝室と食事室を分離することは当然のこととなっているが，この理論の精神は現在でも忘れてはならないものがある。すなわち，住空間を旧態以然として固定し，生活が変化しても無理して住みこなしてしまう誤りを指摘したものである。同時に，多量の実態調査により，庶民の生活には，これらの矛盾と要求と，そしてたくましい工夫が多量に存在し，常にこれらを客観的にとらえて，将来の住空間のあり方を考えていこうとする精神である。

例えば，ベッドを使用している人で冬に和ふとんをかける人が多い。寝返りをうつと和ふとんがずり落ちてしまうことがある。これは，けっして寝相が悪く恥ずかしいことではない。むしろ，和ふとんを使用してもよい日本式ベッドが考えられていないからである。与えられた空間や家具にあわせて，"ガマン"して生活するのではなく，それらをいかに生活しやすく改善していくか(改善を要求していくか)，常に考えていく精神が大切である。

❖ 空間矛盾の「暫時的統一」

住宅のなかのさまざまな空間，玄関とか居間，台所，風呂・便所あるいは階段，廊下，寝室など，ほとんどの空間がそこで展開している生活と完全に調和しているわけではない。狭すぎたり，広すぎることはもちろん，例えば玄関に大きな荷物が置かれているとしよう。家族は，少し不自由な思いをしながらも，その荷物を避けて通り抜けて生活しているような情況はよくある。通路となる廊下や階段，あるいは食卓の上や居間のソファーのまわりなど，"片づけたい"と思いながらも，しばらくそのままで生活してしまうことはよくある。

これは，「もの」だけではない，家族間の「ひと」との関係にもしばしば発生する。例えば，ある姉妹が同室寝をしていたとしよう。姉は受験勉強で夜遅くまで勉強しなければならない。早く休んだ妹のためにスタンドの電気にカバーをする。これは，姉と妹の生活リズムに微妙な違いが発生したためである。このように，「ひと」と「ひと」が「もの」を介在として問題をかかえながらも一定の秩序を保持しながら生活している。このような事態が発生することが，むしろ日常生活の一般的な状態であるといえよう。このことを生活空間に内在する矛盾の「暫時的統一」の状態という。

しかし，これは暫時的に統一されているだけであり，些細な問題でも長期にわたり定着したり，その矛盾が増大し人間関係のトラブルにまで発展する場合もある。これを「矛盾の激化」した状態という。この場合は，何らかの解決が必要となり，「もの」による解決(家具を動かしたり，部屋を広げたり)する場合と，あるときには「ひと」の生活を変えてしまう場合もある。しかし，その解決が局部的に完了する場合はよいが，他の「もの」や「ひと」に影響を与え，

そこで新たな問題（矛盾）が発生してしまうこともある。

このように，「ひと」と「もの」は常に連動して構造的に存在すること，また，それは常に「暫時的統一」の状態で内部矛盾をはらんで存在しているということである。そして，今後の新しい住空間のスタイルとは，この些細とも思われる問題（矛盾）に注目していくなかから生まれてくるものであるということである。

設問 3

あなたの住宅のなかで生活上，問題に感じている点を列挙してみよう。「暫時的統一」の状態にあるもの，かなり「矛盾の激化」した状態にあるもの，5点ずつ指摘してみよう。

3　住まいの変化・発展

❖　イメージ・ブレイキング（Image Breaking）

「もの」の形や大きさに固定的なイメージを持ち，これにしばられることは誤りである。例えば，"テーブルは四角であるべき"とか"窓の形はこうである"とか，"ドアの高さ"や"階段の角度"に決った形状があると考える必要はない。部屋についても，玄関はどのぐらいの広さ，台所は何坪，客間は何畳，風呂・便所は，等々の一定の基準があるかのごとく固定観念を持つことは誤りである。かなり広い温室を兼ねた玄関があってもよく，また外国のように，ほとんど玄関らしい空間がなくてもよい。階段も，踊り場が中二階のように広く楽しい階段でもよく，逆にハシゴのような簡単な階段もあるのである。

部屋の形や広さ，家具の形状に対して固定観念にしばられることなく，自由に考えて従来のイメージをブレイキングしていくことが大切である。このことは，単に「もの」の形状に関することだけではなく，「ひと」の生活観にもあるものである。「夫」たるものこうあるべきとか，「妻」たるものはこうあるべきといった生活の固定観念である。

旧い生活像，旧い空間像から解放された新しい生活像，新しい空間像を自由

に創造していく努力を皆がしていかなければならない。

❖ 公私室分離論

　高度経済成長期以降，都市を中心に核家族が増加した。このことは，家族観（生活観）にも大きな変化を及ぼした。そして，住居の形態も変化してきた。それは，先に述べたLDKを中心とする家族の「公」の場所と，寝室や勉強部屋などの家族の「私」の場所が結合した住宅である。これを公私室住宅と呼び，これを促す理論を「公私室分離論」という。

　それまでの住宅には，封建的家族秩序を背景に満足な個室もなく，同時に家族団らんのための居間も確保しようとする姿勢が少なかった。このような事態のなかで公私室分離論が主張され，住宅も公私室型住宅になってきたのである。しかし，ここに戦前の住宅からの一定の発展がみられるものの，「私」の増加とは，事実，受験戦争のための勉強部屋が増加しており，必ずしも個人生活の尊厳にもとづいた住居観の発展の結果とはいいきれない。また，「公」のリビングルームもモダンリビングと称して，欧米様式を模倣し，外見のよいソファーセットを置いてみたが，ここも家族団らんの場としてよりも，むしろ接客を意識した「見せびらかし」住居観があることは否定できない。

　さらに，現実の住空間は単純に「公」と「私」に二分できない。台所のなかは，個人用の食器と家族用のものと，客用のものが渾然一体となって収納されており，風呂場近くや廊下に置かれた整理ダンスには何人かの下着が混在している場合も多い。また，夫婦寝室の押入には家族のふとんと客用のふとんが混在していることがよくある。「ひと」の生活からみると，「公」と「私」に単純に二分できないことが現実である。

　つまり，先に述べた「食寝分離論」と，そこから発展したこの「公私室分離論」は，これまでのそれぞれの時代の住空間を発展させ，住空間に新しい秩序を求めるために有効な理論であった。われわれは，これを引き継ぎ，現在の生活を見つめ直しながら，新しい"理論"を見つけだしていかなければならない。

❖ 「ハレ」と「ケ」の論理——接客優先か家族優先か

　生活を見る場合に，「ハレとケの対立の論理」というものがある。「ハレ」とは晴，つまり晴の日，晴着，晴食，あるいは晴の間などという言葉があるように，特別の日（冠婚葬祭など儀式的，接客的な日）をいう。一方，「ケ」とは褻と書き（ハレでない日），つまり日常の，普段の日であり，家族（身内）だけのふつうの生活の日のことである。そして「ケ」を犠牲にしても，「ハレ」を常に重視し優先する生活観と，この逆の家族のための普段の生活が重要であり，これを優先する生活観の「対立」があるということである。

　この「ハレ」と「ケ」の対立が住空間のなかにもある。立派な玄関，客を意識した「ハレ」用の座敷や応接間を重視し，これらを南側に大きく確保する。他方で，家族が日常使用する場所，茶の間や台所は狭く，寝室や風呂・便所は北側にくるのがあたりまえといった考え方である。客には無理をしてもご馳走を出すが，普段の家族の食事は始末するとか，晴着にはお金をかけるが，普段着はガマンするといった生活思想が，日本人のなかには深く根を下ろしている。

　また，生活思想といわなくても，現実に晴着用のタンスと普段用のタンス，押入のなかは客用ふとんと普段ふとん，茶だんすのなかには来客用の食器セットと普段茶碗がせめぎあっており，一般にハレ用の「もの」に押しだされてケ用の「もの」が納まらないのが現実といえよう。日本の住宅はけっして広いとはいえない。しかも，そのなかに世界一「もの」が多いのも事実である。この事態のなかで，相変わらず旧い生活観（ハレ重視，ケ軽視）を維持していくのか，それとも住空間を広くケ空間のために解放していくのか，現在はその岐路にあると考えられるのである。

設問4

　自分の住宅のなかで「ハレ」と「ケ」が対立している場所を見つけてみよう。また，一般に住居観には住宅を風雨さえしのげればよしとする「ねぐら型」と，旧い住居観に固執する「しきたり型」，客を意識した「みせびらかし型」，何でも新しいものはよしとする「あたらしがり型」，家族の楽しみを重視する「たのしみ型」の5つの型に分かれるという。家族のなかで住居観の相違を調べてみよう。

4　これからの住様式

❖　起居様式論──和風か洋風か

　起居様式には,「イス座様式」と「ユカ座様式」の二種類がある。イス座とは椅子に座った行為を中心とする生活であり,ユカ座とは床面に座った行為を中心とする生活である。しかし,それは単に姿勢の問題ではなく,椅子,テーブル,ベッドなど大型の固定された洋風家具に依拠した生活をイス座様式。また,畳面(床面)に直接座り,座ぶとん,座机,ふとんなど小型の可動できる和風家具を中心とした生活をユカ座様式という。

　わが国の起居様式は徐々にユカ座からイス座に移行してきたといえるが,現在はほとんど両者の折衷様式であるといえよう。床面に座した姿勢と,椅子に座した姿勢との混在(折衷)により,視線の位置(高さ)に微妙な違和感があることが現在の実情である。

　将来イス座様式に移行していくと簡単にいいきれない側面がある。第一に,わが国の住宅は全体に上床面(うわゆかめん)を持つ住宅である。外国のように,屋内も土間の床面での完全なイス座様式とは根本的に違うことである。このために第二に,ユカ面とイス面との違和感がなく,折衷様式がなりたちやすいことである。第三に,わが国の住宅が狭いことと,イス座様式は大型家具が多く面積を占める。このために,最近では大型家具を安易に導入せずに,板の床面に直接座り,ユカの広がりを大切にしながら洋風生活のしつらいをするような様式も発生してきている。

　一般にイス座は行動的であり移動に便利であるが,ユカ座のほうが静止している場合,イス座より多様で自由な姿勢がとれるのである。この両者の特徴を生かし,全体に上床面(うわゆかめん)をもつ独特の住宅のなかで今後の起居様式を考えていくべきであろう。

❖　狭小住宅と多家具現象──モノいっぱいの狭い住宅

　前章で述べたように,近年の多家具現象は注目されるものがある。これは,

地価が高く，狭小住宅しか手に入れられなくなってきた庶民が，せめてもの生活向上を求めて，住宅の広さにではなく家具の導入に求めてきた結果ともいえる。しかし，この現象は次のような悲惨な結果も招いてきたのである。(『毎日新聞』1973年4月11日)

　東京都大田区の会社員，Aさんの6畳間で，妻のB子さんが目を覚ましたところ，隣で添い寝していた長女（生後2ヶ月）が窒息死していた。B子さんが寝がえりをうち，赤ちゃんの顔の上におおいかぶさったと見られる。Aさん一家はこの6畳間に，親子4人が寝起きしているが，家具などがあるために，ふとん2枚を並べて敷き，4人が寝ると身動きできない状態だった。

つまり，「うさぎ小屋」と外国人から批判される狭小住宅に，逆に外国人にうらやましがられるほどの電化製品をはじめ多量の家具を導入している住生活，ここに各種の"現代的な住生活の貧困化現象"が現われはじめているのである。各種の住宅内事故やダニ・ゴキブリの多発，子供のゼンソク，あるいは日照不足や大気汚染，騒音の増加による各種の健康障害などは，上記の状況と無関係ではなく，まさに近年に現象しはじめたわが国独自の"貧困化現象"といえよう。

GNPを謳歌しているが，文化国家としての日本が住宅，住生活への評価・認識がいかに低いかが示されているのである。都市の無計画整備を早急に改め，地価の高騰を防ぐべきである。そして，福祉政策として低所得層を中心に良質な集合住宅を計画配置すべきである。

さらに，日本人一人ひとりが上記の政策を求めていくと同時に，自分の住宅にも家具や設備に依拠するだけではなく，空間として豊かな住生活を真剣に求めていかなければならない時代がきたということである。

❖　住様式比較論——外国の住まいとの比較

欧米の住宅をみると，広い芝生の庭があり，カラフルな屋根や壁がある。室内も居間や台所，寝室が非常に整然と整頓されており，壁やカーテンも美しく飾っている。全体としては住生活を楽しみ，手をかけている様子がうかがえるのである。われわれは，積極的に世界の住宅に注目し，その長所を学んでいか

なければならない。

　欧米の主婦は，かなりの時間を住宅の整備にかけている。整理整頓はもちろん，壁紙を張ったり，カーテンをつくったり，家具をみがいたり，庭を手入れしたりして，多くの時間を住宅のために費やしている。しかし一方，日本の主婦ほどには調理（炊事）時間はかけていないのである。調理のメニューも少なく画一的であり，簡単な，焼きもの，ゆでものが多く，また長く煮込んだものを何日も食べるといったふうに，調理に手のかからないものが多いのである。そして，皿や食器の種類も少なく，画一的であるために食器洗機で片づけられるのである。そのうえ，台所が日本より広く，これをみがくのに熱心であるから，いつも整然としているのである。

　つまり，住宅を比較する場合，「ひと」の生活，住様式の比較が重要であるということである。次に，3点にわたり日本と欧米の住様式の基本的相違点を述べておきたい。

　第一に，欧米の住行動の基本は「移動型」であるということである。つまり，食事のときは食卓テーブルへ，団らんのときはソファーへ，アイロンをかけるときはアイロン台へ，家計簿をつけるときは記帳机へと，一つひとつの住行為をその目的の部屋なり家具のところまで「ひと」が"移動"しておこなうことを特徴としているのである。わが国の場合は，コタツのまわりに洗濯物を広げたり，ドライヤーをかけたり，食事をしたり，これを片づけてコーヒーを飲んだり，つまり「もの」を持ってきて行為し，これを片づけることをくり返す「固定型」の住行動を基本としているのである。

　第二に，わが国の場合「もの」を移動してきて，これを広げて行為を展開し，次に片づけるといった「固定型」の行動様式を基本とすることは，床面が全体に広がっており，ここが多目的に使用しやすいことと関係が深い。さらに，古来から室礼様式（春夏秋冬の季節に応じ障子や襖を替えたり，寒暖に沿って扇風機やコタツを出し入れしたり，来客時に家具を移動したりして部屋のなかの室礼をさまざまに変える）があることである。さらに，この室礼と同様，食物には「旬」というものがあり，被服にも「更衣」の風習が強く，欧米に比べて季節に応じ，生活（住様式）が激しく変化することが特徴である。

第三に、「もの」の使われ方や機能からみて、わが国の場合は一つの部屋、あるいは一つの家具に非常に多目的性、汎用性を求める傾向があるのに対し、逆に食生活の側面では個別的、目的別仕様を順守する傾向が強いということである。個人別、目的別の食器、さらにこれらを季節別、客用・家族用別に揃え、さらに洋風料理には洋風食器、中華料理には中華食器といったふうに厳密に目的別、機能別の使用を求める傾向があるのである。

　欧米の場合は逆に、部屋や家具に対しては厳密に目的別、機能別の使用をするのに対して、食器に関してはまことに多目的、汎用的使用であるといえる。つまり、個人別に食器、食具を分けることもなく、どの家庭も大皿、小皿、コーヒー茶碗の画一的セットを持っているだけであり、どのような料理でもこれですませるのである。このように「住」と「食」に関して日本と欧米の様式に奇妙な逆転があることも、興味深い様式上の事実である。

　もちろん、わが国の住様式が完全に「固定型」行動様式だけではないし、室礼様式ばかりを順守しているわけではない。また、洋風食器、食具の仕様に関しては欧米と変わりない側面も多い。しかし、上記3点のような基本的な相違が、住様式の根底に横たわっていることも事実であり、このことを理解したうえで諸外国の住宅を見ていく必要がある。

設問 5

　外国の台所にはマナ板がないといわれている。本当にそうか。下駄箱がない外国人は、どこで靴を履き替えるのか。床の土足のままならば、赤チャンはどこでハイハイをするのか。外国人はどこで洗濯物を干し、どこでたたむのか。日本と外国の住様式の相違点をいくつかあげてみよう。

❖ 「もの・ひと」の分類——「もの」「ひと」の無限の連鎖

　住宅内の「もの」とは、100種類ほどにもなる大型家具と、千数百種に及ぶ小物（食器や衣類、雑誌、文房具から各種消耗品の類まで）、さらに厨房設備、洗面所・風呂設備、空調設備などの設備類、等々である。しかし、部屋そのものも「もの」であり、部屋の広さや吹き抜け天井、縁側やバルコニー、階段など高さや

広さをもった空間そのものも重要な「もの」の一つである。

これらを使用するのが「ひと」である。「ひと」には男女の性別があり，老若の差がある。そして，夫婦とか兄弟とかいった一定のグループが存在し，それぞれの「ひと」の生活パターンがあり，そのパターンに沿ってさまざまな行為が展開されていくのが生活である。この人々が朝から晩まで各種の生活行為を

> **コラム**　「理想の住宅」は無い
>
> 　建物の設計活動は「住宅に始まり，住宅に終る」と言われている。なぜかと言うと，住宅という建築種に求められる機能が，他の建築種に比べて，最も総合的で複雑かつ個別的であるから，ということであるらしい。たしかにそうである。住宅の中で営まれる「生活」は，それ自体が複雑で総合的であり，しかも家族は千差万別，ひとつとして同じものはない。だからその奥深さは，究めることを許さないほどに深遠である。こうした「生活」の容れ物が住宅なのだから，身近な存在である「住宅」を設計することは，容易に見えて，実は最も難しいのである。
>
> 　加えて「生活」は，どんどん変化するという，厄介なしろものである。
>
> 　例えば「電話」を考えてみよう。電話は30年ほど前までは，家族に一台であった。そこへ「親子電話」が登場し，家族に数台，しかし番号は一つ，という状態になった。ここまでは，電話は「家庭とつながるコミュニケーション手段」であった。そこへ1990年頃に「携帯電話」が登場し，あっという間に一人に一台になった。ケータイは，家族に数台，番号バラバラ，である。ここで電話は，家庭・住宅という場を離れて「個人同士のコミュニケーション手段」になった。だから，以前は電話の置き場が住宅設計の際の考慮ポイントであったが，早晩その心配は必要なくなるのであろう。
>
> 　入浴という生活行為も，大きく変化してきている。今の年配者の多くは，湯船に浸かるとか，湯桶でタオルを洗うとか，あがり際にしぼったタオルで身体を拭く，という行為をする。これに対して若者は，湯船に代ってシャワー，タオルに代ってスポンジ，あがり際は濡れたままの身体をバスタオルで拭く，という行為をすることが多い。従って，浴室，脱衣室，洗面所や，その中の設備，諸道具のあり方も，近い将来，大きく変貌してゆくに違いない。
>
> 　こうしたことから，「住宅に終る」とは言うが，それは個人の設計活動過程においてであって，実は「住宅に終りは無い」。また，ときに「理想の住宅は……」などという問題設定をすることがあるが，以上の観点から言えば「理想の住宅は無い」のである。しかし，だからこそ，「生活」には興味が尽きないし，住宅の設計はいつまでも楽しい。（高阪）

する。起床，用便，洗顔，化粧，更衣，調理，食事，洗濯，掃除，裁縫，接客，団らん，入浴，就寝などの行為である。そしてこれらの行為には，先に述べたように，"広げて，また，片づける"といった多くの付属の行為がともなってくるのである。さらに，一つひとつの行為は「立つ」「かがむ」「座る」「歩く」「寝る」といった各種の"動作"に分解され，これらが組み合わさって一つの行為が形成されているのである。

　このように複雑多岐にわたる「もの」と「ひと」の関係，いいかえれば，もの―ひと―もの―の無限の連鎖こそ「生活」であるといえよう。しかし，この関係は不変ではない。むしろ時代とともに激しく変化していっている。そして，現代の「もの」と「ひと」の関係が完全なものではなく，もちろん完成されたものではない。むしろ，この関係が激しく変化していく現代こそ，この関係を冷静に見つめ，将来のよりよい関係を求めていくべきであろう。

〔渡辺光雄〕

第4章

住まいと子供

——住まいと家族④——

この章で学ぶこと

　この章では，子供と住まいの関係について学習する。特に近年は「不登校児」が増加している。この問題を考える視点として，住まいと家族の生活のあり方について考えてみたい。
① 　子供の発達と住まいとの関係。
② 　子供の生活から見えてくる「人と家の関係」のあり方。
③ 　子供の生活空間からわかる将来の住宅への私たちの責任と判断力。
　以上の住宅に対する本質的な問題を学習したい。

1　子供部屋要・不要論

❖　**個室にとじこもる子供たち**
　●──現代の迷信「個室は子供をダメにする」

　1970年代後半に家庭内暴力がマスコミをにぎわし，次いで登校拒否が社会問題になるなかで，子供に個室を与えることを疑問視する風潮が起こった。それは，家庭内暴力児や登校拒否児が一様に個室にとじこもり，内側から鍵をかけて出てこないばかりか，親をも部屋に入れさせない奇異な現象に人々がいだいた，「内側から鍵のかかる個室を子供に与えるから，そういうことになるのだ」という印象にもとづいている。

　1979年には諸外国に比べても日本の子供たちは子供部屋を与えられすぎているという調査結果が公表され（『国際児童調査』日本青少年研究所，1979年），『子ども白書』の1980年版は子供部屋が非行の巣になっていると報告した（日本子どもを守る会編『子ども白書1980年版』草土文化，1980年，204頁）。そして，1980年代になると，個室は子供をダメにする，子供に個室はいらないという意見が識者によって言われはじめたのである。

　これは，多くの人々にとって大きな衝撃であった。それまでは，自律に向けたしつけと独立心を育て，非行から子供を守るには個室を与えるのが望ましいとされていたからである。それだからこそ，子供に個室を与えることは多くの人々にとって疑いのない望みでもあった。ところが，個室不要論，個室罪悪論の出現で，すでに子供に個室を与えてしまった親のなかには，半信半疑ながらわが子が非行や登校拒否になってしまうのではないかという不安を覚えた者も少なくなかった。

　●──原因は登校拒否のほう

　しかし，個室が家庭内暴力や登校拒否を生むというのは思いすごしで，少なくとも個室にそれらの原因として働く機能はない。事実，個室が与えられながら大多数の子供たちがふつうに育っているし，個室を与えられていない家庭内暴力児や登校拒否児はずいぶんいるのである。それどころか，個室のない登校

拒否児が個室を与えられて登校できるようになった例さえある。個室にこもったことが原因で家庭内暴力や登校拒否になった例の報告は，いまだに一つもないのである。

しかし，家庭内暴力や登校拒否になると，そういう子供の多くがとじこもるようになる。そうなると内側から鍵のかかる個室を与えていなくても，どうしようもない。家具でバリケードをきずいて個室化し，鍵を自分で買ってきて取りつけてしまうからである。それができなければ，手近な押入や便所にとじこもる子もいる。そういう個室をとりあげたところで暴力がおさまり，学校へ行けるようになるわけではないのが，個室が原因ではない何よりの証拠といえる。

子供部屋不要論には，そのような非科学的な誤解を生む不用意さがあったことは確かであるが，小学校高学年で80％，中学生で90％という子供部屋の普及率をふまえ，子供部屋が不用意に与えられているのではないかという反省を促そうとしたことまで批判するにはあたらない。非行や登校拒否にならないにしても，個室にとじこもって家族の間のコミュニケーションがなりたたない状態は，けっして好ましいとはいえないからである。

❖ 何のための子供部屋か
●——日本の住生活の伝統

中根千枝は，一人ひとりが個室を持ち，それが他の家族成員との接触がおこなわれる居間・食堂のような共通の場よりも重要な部分を占めているイギリス式に対して，日本式の住まい方を，各部屋の仕切りは弱く，家全体が共通の場を形成していて家族は群れをなしていることが多いと指摘している（中根千枝『適応の条件』講談社，1972年，101頁）。このように，個室や子供部屋は日本の伝統的な住まいにはなかった。

子供部屋をはじめから用意する家の造りは，大正時代の知識婦人によって提

▶登校拒否
　学校に行きたくても，頭痛，腹痛，発熱などが生じて行けなくなる症状で，病名ではない。不登校の期間は数日から何年にも及ぶものまで，さまざまである。長期欠席児童（長欠児）や，怠学・非行による不登校とは本来別であるが，その区別が難しいケースも少なくない。82頁のコラム参照。

コラム　登校拒否から不登校・引きこもりへ

　今日では登校拒否という用語が聞かれなくなり，代わって不登校が使われている。1976年に当時の文部省が出した『生徒指導資料12―中学校編』では，不登校は広義の登校拒否とされ，狭義の登校拒否と区別されていた。その後1980年代になり，登校拒否が社会問題にまでなるにおよんで登校拒否という用語が広く使われるようになる。ところが1988年に法務省人権擁護局が登校拒否児の実態調査をするにあたって，登校拒否は"学校に行くことを「拒否」しているわけではなく，「行きたいのに行けない」あるいは，「行かなければならないと思っているのに行けない」という児童生徒もいることから"という理由で，「不登校児」という用語が使われた（法務省人権擁護局『不登校児の実態について』1989年）。

　この不登校という用語は，当時の登校拒否児の受け皿となっていたフリースクール関係者など，登校拒否児を受容する立場の人々に抵抗が少なく，広まっていった。この用語は，変わるべきは学校の方であるとする考えになじんだのである。同時にこの頃（1990年頃）から急増し始めた登校拒否は「行きたくないから行かない」，親もまた「無理に行かせない方が良い」とする登校拒否に対してとるべき態度が高じた，「学校になんか行かなくても良い」とすることで，学校に行かない広義の登校拒否にシフトして行ったのである。こうした状況の中，当時の文部省は学校基本調査でそれまで登校拒否を含めていた，長期欠席の理由の「学校ぎらい」の項目を1998年に「不登校」に改めた。

　これによりマスコミも，それまでの「登校拒否（不登校）」という表記を「不登校（登校拒否）」と改め，不登校という呼び名が支配的となって今日に至っている。したがって人権擁護局はともかく，文部科学省は登校拒否を不登校に改めるという名称変更はしていないし，医学的にも登校拒否という症状名を変更したということもない。かつての狭義の登校拒否が支配的ではなくなったというに過ぎない。そういう意味で，本章で取り上げているケースはあくまでも登校拒否児の家族空間であるが，しかしそこに指摘した病理とテリトリーとしてのあり方（本章の94頁以降参照）は，本質的には一部を除く昨今の不登校児にも当てはまるものと考えている。

　また，近年問題になってきた成人の引きこもりは，1970年代後半から1980年代にかけて高校生，中学生であった家庭内暴力児世代，登校拒否児世代が成人になって発症したものと考えられる。したがって，本章で展開した理論は，広く引きこもり一般に当てはめて差し支えないと考えている。（外山）

唱された生活改善からはじまった。その主張は，台所の改善，主婦室の要求，子供室の要求，一家団らんのための居間の確立などであり，その具体化された例を当時の中廊下型住居や居間中心型住居のプランに見ることができる。

次いで，子供部屋への関心が高まったのは第二次大戦後のことである。これからは，欧米にみられる一人ひとりが個人として独立し，それぞれの役割を担って協力しあう民主的な家族像を理想としなければならない。そういう家族には個室がふさわしいと提言され，1955年頃の家庭科の教科書にその影響を読みとることができる。

しかし，この時代は誰でも家を建てることができる時代ではなかったし，また当時の住宅事情も，子供に個室を与えられるほどよくはなかった。したがって，その後も青少年の健全育成という視点から，住宅事情の改善，ひいては子

> **コラム　家づくり**
>
> 「昔より建築くらい面白い道楽はないと云われているのも道理である。金も要れば工夫も要る，年輩も要る，家族の数も要る，矢張り相当の年齢に達すれば，相当の収入に上れば，先ず第一に企てられ，目論見らるゝものは家作である。新築である」（野口寅一郎『建築と家相の常識』栄城社，1929年，序文）。
>
> 　住宅が商品化された今日，道楽で家をつくる余裕はない。住宅産業の導くままに，誰もがたいした工夫もせずに住宅を手に入れることができる。次の広告コピーの変化に主体的な生活者の姿をくみとることは残念ながら難しい。
>
> 「ほんとにボクの部屋もあるの！」（1968年）
>
> 「パパ，ママありがとう　広くて王女さまの部屋みたい──お子さまの個性をのばし，責任感と独立心を育てるには，ぜひとも個室が必要です」（1970年）
>
> 「健二，キミの部屋はどこにする？」（1972年）
>
> 「たいへん残念なことですが，最近，親子のあり方が大きな社会問題となっています。これは，日本の社会が，あまり個人の尊重にはしりすぎたことにも起因しているのではないでしょうか。子供の考え方が，しっかり固まらないうちに個室を与えてしまうので，対話不足が生じてしまう。つまり"部屋の壁が親子の壁"になって，コミュニケーションが不在となり，その反動が，今日の問題を引き起こしているのではないか──と教育関係者，児童心理学者，さらに建築家の間でも反省され始めました。──部屋の壁をとれば親子の壁もとれる──」（1983年）
>
> 　（外山）

供部屋の必要が謳われ続けたのである。もっとも、今和次郎の「子ども部屋不要論」(1964年)のように、この時期にいち早く個室で子供を育てることへの疑問を呈した意見もあった。

その論旨は、家族社会と縁切りしたような壁のなかで育つ子供というのは、言葉を習う機会も少ないし、他人の感情を読む力も育たない。自分の感情を人にぶつけて反響をみるなどの人生修業が少ないから、家族たちとともに泳ぐように暮らしている幼児と比べると、どこか融通のきかない、抽象的な心の持ち主になってしまうのではないか、というものであった(今和次郎『住居論』今和次郎集第4巻、ドメス出版、1971年、208〜214頁)。

今和次郎の心配は、その後のいわゆる新人類といわれる世代の傾向を先どりしているようで考えさせられるが、しかしこれは乳幼児を個室で育てることに対する疑問であり、小学校中・高学年以上を念頭に置いた、非行から子供を守るためにも個室を、という世論と必ずしも対立する意見というわけではなかった。

● ―― 子供部屋があたりまえの時代になって

ところが、高度経済成長の結果、1960年代になると住宅産業が起こり、住宅を大量に供給しはじめ、ローンの整備と相まって、誰もが家を建てようとする時代に変わりはじめた。いきおい子育ての時期に新築する家庭も増え、待望の子供部屋を子供に与えることができるようになったのである。住宅産業がそこに目をつけて、子供部屋のある住宅を売り込むのに精を出したのはいうまでもない。これが、だいたい1970年代のことである。ところが、こうして子供部屋を与えることがあたりまえの状況がつくりだされたところで、前述の子供部屋不要論・罪悪論が登場してきたのである。これは、乳幼児ではなく、青少年に子供部屋を与えることへの疑問である。

それでは、非行を住宅事情の悪さと結びつけた子供部屋希求論は間違っていたのだろうか。これについては、それが主張された時代の状況を抜きにして考えるわけにはいかない。今日、非行は豊かさゆえの非行であり、家庭内暴力や登校拒否などと同じカテゴリーでくくられて理解しなければならない状況になってきている。しかし、それは近年のことであり、以前は非行が貧困と密接な

関係にあったことは事実なのである。

　また，子供部屋があたりまえになった今日，果たして自立に向けたしつけや子育てにともなって個室や子供部屋が与えられているのだろうか。NHK「おはよう広場」の取材班が取材したケースに，子供が散らかしてしょうがないので，小学生の男の子二人の兄弟に与えた部屋のほかはけっして散らかさないようにしつけているというお宅があった。整理整頓はまず身のまわりからするものであって，これはしつけなんかではなく，急の来客に親が恥ずかしい思いやてんてこまいをしなくてすむという，親の身勝手な都合にすぎない。

　すでに述べたように，子供部屋や個室をあたりまえのものと考えるようになったのは，たかだかここ20年かそこらのことでしかない。したがって，個室で構成された住まいでの暮らし方には多くの人々が不慣れであるし，文化的な蓄積もないのである。個室のある住まいを持った人の生活が，多少ぎくしゃくするのも無理からぬことといえよう。

設問 1

　幸田文の「あとみよそわか」（『圓地文子・幸田文集』日本現代文学全集96，講談社，1966年，265～285頁）を読み，しつけと住まいとのかかわりについて論じなさい。また，今日の住生活ではどんなしつけがなされたらよいか考えてみよう。

❖ 「人と家との関係の状態」
●――人と住まいについての思想の伝統

「徒然草」といえば，「家のつくりやうは，夏をむねとすべし」（第55段）という言葉をすぐ思い出しても，実は「徒然草」にはもう一つ住まいについての重要な記述があることを多くの人々が忘れているようだ。それは，「家居にこそ，ことざまはおしはからるれ」（第10段）という言葉で，住まいによって，そこに住む人の心情は推測されるものだという意味である。これは，孟子の「居は気を移す」の逆を言ったものと解されるが，このように，古来から住まいや環境と，そこに住む人との間には非常に密接な関係があるものと受けとられてきた。

　この関係について幸田露伴は「家の内」（明治30年）のなかで，厳島神社のよ

うな堂上では誰でも歩くのに力強く足を踏みしめ，背筋を真直ぐにして立つようになるのであるが，京の金閣寺の三畳敷（茶室）のような室内では誰でもしとやかに歩き，ちまちまと座ろうとするようになるものである。ここに眼をつけて，家と人との間にはゆるがせにすべきでない動静があることに気づかねばならない，と述べている（『露伴全集』29巻，岩波書店，1954年，98～99頁）。露伴はさらに，このような考えに立ち，「家屋」（明治30年）のなかで，家屋自体についての評価はその家屋を必要とする人の状態や，建築家の意見によって一定ではないので，人と家との関係の状態をより一層良好にすることを考えなければならない。住居家屋は必ず人の職業に影響し，かつその精力ならびに心の徳に影響する道理であり，その関係が不良であることは，その人の幸福を損なうこと決して少なからず，またその関係が良好であることは，その人の幸福を増進することきわめて大である，と述べている（『露伴全集』前掲，86～87頁）。

●——いま，人と家との関係は

　露伴の「家屋」は職業的家屋（併用住宅）を退け，専門的家屋（住居専用住宅）を推奨したものとして，またその後の中流住宅（中産階級の住宅）出現の気運を生んだものとして評価されてはいるものの，その主張の基本となっていた「人と家との関係の状態」という考え方が忘れ去られているのはまことに残念である。全住宅戸数の90％以上が専用住宅となった今日，露伴の論文はすでにその社会的役割を終わっているとはいえ，その基本となっている「人と家との関係の状態」をみる視点はいまなお有効だからである。子供部屋要・不要論が錯綜する現在，改めて今日の住居における人と家との関係が良好な状態を保ちえているのかの再検討を迫られているのだといえよう。

　人と家との関係の状態には，さまざまなレベルがあり，それぞれ住まい方調査や環境心理学，人間工学などの研究方法があるが，ここでは登校拒否を中心に，精神病理面の追求を通して子供と住まいの関係に迫ってみることにしよう。

2　登校拒否児の住生活

❖　とじこもりの意味

●──A子のケース

A子の母は，家の新築の資金づくりのために，A子を祖母にあずけてパートに出た。A子は，母親から離れるのをいやがったが（▼分離不安），母親は泣き叫んですがりつくA子をふりきって働きに出たのである。そのためA子は幼稚園でしゃべらなくなり（▼緘黙），絵も描かなくなってしまった。そしてA子が年長組のとき，できあがったのが図4-1の家である。二階の6畳が1歳年長の兄の部屋，隣の4畳半がA子の部屋として与えられたが，もとよりA子はそこに一人で寝られるはずもなく，一階の6畳に両親と一緒に寝ることになる。ところが，せっかく親が苦労してつくってあげた自分の部屋に寝ないことが父親の気に入らず，A子を責めた。A子が小学校4年のとき，父親の強要に屈し，無理やり二階の自室に一人で寝かされるようになる。そして5年生のときの転校をきっかけにして，不登校がはじまるのである。アルバムの父親の顔をナイフでけずりとったり，自室の壁をこわすなどの暴力行為もあり，部屋の入口の扉に自分で鍵を取りつけ，とじこもったこともある。

●──住生活に現われた親の姿勢

さてこのケースでは，まず，子を犠牲にしての家の新築ということに考えさせられるし，そこに日本人の生活の貧しさを感じないわけにはいかない。A子の家が建ったのは1970年頃で，二階に子供部屋が乗った建売住宅が盛んに売られはじめた時期である。その広告のチラシの間取りを参考に，父親が考えた間

▶分離不安
　乳幼児が，全面的に依存関係にある母親などから引き離されたときに示す不安をいう。順調な発達とともに，やがて解消する。

▶緘黙（かんもく）
　自閉と同様，しゃべらない症状をいうが，自閉の場合は人とのコミュニケーションにかかわる精神が働かないのに対して，緘黙はその精神が否定的に働いている。自閉は視線が流れてしまうのに対して，緘黙は視線を避ける。また，自閉は症状が一定であるが，緘黙は特定の場でしかしゃべらない場合がある，などの違いもある。

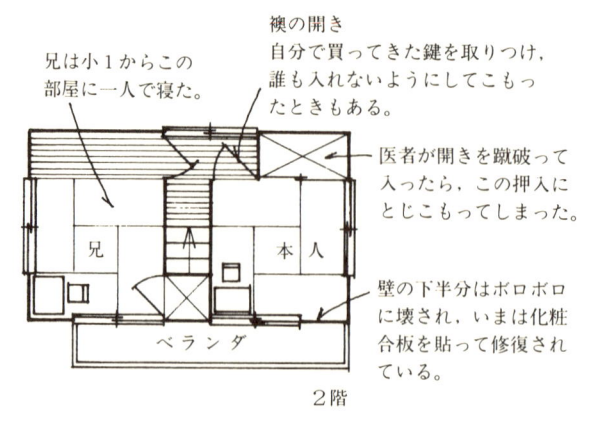

兄は小1からこの部屋に一人で寝た。

襖の開き
自分で買ってきた鍵を取りつけ，誰も入れないようにしてこもったときもある。

医者が開きを蹴破って入ったら，この押入にとじこもってしまった。

兄　本人　ベランダ

壁の下半分はボロボロに壊され，いまは化粧合板を貼って修復されている。

2階

いきなり一人寝を強要するのではなく，この4畳半を活用して段階的に親離れをはかることがどうしてできなかったのだろうかと，くやまれる。

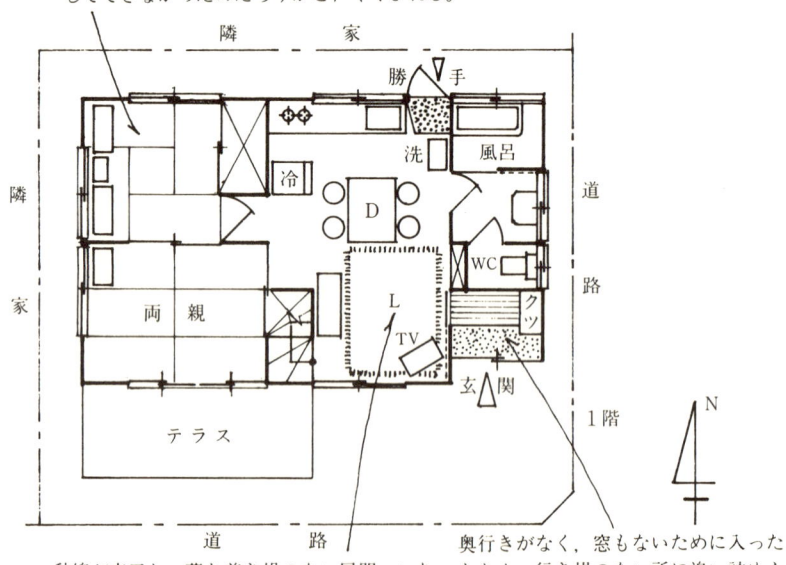

隣家　勝手　道路　隣家　冷　洗　風呂　D　WC　両親　L　TV　クツ　テラス　玄関　道路

1階

N

動線が交叉し，落ち着き場のない居間，いちばん落ち着けるコーナーには大きなテレビが置かれているのでくつろぎ場になりにくい。

奥行きがなく，窓もないために入ったとたん，行き場のない所に追い詰められたような感じがする。さりとて絵や花が飾られるでもなく，生活する者の空間に対する無神経さが感じられる。

図4-1　A子の家のプラン

取りでつくられた。それだけに，せっかくつくってやったのにという思いもひとしおであったのかもしれない。それが親のエゴともいえる，自室での一人寝への父親のこだわりとなって現われたのであろうか。最初から平気で，与えられた自分の部屋で寝た長男との対比も，父親の頭にはあったのかもしれない。

　ここで個室にこもれた兄ではなく，こもれなかったＡ子が登校拒否になったことに注目していただきたい。だいたい個室を与えられて平気でこもれるようなバイタリティーのある子は非行になる可能性こそあれ，登校拒否の心配はいらない。登校拒否になるような子は，個室を与えられてもこもれなかったような子なのである。そして問題は個室ではなく，自室に一人で寝ることを無理強いするという親の対応の仕方なのである。

　Ａ子のとじこもりには，一方でそんな考え方の家族との接触を断ちたいという気持ちと，さりとて家出するでもなくとどまっているところをみると，他方ではそれと裏腹に，自分のことをわかってほしいという家族への期待との矛盾する二つの意味がこめられているように思える。暴力行為も，そのジレンマが高じた結果と考えられる。そこまで追いつめられてしまうものなのかという疑問をいだく向きもあろうが，そこにこそ，登校拒否におちいる子供の性向というものを理解する必要がある。

●──家族システムと居間の重要性

　しかし同時に，Ａ子の住まいの居間が居間として確立しにくい，居間として機能しにくい間取りの構造であることにも注目したい。この，居間が確立していないということは，Ａ子の家に限らず，登校拒否児のいる家庭の住まいに概して認められる傾向なのである。つまり，それは家族の楽しかるべき団らんの欠如の証拠であることが考えられ，登校拒否になる子供のいる家庭では，一般的に子供の気持ちをしっかりと受けとめ，応えてあげるという，子供が育ちつつある家庭として大切な機能が欠如していると考えられるのである。したがって，登校拒否児のとじこもりは，家族システムの機能障害を訴える一種の救助信号といえる。

　精神医学の臨床では，患者の症状が家族システムの機能障害を救おうとする信号として発せられている場合がしばしばある。例えば，子供の問題行動や非

行が両親の乖離を防ごうとしている。つまり，非行を起こして警察の厄介になれば親が呼び出され，その子供のことをともに悩むことを通して，失われていた夫婦の話しあいを回復することになる。つまり，子供の不幸が家族や夫婦のシステムの崩壊を押しとどめているのである。

このような場合，非行の原因をその子に求めても事態の改善にはならず，家族システムの機能を回復できるように家族全体を治療の対象とする必要がある。このような療法が家族システム論にもとづく家族療法である（鈴木浩二『家族救助信号』朝日出版社，1983年）。

❖ 隠れたコミュニケーション

とじこもりという異常行動が家族システムの機能障害を訴えていることに，ほとんどの場合，親は気づかない。何とかして子供を学校に行かせようとしたり，子供を治すことばかりに夢中になってしまう。それでは，せっかくの救助信号も信号としての役を果たすことができない。つまり，コミュニケーションがなりたたないということである。

このような問題は，とじこもることによって断たれるコミュニケーションとはまったく異なる次元のコミュニケーションの問題である。このような問題は，実はとじこもる以前から，ときには子供の生育歴にまで及んで存在することがある。そして，居住者の精神衛生への住居の関与は，むしろそのような次元のコミュニケーションにあることが，登校拒否児の住生活から知れるのである。

●──B夫のケース

両親と祖母の4人家族のB夫は中学1年のときの増改築で自分の部屋を与えられたが，その年から学校に行けなくなってしまった。B夫の部屋には勉強机や棚，ベッドなどの家具がおかれているが，ほとんど使われていない。親は子供部屋を整えてやったつもりであったが，実は，子供部屋とは名ばかりで，親の都合で捨てきれない家具を寄せ集めただけの，体のいい物置にすぎなかった。そのことを調査者がはからずも親に自覚させることになったのであるが，その自覚は思わぬ副産物をもたらした。すなわち，それまでB夫のためを思ってのことというつもりでやってきたことが，B夫の部屋の家具同様，実は親の

第4章　住まいと子供

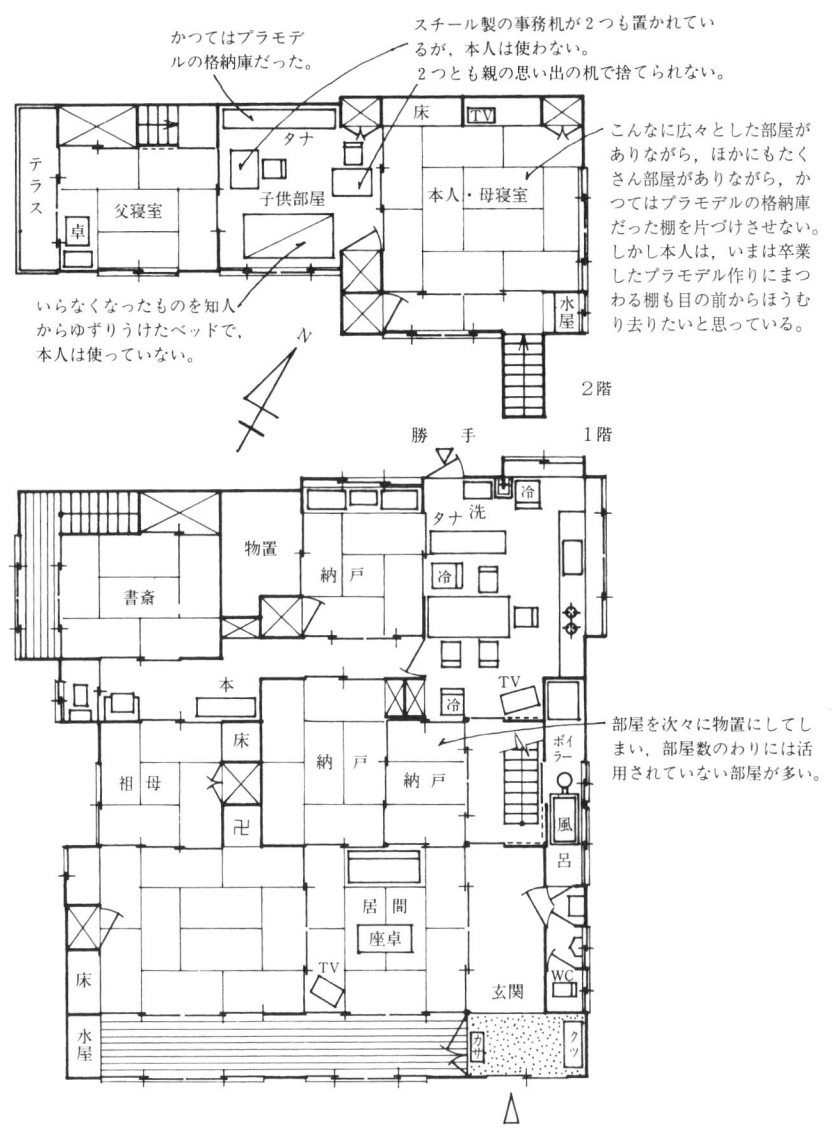

かつてはプラモデルの格納庫だった。

スチール製の事務机が2つも置かれているが、本人は使わない。
2つとも親の思い出の机で捨てられない。

こんなに広々とした部屋がありながら、ほかにもたくさん部屋がありながら、かつてはプラモデルの格納庫だった棚を片づけさせない。しかし本人は、いまは卒業したプラモデル作りにまつわる棚も目の前からほうむり去りたいと思っている。

いらなくなったものを知人からゆずりうけたベッドで、本人は使っていない。

2階

1階

部屋を次々に物置にしてしまい、部屋数のわりには活用されていない部屋が多い。

図4-2　B夫の家のプラン

都合の押しつけ以外の何ものでもなかったことに親が気づいたのである（図4-2）。

● ── C子のケース

両親と高校生の兄との4人家族である中学生のC子の家は見るからに貧しい。2DKであるから勉強机2台に2段ベッドとピアノを詰め込んだ6畳ひと間が兄と共同の子供部屋になっている。父親はサラリーマン，母親は隣接するスナックの経営をしているので，経済力からすればもっとましな家に住めるのであるが，父親が出向中で仮住まいだから，また，家主が住まいとセットでしかスナックを貸さず，母親がスナックの経営を続けたいから，という理由でC子が幼稚園のときからずっと住み続けている。友達を連れてきても恥ずかしい思いをしなくてもすむ家に住みたいと思いながら，その願いをかなえてもらえないC子は学校にも行けず，新聞にはさまれてくる広告のチラシのマンションや建売住宅のプランを集めては，「ここがお兄ちゃんの部屋，ここが私の部屋……」といって遊んでいる。

● ── 隠れたコミュニケーションの結果

B夫の場合は子供部屋の家具が，C子の場合は貧しい住まいが，親の身勝手の押しつけを如実に物語っているばかりか，子供にそれを伝えている。だからこそ，そしてそれに抵抗を感じながらも親との人間関係を通じてそういう状況の改善をするだけの力もなければ，そういう状況からのがれるすべもわからないからこそ，彼らは登校拒否に陥っているのだといえる。とじこもりはそのような隠れたコミュニケーションの結果なのである。

❖　家族空間密度

B夫の家は大きく，10DKである。そのDKも10畳ほどの広さである。このような大きな家から登校拒否が出る場合，概して次のことが言える。すなわち，その家は以前から大きかったのではなく，登校拒否になる少し前に建て替えや増改築などで大きくなったものである。しかも以前は一緒に住んでいた祖父母が亡くなるなどして，家族数がその前後で減少している。したがって，大きな家になる以前はむしろ狭小過密居住であった場合が多いのである。

第4章 住まいと子供

コラム 居住水準と登校拒否

　家族空間密度が問題になるということは，個室はもとより，大きな家自体，あるいは小さな家自体に登校拒否の原因を求めるわけにはいかないということである。実際，登校拒否はあらゆる大きさの住まいから生じており，図4-3がそれを物語っている。また同様の調査結果で，小さな家と大きな家とに登校拒否の比較的高い出現率が得られたものもあるが，これは両者において適切な家族空間密度を保つことが難しいからと考えられる（表4-1）。（外山）

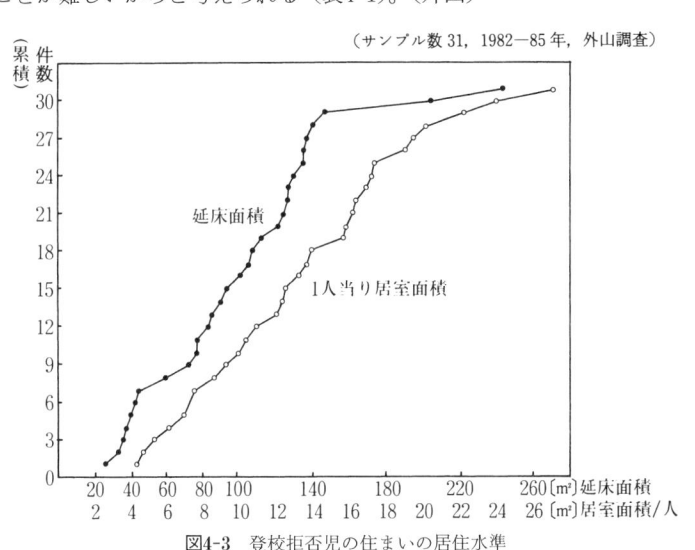

（サンプル数31，1982－85年，外山調査）

図4-3　登校拒否児の住まいの居住水準

（注）　外山知徳『住まいの家族学』丸善，1985年，148頁より。

表4-1　登校拒否児の住まいの居住水準　　　（1985年6月－12月／杉浦一技・光信儔・外山知徳調査）

	県立精神病院 件　（％）	児童相談所 件　（％）	計 件（A％）	居住水準充足 率　（B％）※	A／B	補正値
≦最低居住水準	5　（12）	6　（24）	11　（17）	（9.4）	1.81	249
最低居住水準＜ ≦平均居住水準	16　（39）	7　（28）	23　（35）	（46.9）	0.75	100
平均居住水準＜	20　（49）	12　（48）	32　（48）	（43.7）	1.10	147

※　昭和58年住宅統計調査より。

狭いところに大勢で住んでいれば，いきおい家族のふれあいは多くなる。それが，家が大きくなり，それとともに反対に家族数が減少すれば，家族のふれあいは相対的に急激に希薄になる。このような，家族の人間関係を含んだ住空間を「家族空間」と呼び，その密度，すなわち空間あたりの家族の人間関係の密度を「家族空間密度」と呼ぶならば，大きな家ではなく，家族空間密度の急激な空疎化が，ある性向の子供の情緒を不安定にし，登校拒否という症状をもたらすものと考えられる。

　一方，C子の場合に代表されるように，経済力のなさからではない狭小過密居住での登校拒否は思春期に生じている。その場合，狭小過密居住が精神衛生に悪いという理由からではなく，隠れたコミュニケーションが登校拒否をもたらしていることから，狭小過密居住が高度の家族空間密度をもたらすとは限らないことがわかる。狭いところに大勢住んで生じるストレスが過度の家族空間密度の問題とすれば，C子の家の場合は見せかけの家族空間密度の問題といえる。

❖　テリトリー行動

●──テリトリーとしての住まい

　デズモンド・モリスは，繁殖単位としての家族（生殖家族）のなわばり（テリトリー）は繁殖地であるとしたうえで，「この空間の中心には，巣，つまり寝室があり，そこで横になっていると，なわばりの安心感を最も味わうことができる」と述べている（デズモンド・モリス『マンウォッチング』小学館，1980年，129頁）。これに対して子供が生まれ育つ家族（定位家族）のテリトリーは家族空間密度の及ぶところということができる。

　このように，住まいを定位家族のテリトリーとみなしてみると，登校拒否すなわち家へのとじこもりは，自分を庇護してくれるテリトリーへの逃避であるという説明がなりたつ。これは，統合失調症患者の，病院のなかにいるときだ

▶生殖家族・定位家族
　親族員からなる集団としての家族の分類については，マードックの核家族・拡大家族・複婚家族がよく知られているが，ウォーナーは個人が生まれ育つ家庭を定位家族（family of orientation），個人が結婚して子を産む家族を生殖家族（family of procreation）と呼んだ。

第4章　住まいと子供

け症状がなくなる病院内寛解と呼ばれる現象に似ている。そして登校拒否児がとじこもる個室は，家族のテリトリーのなかに保持された，個人が持ち運びで

コラム　プロクセミックス

　人間のテリトリー行動の研究はプロクセミックスと名づけられ，アメリカの社会人類学者エドワード・ホールによってはじめられた。ホールによれば，動物における逃走距離（敵が近づくと逃げだす距離）・臨界距離（敵がそれを越えると襲いかかる距離）・個体距離（個体間に保たれる距離）・社会距離（群れからそれ以上離れると戻ってくる距離）といったスペーシング（距離の調節）は人間にも見られ，そういう観点から人間のテリトリーを親密帯・個人帯・社会帯・公共帯に区分した（図4-4）。これらの距離のとり方や，それにかかわる行動様式は文化の違いを表わすという。（外山）

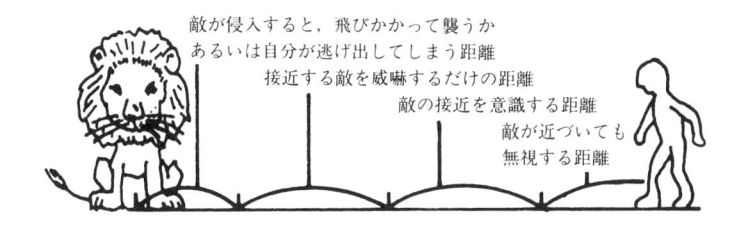

敵が侵入すると，飛びかかって襲うかあるいは自分が逃げ出してしまう距離
接近する敵を威嚇するだけの距離
敵の接近を意識する距離
敵が近づいても無視する距離

ライオンのなわばりの距離による変化

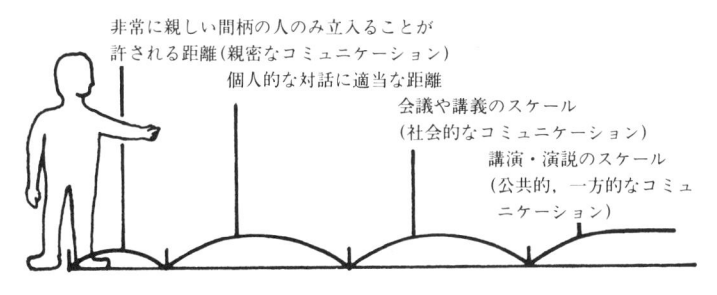

非常に親しい間柄の人のみ立入ることが許される距離（親密なコミュニケーション）
個人的な対話に適当な距離
会議や講義のスケール（社会的なコミュニケーション）
講演・演説のスケール（公共的，一方的なコミュニケーション）

人間のなわばりの距離による変化

図4-4　動物と人間のテリトリーの比較

（注）　外山知徳『住まいの家族学』丸善，1985年，91頁。

▶寛解（かんかい）
　病気や痛みが一時おさまることをいう。精神医学では，精神分裂病やそううつ病の症状が間欠的に現われることから，治癒と区別してこの言葉が使われる。分裂病者が退院すると再発し，入院していれば正常に勤務に就くこともできるといったことがよくあり，そういう現象を病院内寛解と呼ぶ。

きる最小限のテリトリーである「個人的空間」の具象といえる。このように解することによって，昼間，雨戸を立て，カーテンを引いて暗くしたうえで電灯を灯し，とじこもるという奇異なふるまいにおける登校拒否児の精神的なメカニズムをはじめて理解することができるのである。

例えば，学校にいる間は学校を自分のテリトリーとして（たとえそれが自分の家に比べれば，二次的な重みしかもたないにせよ）情緒の安定を得ることができる。あるいは，けんかをして個室にとじこもっても，やがて気がすんで（情緒の安定を取り戻して）そこを出ることができる。このように，テリトリーというものは，自分の住まいや寝ぐら，あるいは自分のコーナーや部屋がありさえすれば，そして必要なときに必要なだけそこにいることができさえすれば，なにも常にそこに身を置いていなければ情緒の安定が得られないわけではないのである。その程度の適応性があるのがふつうである。

ところが，登校拒否児にはその適応性，柔軟性がなくなっている。とじこもり，テリトリーを確保することによって，辛うじて病気になる一歩手前で踏みとどまっているのだともいえる。その極端な現象（病気になってしまった現象）をわれわれは統合失調症患者の症状に見ることができる。

● ──テリトリー行動の障害

「在院25年になる男子統合失調症患者。硬く緊張した表情で壁にむかって定位置に座り，膝をゆすって終日すごしていた。あまりにも部屋での定住性が目立つため，畳15帖の6人部屋に移したところ，畳1帖分の領域を自分の居場所に定めてその場所を動かなかった。移した後ややあってから，真剣な表情で額に汗を浮かべながら足踏みをしつつ，"前の部屋に移して下さい"と何度も困惑状態で繰り返した。どういう理由なのか尋ねると，同室の患者が仕事の休みの日に大の字に寝てしまい，その人の足が自分の領域に侵入してくるので休めないというのであった。部屋は充分に広く，自分が少し移動すればくつろげる場所はあるのに，他人の足が伸びてくるだけで容易に不安，困惑が引き起された。」（市橋秀夫『空間の病い』海鳴社，1984年，64～65頁）。

このようなテリトリー行動の障害から，テリトリーは個体や集団の存在によって自然に生じるわけではなく，その形成維持は能力にもとづいていることが

わかる。それでは，その能力（これを「テリトリー形成能力」と呼ぶことにする）をわれわれはどのようにして獲得するのだろうか。

設問 2

動物の巣と人間の住まいは，いろいろな点で比較することができる。何が同じで，どこが違うのだろう。そこから人間の住まいの本質は何かを考えてみよう。

3 テリトリー形成能力の発達

❖ 学齢期前のテリトリー形成

テリトリー形成能力というのは，登校拒否児の住生活から着想された新しい概念であるので，その発達段階についてはまだ十分に明らかにはされていない。しかし，子供の精神発達についてはこれまでの蓄積が十分にあるので，それをテリトリー形成能力の発達という視点で読み直すことによって，その概略をつかむことができる。そうしてまとめたものが表4-2である。

全体を通してながめてみると，学齢期以前の段階でテリトリー形成のひととおりの経験がおこなわれており，それがいかに重要であるかがわかる。例えば，社会人としてのテリトリー形成の試練ともいえるテリトリーの重層・拡散は（これがあまりにもはなはだしく，自己のテリトリー管理能力の限界を越える場合にはノイローゼなどの精神障害を起こしかねないのであるが），すでに3歳児からのテリトリー形成の広域化，社会化にその基本がある。また，成人のあかしともいえる自立的なテリトリー形成のモデルは，親の庇護のもとにおこなわれる乳幼児期のテリトリー形成にあるのはいうまでもない。

したがって，学童期のテリトリー形成は，それ以前のテリトリー形成の経験の，学校社会での応用であると同時に，実社会に出てからのテリトリー形成の

▶テリトリー形成能力

ここではテリトリーを「個や集団が帰属することにより，心身の安定した生活を保証する精神的・社会的・空間的領域で，自他の関係を統合させた時空間」と規定しておく。テリトリー形成能力には，テリトリーに自己を帰属させる順応性，テリトリーを侵そうとする外圧や，その形成を阻もうとする外圧に対する抵抗力，場所を選ばぬ適応性も含まれる。

表4-2 テリトリー形成能力の発達モデル

発達段階	テリトリー形成	拠点	テリトリー形成手段	発達段階の特徴
0 歳	漠然とした空間の認知 核(拠点)の発生 テリトリー形成・拡張 空間的制約	安心できるもの(見なれたもの)のある所 寝る・食べる・排せつする場所	1. 習慣づけられた信号や物(母親の鼓動に安心する・お気に入りの玩具に安心するなど) 2. 光・音・動き・触覚への興味に基づく運動(音を出すものや動くものところへ行ってつかもうとするなど)	母親依存・親依存 物依存 拠点の定着と 　テリトリーの拡張
1 歳	部分的伸長 二次拠点の発生	二次拠点(平気で遊べるところ)	3. 帰属性の確立を保証するものの存在(親がいれば安心するなど) 4. 帰属性の確立を保証するものを介した解釈(親の情緒不安定が子に移るなど) 5. コミュニケーションの成立	
3 歳	広域化・社会化 園での演習	二次拠点の拡散・他方では一次拠点としての自分の家 家の中では玩具をしまって置くところなど		他者依存(友達関係) 物の管理 侵犯に対する抵抗力(玩具の取り合いや喧嘩) 移動に対する抵抗力(引越し) 自立(一人で行ける・帰れる)
学齢期	家庭・地域から離れた学校社会での応用 家庭内での個のテリトリー形成	拠点の分離 自分のコーナー・プライバシーのない自分の部屋		コーナーの管理
思春期	家庭内での個の核形成(自立の演習)	わが家の中のプライバシーを守れる自分のコーナー・部屋(拠点の隔離) 拠点の拠点としてのわが家	(上記の手段は大人になってからのテリトリー形成にもあてはまる)	プライバシーの確立(他家との比較による自家の認識) 空間依存(空間の管理・時間の管理)
成 人	テリトリーの独立	家庭から独立した拠点		自立的なテリトリー形成能力(物・空間・時間・人間関係の管理能力)
結 婚	テリトリーの共有・核の共有	スウィートホーム		協同的なテリトリー形成能力
家庭建設	家族成員共通のテリトリー形成	マイホーム		集団のテリトリー形成
社会人	テリトリーの重層・拡散			テリトリーの自己管理能力(の限界) 社会的活躍
老 人	テリトリーの縮小			テリトリーの消滅(死)に対する不安と恐怖 疑似的なテリトリーへの逃避

演習という意味を持っている。そこで、学齢期以前のテリトリー形成の経験と発達が十分でない場合には、なじめない環境に対する拒否反応としての登校拒否が起こりうる。入学前に幼稚園に行く場合は、そこで予行演習をすることになるが、もしそれ以前のテリトリー形成の経験や発達が不十分であれば、そこで行きしぶりや登園拒否となって現れることがある。

それだけに、親の手を離れ、外に向けて活発な行動がはじまる3歳児からのテリトリー形成の訓練の場として、十分に安全な地域の住環境、同年輩の遊び仲間が大勢いる地域社会がひときわ大切になってくる。住居システムが周辺環境に対して開いていなければならないゆえんである。しかし、現実にはクルマの充満と貧弱な共通スペースしかない共同住宅、そして少子化の傾向などによって環境になかなか恵まれず、子供の発達に必要な生活環境をどうやって獲得していくかがこれからの大きな課題である。

設問 3

中高層の集合住宅には、子供のテリトリー形成能力の発達からみてどんな問題があるか。それを解決するには、どんな集合住宅が理想的といえるか考えてみよう。

❖ 思春期における「わが家」

思春期におけるテリトリー形成の特徴は、それが成人してからの自立的におこなわれるテリトリー形成の予行演習として、プライバシーのある個のテリトリーを「わが家」という家族集団としてのテリトリーのなかにきずこうとするところにある。プライバシーを求めることによって、かえってそれを包みこむ集団としてのテリトリーの存在を意識することになる。それだけに、C子のケースに見たように、特にこの時期の子供の円満な発達を阻害するのは住まいをおろそかにする親の生活姿勢である。

住まいを大事にするということは、見かけのうえで立派な住宅に住むことではなく、住まいをテリトリーとして確立することである。それは、家族空間密度を空疎にしないことであり、家族のコミュニケーションの中心的な場となる

居間を充実することである。それはまた，家族のまとまりある生活と対をなしている。それなしで個室を与えるから，家族の間のコミュニケーションが途絶え，個室が非行の巣になったりするのである。

他方，日本では子供部屋が勉強部屋として与えられる場合が多く，親の教育熱心さが往々にして子供を勉強部屋に追いやることになりがちである。しかし，個室が子供の自立を促す魔法の小箱でないのと同様，勉強部屋に勉強をできるようにする機能（働き）があるわけではないことを多くの人々が忘れている。忘れているわけではないにしても，勉強部屋を与え，子供をそこへ追いやることで親の務めを果たしたような錯覚におちいりがちである。

❖ 自立とは

● ──自立のモデル

一般に，「独立した個人」という欧米人社会で見出されたモデルをもって自立の条件とされているが，果たしてこれが子育てにおいても，学校教育においても，また実社会においても，和辻哲郎が指摘した（『風土』岩波書店，1935年，114頁），隔てのない「うち」なる人間関係を基本に置いている日本人社会にどれだけあてはまるのか，疑問である。むしろ，家庭という自分が育ってきたテリトリーから独立して，自力で自己のテリトリーをきずいていく能力が育ったことをもって一応の自立がなったと考えるほうが，よほど現実的と思われる。

表4-2の発達モデルにはいくつかの自立の段階を見出すことができる。乳児期の興味をそそるものに向けての自発的な活動にはじまり，幼児期の社会化（つまり親離れ），学校社会への適応，そして思春期のプライバシーの確保と親に対する反抗。自立も，ここまで進めば個室があるに越したことはない。ということは，そこまでの自立がないかぎり，個室はなくてもかまわないということである。

特に登校拒否児のように，テリトリー形成能力の未発達の傾向が認められる子供が育ちつつある今日，この能力の発達を軽んずるわけにはいかない。住教育の育成すべき能力も，最終的にはそこにある。この能力を欠いて，主体的な生活者はなりたたないからである。

● ――自立後の試練

　なお，親から自立してテリトリー形成ができるようになって，自立のプロセスが完了するわけではない。その後も，結婚は協同的なテリトリー形成という大きな試練であり，さらに家族集団のテリトリーを形成することができなければならない。子供のテリトリー形成能力の発達のためには，家族集団としてのテリトリーの確立がいかに大切であるかは，すでに述べてきたとおりである。それらのテリトリー形成の失敗は，ときとして離婚や家庭崩壊につながる。

　家族集団のテリトリーを維持していくかたわらでは，社会人としての試練もある。社会的な活躍をすればするほどテリトリーは拡散し，重層化，錯綜化の様相を呈する。テリトリーの自己管理能力を問われることになるが，下手をすると家庭のテリトリーがおろそかになったり，あるいはときとしてノイローゼにもなりかねない。女性の社会進出が進みつつある今日，これは父親ひとりの問題ではない。

　また，家族に老人がいれば，そのテリトリー行動にも理解をもつことが大切である。大人のテリトリーは定年を機に縮小の一途をたどりがちである。テリトリーの縮小は，死に結びつくだけに寂しいばかりでなく，ときとして不安さえともなう。老人のなかには，些細な用事をことさらのように手帳に書きつけ，自分がいかに忙しい毎日であるかを誇張するものがいたりするが，これも疑似的なテリトリーに身を置くことで，不安をまぎらしているのだといえる。

4　システムとしての住居

❖　家族システム機能の回復

　すでに述べたように，登校拒否が家族システムの崩壊を押しとどめ，その機能障害に対する救いを求めて発せられた信号であるというメカニズムは住まい方に現われていた。では，住まい方を変えることによってその機能障害を解消し，家族システムを回復することはできないだろうか。この疑問には，次のケースが答えてくれる。

　先に述べたＢ夫の親は，無用の机を片づけるなど，親の都合ではなく，子供

本意の部屋づくりを早速実行した。また，それまでは父親が自分の寝室へ行くのに子供部屋を通り抜けていたのを，部屋を与えておきながら他方でそれを踏みにじるようなことはしないほうがよいという調査者の助言に従い，きっぱりとやめた。それから4カ月ほどして，B夫は自分の部屋を自分で整えはじめたのである。それまで親の都合の押しつけで，自分でやる気と機会を失っていたテリトリー形成を，遅ればせながらようやくはじめたわけである。

親がわけもわからず助言に従ったのでなく，親の子に対する姿勢が変わり，そしてそれが口先だけでなく，生活行動にはっきりと示された。そのメッセー

コラム　エステム（ESTEM）

住居システムは家族（住み手）に対して開いているだけでなく，環境に対しても開いている。それを図で表わしたのがエステムで，住居システムを構成する5つの要素——環境（Environment）・空間（Space）・道具（Tool）・エネルギー（Energy）・人間（Man）——の頭文字をならべたものである（図4-5）。エステムの5つの要素のどれか一つの変化は他の要素を変化させ，システムを変えてしまう。したがって，住居にはただ一つの普遍的な正解があるのではなく，あるのは限りないバリエーションの可能性である。このことは，住教育がよりよい解を求めて追求するプロセスにあり，どれだけの条件を考慮することができるかにあることも教えている（池辺陽『デザインの鍵』丸善，1979年，239～242頁）。（外山）

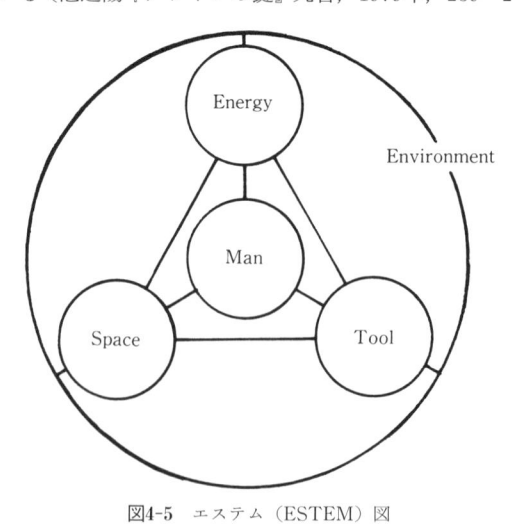

図4-5　エステム（ESTEM）図

ジはB夫に間違いなく伝えられ，受けとめられたからこそ，テリトリー形成の意欲を呼び起こしたのである。

　S市にある児童養護施設に住む中学3年のD夫は小さい頃から幼児性が目立ち，施設の手に負えず，小学校の2年から6年までを別の施設に送られて過ごした。中学になって帰ってきた1年の終わりから風邪で2度，つまらぬことを口実に1度，学校を休んだあげくに，5月からは1日も行かなくなってしまった。現在の施設に帰ってからの居住歴を調べてみると，寮の構成替えのために1週間から数週間の単位で施設内を転々としていることがわかった。また，登校拒否児にありがちな，そこにとじこもることのできる自己完結的な趣味（D夫の場合はプラモデルづくり）のための自分の机も与えられていなかった（施設ではすべての子供に机を与えることができるほど余裕がないのが実状である）。そこで，それ以上部屋を移動させるのはやめにして，寝ぐらの確立しやすい作りつけの二段ベッドのある二人部屋に入れ，専用の机を与えてやったところ，4カ月ほどして学校へ行きはじめた。そして中学を無事卒業し，いまは住み込みの職場で元気に働いている。

❖　住居と家族のシステムとしての結合

　伝統的な社会では，家族成員それぞれの役割や，家族全体の機能は，それらを維持していく仕方であるしきたりとともに明確であった。そういう状態で何か家族に問題が生じれば，役割を果たさぬ者，しきたりに沿わぬ者が悪いと考えられた。家庭や家族をそういう目でみる見方は今日にも相変わらず残っている。ところが今日，家族の束ねは以前に比べてすっかりあいまいになり，家族成員の役割も多様化し，ゆれうごいている。そういう状態では，家族に問題が生じても，誰が悪いか特定することは難しい。そこで，誰が悪いのかより，むしろ家族の人間関係の状態自体に病理を見出さねばならなくなってきている。すなわち，家族は制度からシステムになってきたのだといえよう。

　これが，すでに述べた家族療法のベースとなっているシステム論的家族像であるが，ここに，住居が家族の精神病理に関与する根拠を見出すことができるのである。

このように，住居は家族のシステムに組み込まれた，家族システムの機能の仕方（性能）を左右する一要素なのである。住居のシステムを中心にしていえば，それは家族から独立して存在するのではなく，家族との結びつきを持つ開いたシステムなのである。

設問 4

ESTEMの一つの要素の変化がもたらした住居のシステムの変化として，例えば暖房器具の変化がある。これは居住者の生活行為のどんな変化と関連し，また環境のどんな変化と対応しているかを考えてみよう。

設問 5

次の図4-6のプランとその使い方には，「人と家との関係の状態」のどんな不都合が指摘できるだろうか。

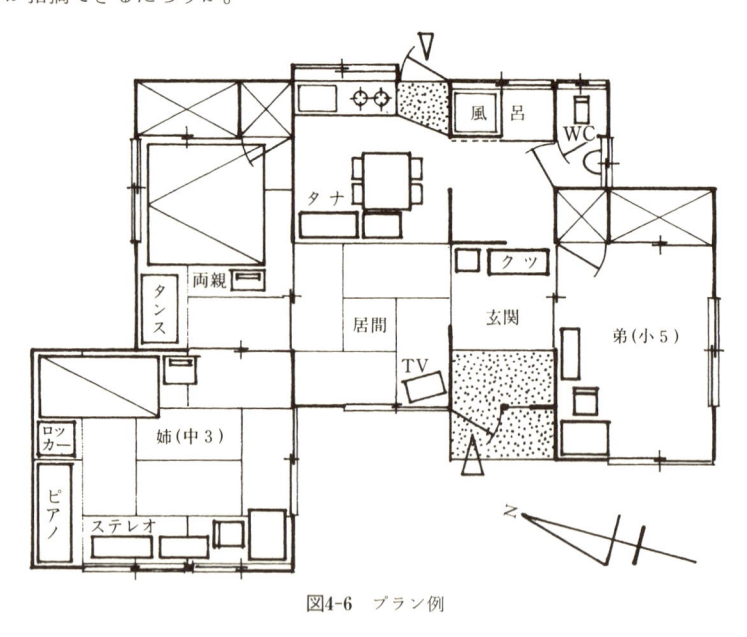

図4-6　プラン例

（外山知徳）

第5章
住まいとハンディキャップ者
―― 住まいと家族⑤ ――

この章で学ぶこと
　この章では、ハンディキャップ者と住まいについて学習する。ハンディキャップ者とは何か。そして、私たちもハンディキャップ者になる。そのような場合、現在の住宅に問題はないのか。住宅だけではなく、道路は公共の施設は、そして街は問題ないのだろうか。
　ここでは、ハンディキャップ者の立場から生活空間をみつめなおすことにより、普段気づかずにいる問題、これからの住宅で解決してゆかなければならない課題を掘り下げて考えてみる。

1　誰もがハンディキャップ者になる

❖ **ハンディキャップ者とは**

　いまの日本の社会には，人口の数％の障害者，20％ほどの高齢者がいる。これらの人を含めて，ハンディキャップ者と呼ぶことのできる人は，人口の4分の1ほどとなっている。今後は人口構造の高齢化がさらに進むので，子供もハンディキャップ者に含めると，人口の過半数がハンディキャップ者になるということも考えられる。

　このように多くのハンディキャップ者がいるにもかかわらず，住まいや街は，健常な成人を基準につくられていることが多い。このために，多くの人が生活上の基本条件の一つである"空間環境の条件"を制約されている。

　住空間をつくるにあたっては，身体や精神の面でハンディキャップを負った人 (the handicapped：以下ハンディキャップ者と略す) に対する配慮が大変重要である。

　ハンディキャップ者とは，健常な成人に比べて，身体的・精神的なハンディキャップを，一時的にか恒久的にかを問わず持っている人のことである。これには，いわゆる身障者や老人はいうにおよばず，心臓病などの何らかの持病の

▶ハンディキャップの定義
　ハンディキャップの定義には，次のようなものもある。
　英国のM.エジャーホウムはハンディキャップを「その人の同輩たちにとっては一般的な程度の（身体的ないし経済的）自立を達成するうえでの個人的能力に影響を及ぼすような，長期にわたる不利な状況」(M. Agerholm, Handicaps and the Handicapped, Royal Society of Health Journal, 95, 3, 1975) と規定している。この定義はハンディキャップを，「同輩たち」との比較の中に限定していること，「長期にわたる」ものとしていること，に特徴がある。だから例えば，健常な成人に対する老人や子供の不利さや，重い荷物を持っていることなどによる一時的なものは，エジャーホウムはハンディキャップとみなしていない。
　また，同じく英国のA. I. ハリスらは，「ハンディキャップ」を「能力損傷が原因での生活行為上の不利益あるいは制約」であるとし，「能力損傷：機能上の能力の喪失ないし減退」や「心身損傷：上下肢の一部または全部を欠いているか，上下肢・身体器官ないし身体機構に欠陥があること」と区別している。そして，心身損傷のある人が能力損傷者とかハンディキャップ者であるとは限らない，と述べている (A. I. Harris et al., Handicapped and Impaired in Great Britain, Office of Population, HMSO, 1971)。

第5章　住まいとハンディキャップ者

ある人や，子供，妊婦も含まれる。また，例えば「骨折治療中の人も」「うば車を押している人も，スーツケース2個を持って旅行するビジネスマンも，みんなその時点では」（石坂直行『ヨーロッパ車いすひとり旅』日本放送出版協会，1973年）ハンディキャップ者である。

したがって誰もが，一生のうちのかなりの期間と多くの機会に，ハンディキャップ者としての生活を送ることになる。また，一生のすべてかあるいは大部分を，ハンディキャップ者として送る人も少なくない。

設問1

君たちが今までにハンディキャップを負ったときのことを思い出し，そのときに住まいや街のつくりで不便を感じたことを出しあって討論してみよう。

❖　なぜ「ハンディキャップ者」か

従来，私たちの社会や個々人は，障害者や高齢者を社会的に特殊な人たちとみなす傾向があった。社会から隔絶された施設などに，これらの人たちが収容されてきた，あるいは現に収容されているという事実が，この傾向の最も端的な現れである。そしてその傾向は，現在もなお根強く残っている。

しかし，障害者や高齢者自らとそれを支える人々が，社会に対して長い期間働きかけてきたことにより，彼・彼女らも社会の一員として他の階層と同様の

▶環境と障害

物理的な環境が整うことですべてが解決するわけではないが，物理的な環境整備をぬきにしては，ぼくらのための新しい社会をつくることはできない。（光野有次『バリアフリーをつくる』岩波新書，1998年，viii頁）

私のからだの状態が変わらなくても，私をとりまく社会の環境が変われば，私にもいままでできなかったことができるようになる。（村田稔『車イスから見た街』岩波ジュニア新書，1994, p26）

身体障害や身障者という定義づけについて，私はかねがね次のように考えている。それは，障害物が障害者を作るということである。縁石のある横断歩道や，歩道橋，建物の階段，狭い入口や通路など，社会に存在する障害物に直面したとき，そこから追い帰されるのが障害者である。障害物がなければ障害者もないのだ。肉体的な不自由があっても，それを補う道具さえあれば，そしてそれが使える環境さえあれば，ハンディキャップは消えるはずだ。（石坂直行『ヨーロッパ車いすひとり旅』日本放送出版協会，1973年，115頁）

日常生活を自立的に営む権利を持っているということ，そして，その権利を保障するためには，さまざまな条件を整備しなければならないことが明らかにされてきた。これらのことは一言で，「隔離から社会的統合へ」とか「ノーマライゼーションを」といった言葉で表現されている。

 こうした運動の経過のなかで，健常な人も交通事故や家庭内事故などの不慮の災害により身障者になる可能性のあることや，誰もがいずれ高齢者になることなどの事実をふまえつつ，障害者・高齢者の問題を自らの問題として考える視点からも，より広い範囲を包含する「ハンディキャップ者」という言葉(概念)が生まれてきたのである。

 ハンディキャップ者という概念はまた，人の人に対する見方を，疾病や障害の有無や種類のみで固定的に見るのではなく，ハンディキャップの性質や種類を把握しそれを軽減するという変革的な見方をする方向へと転換する点で，大きな意味があった。

❖ ハンディキャップを軽減する視点

 心身に何らかの損傷があっても，それは必ずしも能力障害やハンディキャップに結びつくとは限らない。また，能力障害があっても，それは必ずしも行為達成障害(必要な生活行為を達成することができないこと)を意味するものではない。生活行為の達成は，個人と環境のさまざまな条件に左右されるからである。大切なのは，できるかぎりハンディキャップの少ない状況で，行為の達成ができることである。例えば，ドアを開け閉めして廊下を移動する際のことを考えてみよう。

 ドアの取っ手がドア玉(ノブ)の場合，手先が不自由でドア玉を握るのに困難

▶国際障害分類

 2001年5月の世界保健機構(WHO)総会で，新たな国際障害分類(ICF)が下記のように決められた。〔 〕内は旧分類(ICIDH)の規定である。
 ある「健康状態(health condition)」〔disease〕により「機能・構造障害(impairments)」〔impairments〕が発生し，それが個人と環境の条件によって「活動制限(activity limitation)」〔disability〕そして「参加制約(participation restriction)」〔handicap〕につながってゆくというものである。旧分類に比べ，誤解の余地を少なくし，かつ環境条件の重要性をより意識したものに改定された。

を感じる人（身体障害があり，それによる能力障害がある）は，ハンディキャップがあることになる。ときには，ドアの開閉ができない（すなわち，行為達成障害）場合もある。

ところが，このドアの取っ手をドア玉でなくレバー式にした場合は，どうであろうか。同様に手先が不自由でも，レバーを扱うのなら困難を感じないケースも出てこよう。むしろ，そのケースが多い。すなわちこのケースは，身体に障害があっても，このドアを開閉する能力には障害がなく，この行為自体についてのハンディキャップは少ないことになる。さらに，ドアを赤外線感応などの自動式にすれば，手先の不自由さは，そのドア前後の移動については，まったく問題がないことになる。

このようにして，できるかぎりハンディキャップを軽減することが，これか

コラム　コレクティブハウジング

　コレクティブハウジングとは集合住居のことであるが，集住によってはじめて実現できる付加価値を備えた集合住居を特に指して使われる。集合住居の歴史のあるヨーロッパにはいくつか先駆的な例がある。たとえばフランス北部にあるギースという小さな町に1885年に建てられた，フーリエ主義に基づいて，鋳鉄製造会社であるゴダン社の社宅として造られた労働者宮殿と呼ばれる集合住居は保育所を備え，ロの字型の住棟に屋根をかけ，集会場にもなる講堂のような大きな遊び場を中央に持つ。同じ頃アメリカではメルシーナ・パースという社会改良家が，キッチンレスハウスというのを提案している（ドロレス・ハイデン『家事大革命』勁草書房，1985年参照）。実際，1900年頃にコペンハーゲンには各住戸にはキッチンを配置せず，代わりに住棟内に大きな調理場をもうけ，そこで作られた食事をダムウェータで各戸に配給するワンキッチン集合住居というものがあり，同じようなものはベルリンにも建てられていた。

　日本でも近年こうした付加価値を備えた集合住居が試みられるようになり，ライフサポートアドバイザーを配したシルバーハウジングプロジェクトや，ケア付きの共同住宅であるシニア住宅がそれである。阪神淡路大震災の被災高齢者のために神戸市に建設されたシルバーハウジングプロジェクトは，居住者が集うことのできるキッチン付きの共用スペースを随所に設けたコレクティブハウジングとして建設された。こうした試みは施設としてのグループホームの影響もあり，民間でもグループハウスとか，グループリビングと称して，主に高齢者の新しい居住形態として登場してきている。（外山）

らの住まいづくりには大切なことである。

2　住まいがハンディキャップをつくる

❖ 住まいが行為達成障害をもたらす

　ドアの取っ手の形状ひとつで，そこを行き来できるかどうかが決ってしまうという前記の例にもみられるように，住まいの空間や設備，エレメントや仕上げの状態は，ハンディキャップ者の行為達成（すなわち自立）に大きな影響を及ぼす。

　さて，私たちの生活行為は，大きくいって，移動・到達・動作・操作・認知・コミュニケーションの6つに分けることができる。相互に関連しあっているこの6つが，総合的に支障なくできることが，生活行為を全体としてスムーズにおこなうためには必要である。

　それでは，これらの行為別に，住まいが原因での行為達成障害の例をあげてみよう。

① 移動（move & access）

　移動の達成障害は，本人の身体条件，移動手段や移動状況（歩行か車椅子使用か松葉杖使用か，あるいは他の手段か。どのようなところを移動するか），それに住空間の状況，の3つの条件によりもたらされる。このうち住空間の面では，階段，段差，突起，でっぱり，開口部の幅，そして床仕上げの状況などが，移動の障害要因になることが多い（図5-1）。

② 到達（access & reach）

　目的の場所まで移動したのち，目的のモノや設備などに届くかどうか，ということである。これも移動と同様に，本人の身体条件，移動・身体支持手段（歩

▶「自立」とは
　障害の子にとっての「自立」とは，ある達成された状態を意味しているのではないと私は思う。それは，この子たちの「可能性」を求めるたえまない努力の方向を意味しているのだと私は考えている。……私は，「可能性の哲学」こそが，障害者福祉の基本思想でなければならないし，もっと一般的に「福祉社会」の基本思想でなければならないと思う。（正村公宏『ダウン症の子をもって』新潮文庫，2001年，85頁）

第5章　住まいとハンディキャップ者

平地での移動はかんたんでも，段差を昇るのは困難です。

幅の狭いところは，車いすがつっかえてしまい通れません。

階段を昇り降りするのは大変です。階段はできるだけ緩やかに。

急な坂道はバランスがとりにくく，特に下る時は大変です。

すべりやすい床は，杖がすべって，ころんでしまいます。

図5-1　移動の障害要因（横浜市「福祉のまちづくり」参照）

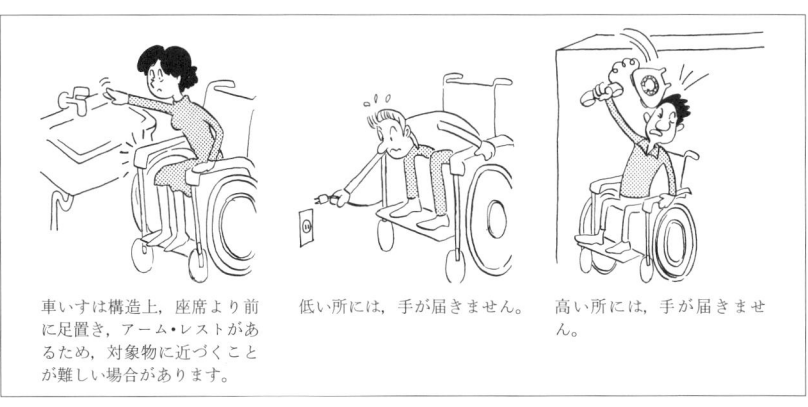

車いすは構造上，座席より前に足置き，アーム・レストがあるため，対象物に近づくことが難しい場合があります。

低い所には，手が届きません。

高い所には，手が届きません。

図5-2　到達の障害要因（同前）

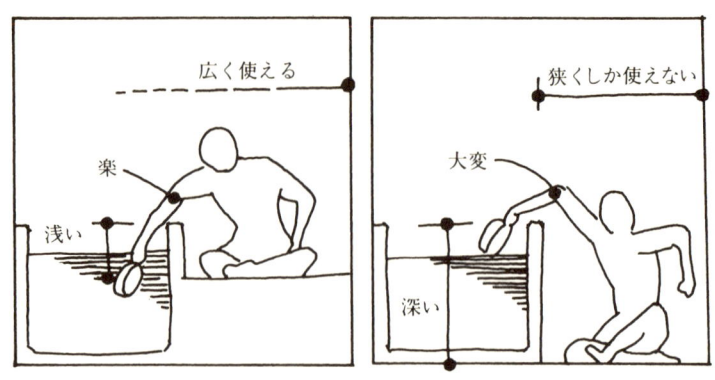

図5-3 半埋込型(左)と据置型(右)の浴槽

行か，あるいはどのような補助具を使用するか)，住空間状況の3つによって決まる。

例えば車椅子使用者の場合は，目的のモノや設備の高さや奥行き，深さなどに配慮するのであるが，その際，車いすの足置き（フット・レスト），肘かけ（アーム・レスト），前輪（キャスター），膝の位置などを考慮して，それらがつかえないようにしなければならない（図5-2）。

③ 動作（action）

生活のための動作を，それが求められる場所で，支障なくできるかどうか，である。

例えば，高齢者が脱衣室で着脱衣するときのことを考えてみよう。足腰が弱った場合，湯あがりは特に，ふらついて着脱衣ができなくなることもある。また，身体が硬くなっているので，着脱衣自体が困難になってくる。そのために，自然と腰掛けて着脱することが多くなる。したがって，そのための広さを確保することが重要なポイントになってくる。

▶車いす

車椅子は，下肢に障害のある人が移動する場合の，最後の拠りどころとなる便利な道具である。

自走と介助の二通りの利用がある。また人力で動かすものと電動の2つのタイプがある。後者には，ジョイスティックで操作する従来からの電動車椅子に加えて，ハンドル操作の電動四輪車などが近年急速に普及してきた。

これらの車椅子を住宅内外で自由に使えることが高齢者や障害者の生活には重要である。しかし日本の住宅の場合，段差や通路幅，床仕上などの問題があり，ほとんどの場合において改造が求められ，大きな課題となっている。

第5章　住まいとハンディキャップ者

浴槽は，据置型よりも半埋込型のほうが入浴動作がしやすいことは，図5-3に見るとおりである。

ほかに，さまざまな手すりや摑まり棒は，動作の補助の役割をすることが多い（図5-4，図5-5）。

④　操作（operation）

住生活に道具・設備・機械・装置がますます多く持ち込まれるようになり，それを操作できるか否かが，自立的な生活を大きく左右するようになってきた。

ハンディキャップ者は一般的に指先などを使う巧みな動作は不得手で，粗大な

座ったり，立ったりすることが大変です。洋式（腰かけ式）便所に手すりが付いていると助かります。

図5-4　手すり（横浜市「福祉のまちづくり」参照）

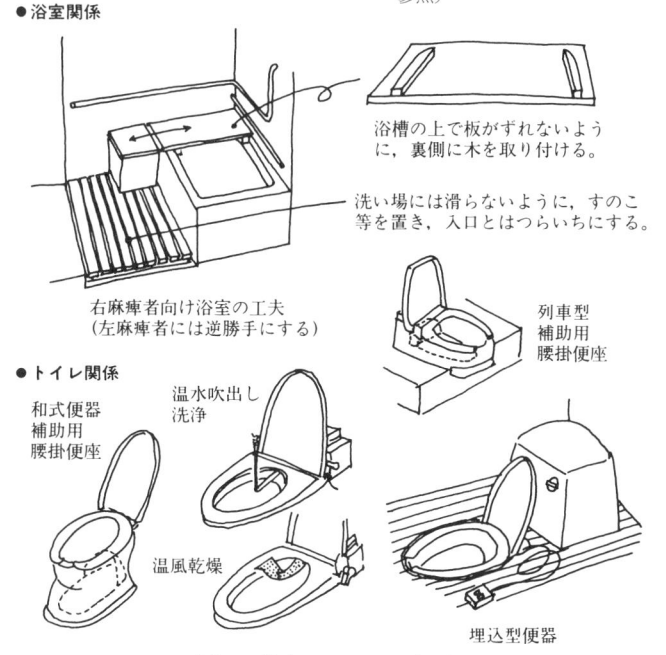

● 浴室関係

右麻痺者向け浴室の工夫
（左麻痺者には逆勝手にする）

浴槽の上で板がずれないように，裏側に木を取り付ける。

洗い場には滑らないように，すのこ等を置き，入口とはつらいちにする。

列車型補助用腰掛便座

● トイレ関係

和式便器補助用腰掛便座

温水吹出し洗浄

温風乾燥

埋込型便器

図5-5　浴室・トイレの工夫の例

不便の生じやすい形	改良またはより便利な市販品等の事例
● 水栓	レバー式水栓の例
	四つ又水栓をレバー式に変える取付具
	三つ又水栓用木製取付具　　スプリント製
● ドア・戸関係	ゴム製ノブ取付具　　レバー式　　タッチハンドル
ロック　クレセント	ロック　　クレセントはつまみ部分を大きくし届きやすい所につける。
舟底取っ手	

図5-6　器具の改良

第5章 住まいとハンディキャップ者

動作のほうがやりやすい。したがって，こうした道具や装置はそのことを考慮し，例えば手先・指先のひねりの動作が入るドア玉や蛇口の水栓ではなく，手のひらや腕などの押す動作でできるレバー式のものにするなど，操作のしやすいものにする必要がある（図5-6）。

⑤ **認知とコミュニケーション**（cognition, communication）

視覚障害者や聴覚障害者は，認知やコミュニケーションに関するハンディキャップを持っている（図5-7）。そのハンディキャップを補うため，住まいづくりの面からもさまざまな工夫がなされてきた。

図5-7 認知やコミュニケーションのハンディキャップ（横浜市「福祉のまちがい」参照）

> **設問 2**
>
> 行為達成障害を克服するためのさまざまな工夫の事例を集め，上の6つの行為などから分類・整理してみよう。

❖ 安全性について

●──ハンディキャップ者にとっての安全性

ハンディキャップ者は，危険や緊急事態に遭遇したとき，それへの対応に困難がある場合が多い。したがって，そうしたことの起こらないような住まいづくりの配慮をするとともに，起こってしまった際の確認，通報，援助・救助のしやすいシステムや住まいづくりが大切である。

●──住まいがハンディキャップ者をつくる

家庭内（住宅内）でも障害や死亡につながる事故は，たくさん起こっている。最近の統計では，事故による年間死者数は，交通事故が8000人程度に対し，家庭内事故は1万1000人程度となっている（図5-8）。このうち約4分の3は高齢者

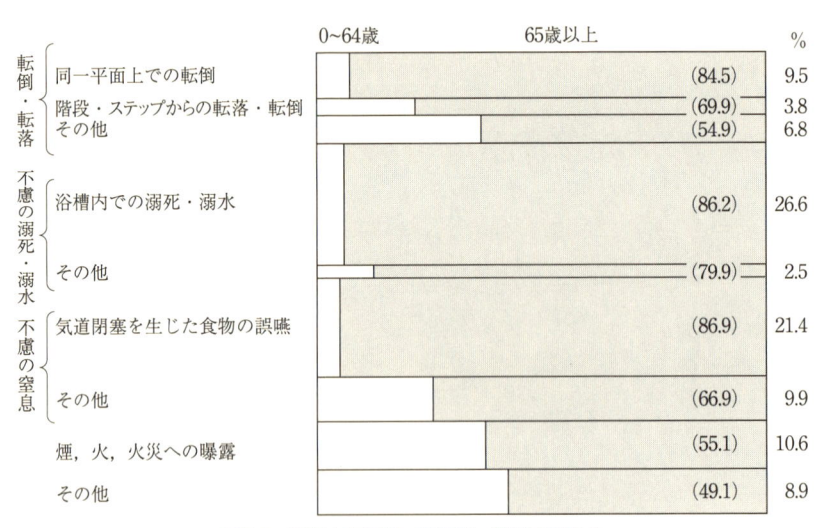

分類	項目	0~64歳／65歳以上	(65歳以上%)	%
転倒・転落	同一平面上での転倒		(84.5)	9.5
	階段・ステップからの転落・転倒		(69.9)	3.8
	その他		(54.9)	6.8
不慮の溺死・溺水	浴槽内での溺死・溺水		(86.2)	26.6
	その他		(79.9)	2.5
不慮の窒息	気道閉塞を生じた食物の誤嚥		(86.9)	21.4
	その他		(66.9)	9.9
	煙，火，火災への曝露		(55.1)	10.6
	その他		(49.1)	8.9

図5-8　家庭内事故死の死因別，年齢層別構成

（注）2001年，総数11,268人。カッコ内は65歳以上の構成比，厚生労働省『人口動態統計』

であり，相当の部分は住宅のつくり方が原因での死亡と思われる。住宅は必ずしも安全な空間ではないのである。

　高齢者の場合，家庭内事故で目立つのは，同一平面上での転倒である。これは，高齢期になると一般に足をあまり上げずに歩行するようになるので，わずかな突起やひっかかりで転倒しやすく，また滑りやすいことに加え，ふらついたときのバランス回復力が弱いこと，骨折しやすいなど転倒の際のダメージが大きいことなどによっている。したがって，住宅のつくり方や住み方において，これらのことを十分に配慮することが求められるが，配慮が不十分であったりすると，住まいがハンディキャップ者をつくる，という事態も考えられる。

❖ 経済との関係

　ハンディキャップ者が自立した生活を営むためには，以上のようなさまざまな配慮が不可欠である。しかし，ハンディキャップ者のいる世帯は，概して家計収入が少なく，そうした配慮を施すことが経済的に困難であることがほとんどである。

　したがって，ハンディキャップを減少させる住宅を保障するためには，住宅改善補助金や住宅手当などの経済的な援助の措置を講じることが求められる。

3　ノーマライゼーションと住まい

❖ ノーマライゼーションとは

　ノーマライゼーション（通常化）とは，一般市民が通常におこなっている生活と生活行為ができるかぎり実現するよう，できるかぎり通常の手段により環境

▶ノーマライゼーション
　ノーマライゼーションの考え方は，専門的な施設や専門的な社会福祉のシステムを，否定したり軽視したりするものではない。反対に，もっとすぐれた実質を備えた専門的な施設を，町の真中につくろうではないかという考え方なのだといってもよい。例示的にいえば，それは，山のなかの大きなコロニーや町はずれの淋しい場所の立派な老人ホームをつくるよりは，町の真中に，小さくてもいいから，もっと多くの，もっとすぐれた施設をつくっていこうという提案なのである。（正村公宏『ダウン症の子をもって』新潮文庫，2001年，231頁）

コラム　住宅改造

　高齢者が安心して居住できる施策の全体像は下図に示すようなものであろう。この中で住宅改造は，今まであまり重視されてこなかったが，大変に重要な課題である。なぜならば日本の住宅は高齢者の在宅生活の容れ物として，とくにバリアフリーと老朽化の二つの面で，あまり望ましいものではないからである。住宅改造は，これからの高齢者の在宅生活と，在宅福祉施策の推進にとって，必須の課題である。

　そのようなこともあって，2000年4月にスタートした介護保険制度では，その中に住宅改修費の支給制度が組み込まれた。必ずしも十分な補助とは言えないこの制度ではあるが（手すり取付け，段差解消，床面等の材料変更，扉の取替え，便器の取替え，以上の付帯工事に限られるなど），その利用者は急増している。しかし改修の現場では，さまざまな問題が発生している。

　最大の問題は，利用者である高齢者への配慮に欠けた改修であることが多いことである。なかでも，カタログや手引書に書かれた通りの取付け・取替えなどで済ましているケースが，極めて多いことが問題である。住宅改修を求める高齢者の状態や要求は千差万別である。その状態や要求にフィットした改修でないと，せっかく改修しても役に立たないということになる。こうした問題が発生しないようにするためには，ケアマネジャーや理学療法士，作業療法士，医師，保健師，介護福祉士などの専門家と，建築の設計者，施工者などが共同したチーム（リフォームヘルパーなど）で，個々のケースに当ることが最も確実な対策であろう。

（高阪）

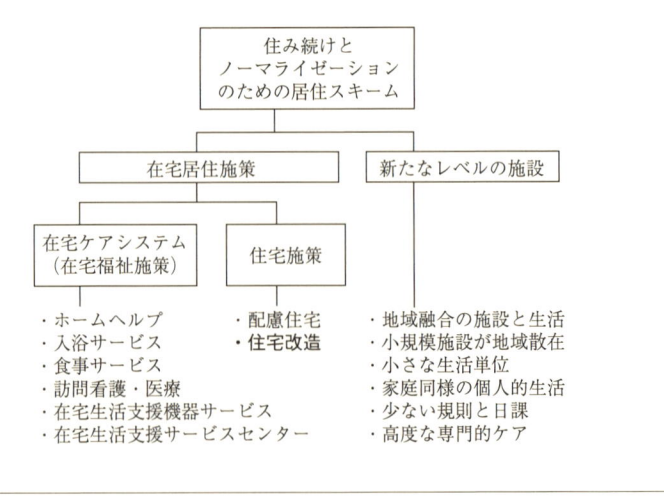

```
              住み続けと
           ノーマライゼーション
           のための居住スキーム
          ┌─────────┴─────────┐
      在宅居住施策              新たなレベルの施設
   ┌──────┴──────┐
在宅ケアシステム    住宅施策
（在宅福祉施策）
```

在宅ケアシステム（在宅福祉施策）	住宅施策	新たなレベルの施設
・ホームヘルプ ・入浴サービス ・食事サービス ・訪問看護・医療 ・在宅生活支援機器サービス ・在宅生活支援サービスセンター	・配慮住宅 ・**住宅改造**	・地域融合の施設と生活 ・小規模施設が地域散在 ・小さな生活単位 ・家庭同様の個人的生活 ・少ない規則と日課 ・高度な専門的ケア

条件を整えることである。これは，ハンディキャップ者の生活や人権を守るうえでの最も重要な考え方である。

米国のW.ヴォルフェンスベルガーは，ノーマライゼーションを「少なくとも平均的な市民と同じ生活状態（収入，住居，保健サービスなど）を可能にするために，また障害者の行動（技能や能力など）をできるだけ豊かにしたり，高めたり，また支持したりするために，文化的に通常となっている諸手段（なじみのもので価値のある技術，道具，方法）を利用すること」と定義し，「文化—特定的」（特定の文化には特定の「通常」がある，という意味）な概念である，としている（ヴォルフェンスベルガー著，中園康夫・清水貞夫編訳『ノーマリゼーション——社会福祉サービスの本質』学苑社，1982年）。

例えば，車椅子使用者がファミリーレストランを利用するという，現代の日本ではごく通常の行為をする場合を考えてみよう。もしレストランの入口に階段や段差があって車椅子では入れない状況になっていたら，車椅子使用者にとってはそこでは通常の市民的行為ができないということになる。そこで，かりに付近にいる人が手助けして上へ担ぎあげたとしたら，「通常の手段」でそこを通ったことにはならない。

要するにこの場合，入口が階段や段差になっていることがハンディキャップ者の生活の通常化（ノーマライゼーション）を妨げていたのである。これに対しては，そこに適切な勾配と形態のスロープを設けることが，現代の技術では最も通常的な手段による解決である，とされるであろう。

▶N・E・バンク-ミケルセン（121頁コラム中）
　Niels Erik Bank-Mikkelsen, 1919-1990。1950年代後半にデンマークで，知的障害者施設の改善運動を通して，ノーマライゼーションの用語・概念を世界で初めて提唱し法律化（1959年）した中心人物。デンマーク社会省勤務。1968年にケネディ国際賞受賞。
　氏はノーマライゼーションを次のように定義している。「たとえ障害があっても，その人を平等な人として受け入れ，同時に，その人たちの生活条件を普通の生活条件と同じものとするよう努めるという考え方です。普通の生活条件とは，現在その国の一般の市民が文化的，宗教的，社会的枠組みの中で暮している生活条件，あるいはその枠組みの中で目標とされている生活条件ということです」（花村春樹訳・著『ノーマリゼーションの父——N・E・バンク-ミケルセン』ミネルヴァ書房，1994年，155-156頁）

設問 3

　この場合，スロープは「通常の手段」かという疑問もあろう。階段が通常には最も普及しているからである。ノーマライゼーションはこのように，具体的にどういう内容になるかが，一つひとつ議論のいるところである。そこで，このスロープと階段を例に，何が本当にノーマライゼーションなのかを討論してみよう。

設問 4

　街や住宅のなかでノーマライゼーションを妨げている場所，逆にそれを促進している場所や設備・工夫を探し，整理してみよう。

❖　ノーマライゼーションと住宅の可能性

　前にも述べたように，住宅はつくり方によっては，ハンディキャップ者の生活行為に対して厳しい障壁をもたらす。しかし一方では，ノーマライゼーションをよく考えた住宅は，ハンディキャップ者の行動の範囲と可能性を大きく広げることもできる。

　その点で住宅を含めた「ものづくり」には，細部にわたる配慮と工夫が求められている。また，エレクトロニクスや機械工学，人間工学などの科学技術の力は，こうした分野にもいっそう適用される必要があろう。ただし，改善や工夫・発明などとその適用にあたっては，ノーマライゼーションの理念との関係を十分に考慮することが重要である。例えば，かりにロボット化や装置の導入などがされる際には，通常の生活・生活意識・人間関係がそれによって壊されることのない範囲に限定するなどの配慮が望まれる。また，どのように住むか

▶リハビリテーションとノーマライゼーション
　リハビリテーション（rehabilitation）の定義は，一般的には1968年の世界保健機構（WHO）によるものや1982年の国連障害者世界行動計画によるものが使われている。それらをまとめると，リハビリテーションとは，障害者各個人の機能的能力の回復や機能水準達成の実現のための，時間を限定した訓練あるいは再訓練，またはプロセスのことである。
　これに対しノーマライゼーションとは，各個人の現在の機能的能力を前提として，そのままの状態ででも出来る限り通常の生活ができるよう，生活条件を改善し，環境を整えようとする努力やプロセスのことである。

第5章　住まいとハンディキャップ者

コラム　ユニバーサルデザインとは

　車椅子の人々，あるいは視覚・聴覚障害の人々のために都市施設の改善することを「バリアフリーデザイン」という。また次ページの写真のように「左利きでも使えるハサミ」や「片手で開けられる歯磨きチューブ」など小さな商品・生活用具の改善を「ユニバーサルデザイン」という。さらにこれらのデザインの背景には「ノーマライゼーション」という概念があるといわれる。

　ノーマライゼーションとは，1950年代後半にデンマークの自閉症児の親たちの願いからはじまり，バンク-ミケルセンが定義した概念である。自閉症の子供たちも皆と同じように社会生活をできるよう都市環境・公共サービスを改善する法律が制定され，「精神遅滞者の生活を可能なかぎり通常の生活状態に近づけるようにする」という理念がはじめて登場した。障害者を特別な存在として捉えるのではなく，社会の中でごく普通の存在として生活が送れる環境を整えることである。私たち一人ひとりにとっても一生のうちどこかで障害・ハンディを抱える可能性もあり，誰もが何処でも皆ともに生きることのできる社会こそがノーマルだという考え方である。

　この理念を背景としてバリアフリーという言葉が最初に使われたのは，1974年の国連報告書「バリアフリーデザイン」からである。バリア（障壁）とは，障害者の存在や行動を差別し妨害するもの，都市環境・建物などの物理的なバリア，そして社会制度におけるバリアである。世界保健機構（WHO）は障害の側面を次の3つに分類している。①インペアメントとは身体または精神的な損害を意味し，視覚障害，聴覚障害，触覚障害，言語障害，上肢障害，下肢障害，精神障害などである。②ディスアビリティとは前記のような障害による個々人の能力限界をいい，移動制限，情報受容制限，動作巧緻制限に分類している。③ハンディキャップとは，①と②をもつ個々人とまわりの環境との相互作用によって生ずる不利益全般を意味する。

　例えば移動障害にたいしては，スロープ・エレベーターの設置，通路幅の確保，劇場などの専用座席，専用トイレ，電話・水飲みなど操作できる高さの配慮などである。また視覚障害にたいしては，音声案内・音声誘導，点字表示，誘導ブロックや色弱者にたいする照明・色彩の配慮などがある。難聴障害にたいしては，視覚表示の充実，点滅ランプ，音声伝達障害の除去などがある。

　バリアフリーデザインによる改善は今後も多くの場所で必要であろう。しかしこれからはバリアフリーデザインだけでは，どうしても現状の補正・修正されただけという限界がある。むしろ理想的には，利用者や使用者およびその機会を限定しない普遍性のあるデザインがユニバーサルデザインの基本的な考え方である。

ユニバーサルデザインとはいかなる利用者も限定しない。つまり「あらゆる年齢，背格好，能力の人でもその使うモノのデザイン，つまり物，建築，都市空間などのすべてのデザインをできる限り誰にも使えるよう可能性を拡張してみる」ことである。ロン・メイス（米）は次のように『ユニバーサルデザインの7原則』というものを提案した。

① 誰にでも何処でも入手でき，誰にでも利用できる「利用の公平性」
② 右利きや左利きなど，その人に応じた使い方ができる「利用の柔軟性」
③ 使い方が視覚・聴覚・触覚などいろいろな情報で判断できる「利用の多様性」
④ 誰にとっても使い方が簡単で，直感的に使える「利用の容易性」
⑤ 使用の仕方を間違えても危険なことにならない「利用の安全性」
⑥ 肉体的な負担を最小限にして，無理のない姿勢で使える「利用の効率性」
⑦ 立っている人でも，座っている人でも自由にアプローチできる「利用の余裕性」

ユニバーサルデザインは21世紀の生活デザインであり，その対象は人間が使用するすべての「モノ」に向けられている。個人で使う消耗品の類（洋服・食器・文房具など），耐久消費財の類（自転車・イス・電話機など），さらに家族全員で共有する耐久消費財の類（自家用車・住宅設備機器・家電製品など），さらに公共の不特定多数の人々が使う耐久消費財の類（電車・バス・タクシー・車両など），また社会資本として整えられるべき施設の類（公共建築・駅・道路など）がある。

ユニバーサルデザインはこれからの生活デザインであり，その開発にはさまざまな行程・工夫が必要であろう。そして生活デザイン全般でのユニバーサルデザイン化は単に商品開発者や製作デザイナーだけが担うものではない。「ユニバーサルデザイン化」が多くの消費者を含む一般社会での常識，未来を目指すべき見識として定着しなければならないだろう。それにはこれまで多くのデザインが，ミスターアベレージと呼ばれる「仮想の平均男性」をモデルとして画一・大量生産されてきた。このデザイン思想に基づく生活用品で形成されてきた社会環境をすべての人々がもう一度しっかりと見直してゆかなければならない。（渡辺）

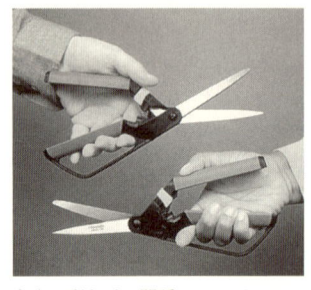

左右の利き手に関係なく，どちらの手でも使いやすいスプリングバサミ
（注）「季刊ユニバーサルデザイン 創刊号01」より。

は本来，最終的には本人の決定に属することがらであることも考慮する必要がある。

以上のように，ノーマライゼーションを考えた設計のことを，バリアフリー・デザイン（barrier-free design：障壁のないように考慮した設計）とも呼んでいる。

❖　ソフトとハードの結合

バリアフリー・デザインのされた住宅といえども，そうした住宅（ハードウエア）が手に入っただけでは，ハンディキャップ者の日常生活の基盤ができあがったとはいえない。それに加えて，周囲のコミュニティのなかでの安定した近隣関係や福祉サービスなどの，人・社会（ソフトウエア）との結合があってこそ居住が安定するのである。

このことの重要性はハンディキャップ者に限ったことではないが，ハンディキャップ者はそれらの両方に対する依存性がきわめて強いことから，ソフトウエアとハードウエアの結合の重要性がいっそう強調されるのである。

4　高齢者向け住宅の状況

❖　高齢者向け住宅施策の発展

高齢者は，一般的にいって，経済的な基盤が脆弱な階層である。したがって，特に都市部においては，住宅・居住場所を手に入れるについても，弱い立場に立たされることが多い。だから，いったん住まいを失ったりすると，高齢者の場合，路頭に迷うようなケースが見られる。

ここでは，そうしたケースを含めて，住まいに困った高齢者に対して，国や自治体がどういった居住場所を供給したかを歴史的に概観する。これには，どの国も大きくいって3つの発展段階に分けることができそうである。

第一は，救貧院かあるいはそれに類する施設を供給する時代である。現在の先進資本主義諸国の多くでは，中世から産業革命の時期を経て両大戦間期にいたる時期にこれを経験している。

その最も顕著な特徴は，「劣等処遇」である。「自助」のできなかった人に対

する救済だから皆よりも劣等に処遇するのが当然だ，などの考えから，施設内のあらゆる生活局面が施設外よりも劣るようにしむけられていた。そのほか，老若男女等を混合して収容したり，あるいは強制的に労役を課すことも多く，また一般社会から隔離し，生活に対する規制や監視が強いのも，救貧院の特徴である。

第二は，老人ホームの時代である。同じく，第二次世界大戦から現在にいたる時期である。いわゆる福祉先進国では1960年代から70年代にかけてこの段階を脱却し，次に述べる第三の時代へと進んでいる。日本の現在は，第二の時代の最終段階で，この時代の矛盾が大きくふくらみ，次の段階へ移行しようとしている時期にあたると言えよう。

老人ホームでは，救貧院の特徴のうち混合収容と強制労役は払拭したが，社会からの隔絶，規制と監視，劣等処遇のなごりは，多かれ少なかれとどめている。また，基本的に住宅の改善で解決すべきニーズのある高齢者を，かなり多く老人ホームという施設に収容しているという矛盾をかかえていることも特徴である。

第三は，ケアつき住宅（サービスつき住宅）の時代である。ケアつき住宅は，救貧院や老人ホームの持っていたさまざまな矛盾や問題点を基本的に止揚することができ，高齢者の人格的尊厳やノーマライゼーションの実現，そして社会的費用の面からも，自立生活の可能な高齢者向けの居住場所の供給形態として最も進んだものと位置づけることができよう。現在は，ケア・サービスの供給システムや住宅の集合規模・立地がどうあるのがよいのか，ノーマライゼーションなどの観点から研究が進められている（表5-1）。

▶施設
　日本語の「施設」には，2つの概念が入っている。一つは，英語でfacilityというところの「施設」であり，購買施設，教育施設，余暇施設，交通施設，医療施設など，社会的に共同して利用する建物を指して使われる。あと一つは英語でinstitutionと表現されるところの「施設」である。高齢者や障害者などのある特定の社会階層を，まとめて収容する居住施設を指す。いわゆる福祉先進国ではこうした意味での施設を，一部の専門施設を除いて，できるかぎり減らす「脱施設化」が急速に進んでいる。

第5章　住まいとハンディキャップ者

表5-1　援助つき自立生活住宅（AILH）リスト――施設内容

国名	AILHの名称	専用住戸部分				共同施設・サービス											備考
		寝室居間	台所	浴室	床面積／人〜m²	共同食堂	談話室集会室	娯楽室	診察室病院	足治療室	OT	PT	洗濯室	美容室	小店舗	EC	援助スタッフ	その他	
英国	保護住宅	1-BSR 2-B+L	1-◇ 2-□	BT or SW	1-34 2-39	厨房のみ	○	△	×	×	×	×	○	×	○	○	○		(1)
スウェーデン	サービス住宅	1-BSR 2-B+L	1-◇ 2-□	BT or SW	※1-44 2-54	大食堂＆小食堂	○	○	NHと共用	○	○	○	○	○	○	○	○	図書室カフェテリア小食堂	※ Skinnarviktens Servicehusの例
デンマーク	保護住宅	B+L	□	SW	およそ50		○	○	NHと共用	○	○	○	○	○	○	○	○	礼拝堂	Rygardcentret, Mollegardenの例
西ドイツ	老人居住ホーム	B+L or BSR	□	SW	1-30〜 40, 2- 35〜45		○	○	NHかOHと共用	○	○	○	○	○	○	○	○	礼拝堂図書室	Polz-Urbach老人センターの場合 (2)
スイス	老人向集合住宅	1-BSR 2-B+L	□	BT	およそ1-20 2-40	便所はすべて各戸専用になっている	○	○	○	○	○	○	○	○	○	○	○	カフェテリアプール	(2)
オランダ	サービスホーム	1-BSR 2-B+L	◇	SW	およそ1-30 2-55	○	○	○	○	○	○	○	○	○	○	×	○	図書室郵便局銀行	De Drie Hoven老人センターの場合 (2)
オーストリア	年金受給者ホーム	ALC+L	◇	SW	1-28〜 30, 2- 40〜42	○朝食昼夕食は配達	○	○	○	○	○	○	○	○	○	○	○	礼拝堂図書室プール	Laaerberg の年金受給者センターの場合 (2)

BSR：居寝室　　　□：台所　　　○：大体ついている
B：独立寝室　　　◇：小台所　　△：時々付いている
L：居間　　　　　BT：浴槽　　　×：ほとんど無い
ALC：欲寝想　　　SW：入浴用
　　　　　　　　　シャワー

NH：ナーシングホーム
OH：老人ホーム
OT：作業療法室
PT：物理療法室
EC：緊急通報装置

（注）公共セクターによるものを中心に掲げた。
空白部分は確認できないことを示す。「備考」の施設名は「共同施設・サービスの記載内容をその施設から採ったこと」を示す。

（資料）　高齢・相島「英国・米国における老人住宅設備に関する研究」
(1) L. Goldenberg, *Housing for the Elderly : New Trends in Europe*
(2)

❖ 英国の高齢者向け住宅

　英国は「公営住宅の母国」といわれているが，高齢者向けの公的・半公的な住宅供給においても，量的な面では世界の最も進んだ国の一つとなっている。英国の高齢者向け住宅の典型はシェルタード住宅（sheltered housing）である。これは，ウォーデンと呼ばれる一種の管理人が同じ敷地や棟の住居に住み込み，そのウォーデンの住戸やオフィスと高齢者の各住戸（一人向けでは30㎡ほど）とがインターホンなどの緊急時通報装置でつながれ，高齢者を配慮した特別設計のされた，高齢者向けの集合住宅ないし住宅団地である。一つの団地の規模は30戸前後が最も多い（図5-9）。

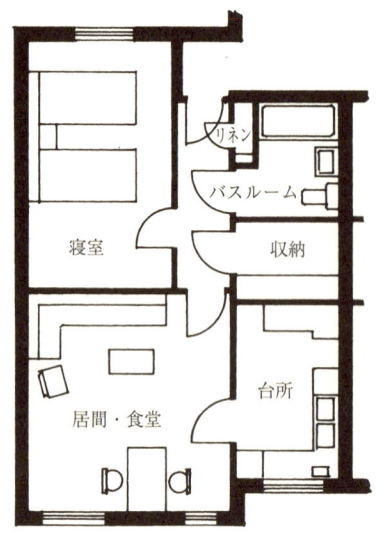

図5-9　英国のシェルタード・ハウジングのひとつ（ハノーヴァー住宅協会による一寝室住宅）

　英国では，第二次世界大戦中の1940年頃には高齢者住宅（高齢者のニーズに適するように企図された住宅）の考え方が登場していた。1944年の保健省中央住宅審議会の答申には，高齢者住宅の必要性が書かれている。そして，ピーター・タウンゼントによると（Peter Townsend, *The Rast Refuge*, Routledge & Kegan Paul, 1962），戦後の1948年にはウォーデンのついた特別設計の高齢者向け住宅すなわちシェルタード住宅が，はじめて供給されているとのことである。

　その後，1970年代をピークに自治体や住宅協会を供給主体とした建設が飛躍的に進み，1990年頃にはイングランドとウェールズで，高齢者（65歳以上）人口約700万人に対して合計25万戸ほどが供給されるようになった。この割合は世界でも最も進んだ供給状況ではあるが，関係者の推計する英国での必要戸数（高齢者人口の5％ほどとの推計が多い）にはまだ到達していない。

第5章 住まいとハンディキャップ者

❖ デンマークの高齢者向け住宅

　デンマークは，古くから高齢者援助の考えの進んだ国の一つとして知られている。最近では，内容の充実したデイ・センターを地域に数多く配置し，またデイ・ケアを充実することによって，高齢者が住み慣れた地域環境に長くとどまれるよう配慮していることが注目されている。

　高齢者向けの特別設計住宅は，英語表現にするとシェルタード住宅にあたる言葉で呼ばれているが，英国のそれとは特に共同施設やサービスが異なり，スウェーデンのサービス・ハウスに近いものである。建設量は英国に比べて当初は少なかったが，着実に増加している。プライエムと呼ばれる老人ホーム（但しほぼ全室が個室制）は現在は建設が凍結され，代わりに高齢者向け住宅の建設がすすんでいる（図5-10）。

❖ スウェーデンの高齢者向け住宅

　スウェーデンでは，ノーマライゼーションと社会的統合，そして自己決定な

▶デンマークの高齢者ケア3原則
　デンマークの社会省高齢者問題委員会が1982年に答申した原則で，現在も，デンマークの政策づくりから福祉現場に至るまでの考え方の基本となっている。
　① 「生活の継続性の尊重」：施設偏重主義への反省から出された。高齢者がそれまで営んできた生活を継続できるよう，最大限支援しなければならないという考え方。プライエム（老人ホーム）を全廃して，在宅福祉に切り替えるなども，この原則に沿っている。
　② 「高齢者の自己決定の尊重」：高齢者の生活全般にわたる決定を，国・自治体や施設スタッフ，あるいは家族などによるのでなく，高齢者自身の決定にまかせるべきだという考え方。
　③ 「高齢者の持てる能力の活用」：高齢者をすぐに介助，援助するというのではなく，高齢者がとてもできない範囲の支援だけを行い，あとは高齢者がもつ能力を活かしていこうという原則。施設の完全介護型サービスが高齢者の自立性や能力を奪っていたことに対する反省から打ち出された。

▶デイ・ケアとデイ・センター
　「……デイ・ケアの目的は，一方では，入院したり施設に入ったりする代わりに家庭で生活しながら治療・処置を受けることを可能にし，あるいは入院期間や施設滞在期間を短縮することにある。他方では，放っておいたら実質的に家に閉じこもってしまうであろうような高齢者，ハンディキャップ者，児童，あるいはそれにずっと付き添い息抜きを必要としている親族，に便宜を提供することである。デイ・センターという言葉は，患者が実際にリハビリテーションを受ける場所から，高齢者のためのランチ・クラブに至るまで，広い範囲の施設に使われている」（Joan Clegg, *Dictionary of Social Services*, Bedford Square Press, 1977）。
　デンマークのデイ・センターは，リハビリからランチ・クラブまでを一つの施設にまとめたものが，数多く建てられている。

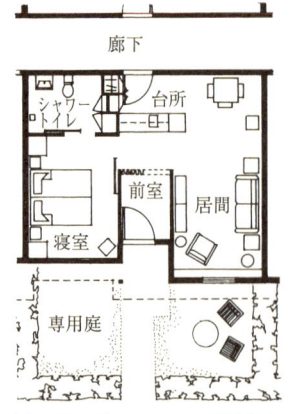

図5-10 デンマークの高齢者向け住宅のひとつ（1～2人向）。ミュアラゴーン・ケア・センターの住戸部分（設計：Erik Ejlers, Henning Graversen）。

図5-11 スウェーデンのサービス・ハウスのひとつ。SKINN ARVIKENS サービス・ハウスの住戸部分（設計：WHITE ARKITEKTER）。

などをハンディキャップ者に対するケアの原則として，長年にわたって社会福祉の先駆的な実験・研究・施策を実施してきている。

　高齢者向け住宅に関しては，70年代以降，100戸以上ほどの高齢者向け集合住宅とケア・サービス施設，医療施設，ナーシング・ホームなどが一体となったものが，地方自治体などによって建設供給されてきた。これらは最初の頃はレジデンシャル・ホテル，その後サービス・ハウスと呼ばれてきた（図5-11）。

　こうした大規模で集中的な住宅と施設の配置に対して，最近は，一般居住地や一般団地のなかにできるかぎり分散して高齢者向け住宅を配置し，これらに福祉サービスを24時間体制で提供するセンターを地域ごとにセットするという試みがおこなわれている。ノーマライゼーションや社会的統合の理念からいって，こうした方向が国を問わず今後の主流となっていくと思われる。

❖　日本の高齢者向け住宅

　わが国においては，高齢者のみの世帯（特に単身高齢者世帯）の住宅ニーズの公的な受け皿は，養護老人ホームと軽費老人ホームが主要なものであった。これらの老人ホームは，1972年に登場した軽費老人ホーム（B）型を除いて，「住

宅」といえるものではなかった。公営住宅においても，老人世帯向け住宅が1963年度から供給されている。

　日本で高齢者の住宅問題が浮上してきたのは，1970年前後である。単身高齢者世帯を中心として，都市の老朽住宅地区と過疎地・豪雪地でほぼ同時に問題が顕在化してきた。これに対して，前者では単身高齢者向け福祉住宅や老人アパートなどが，後者では冬季の季節居住施設などが，自治体の福祉当局を中心として供給されてきた。

　80年代に入ってから，建設当局と厚生福祉当局がタイアップしたケアつき住宅の検討が全国レベルと各主要都市などでおこなわれ，80年代後半以降にその具体化がわずかずつながら進んでいる。このような状況であるので，わが国の現状は，高齢者向け住宅供給システムのスタートの段階といえるであろう。

　　　　　　　　　　　　　　　　　　　　　　　　　　　（高阪謙次）

第6章

住まいをつくる

――設計の方法を学ぶ――

この章で学ぶこと

　前章までに住まいに関するさまざまな問題を学習してきた。この章では，住まいを実際に設計する方法を学ぶ。

　住宅の設計とは大へん難しいものだと考えられている。しかし，住宅の設計ほどおもしろいものはないともいわれる。

　この章では「設計の方法」をわかりやすく書いてある。一歩一歩この章を学習して皆さんも設計のおもしろさがわかるようになってほしい。また将来，住宅を注文したり購入したり，借家を探すときに「図面」を見ただけで住宅のよし悪しがわかるようになりたい。

1　いろいろな住空間を知る

❖　住空間の模写

　住宅を設計する場合に，第一に大切なことは豊富な予備知識を持つということである。それも特に，いろいろな素晴らしい住空間の事例を豊富に知っていることが大切である。建築家が設計した住空間の多様な事例をより多く"見ること""好きになること"そして"真似できること"が設計が上手になる第一の条件である。

　このためには，好きになった事例を見つけてこれを模写することからはじめたい。まず住宅雑誌や専門書のなかから気に入った住空間の写真を見つけてみよう。それは，居間の写真でも，玄関でも，台所でも，風呂場でもよい。この写真を模写（コピー）するのである。これを次の要領でおこなう。

① 　模写（コピー）は手書き（フリーハンド）でおこない，白紙にていねいに写す。できれば簡単に彩色する。

② 　その住宅全体の平面図を探し，これを定規で書き写す。

③ 　住宅全体の平面図の中に①で模写（コピー）した写真が撮られた場所，角度を矢印で記入する。

　この模写（コピー）作業は少し面倒であるが，ていねいにやればやるほど勉強になる。

　第一に，よい事例を覚えるだけではなく，模写（コピー）することにより，これまで漠然と見ていた写真のディテール（細部）柱や梁，壁や窓，天井や照明器具などがわかり，家具の配置にも興味が持てるからである。よい雰囲気の部屋とはどのようなもので構成されているのかが，具体的に把握できるようになるのである。

　第二に，平面図を写すことにより写真（模写）の部屋がどの程度の大きさであり，そして，その部屋と他の部屋のむすびつきもわかってくるのである。

　第三に，写真と図面を比較することにより，写真のような住空間を図面に表わす場合にその表現方法がわかることである。その写真を図面にした場合，壁の部分の書き方，窓の書き方，床（ゆか）や家具の書き方（つまりは，図面表現の約束ごと）が覚えられるのである。

素晴らしい住空間をできるだけ多く，確実に自分のものとするために，この模写(コピー)の作業をくり返し，最低でも5～6枚やってみることである。

❖ 住空間のボキャブラリー

次に，住空間のなかの各部屋，各部屋のいろいろな設計方法を豊富に知ることである。つまり，自分のなかに空間への多様なボキャブラリーを持てるようになることである。

例えば，玄関には"何坪くらいが適当"といった玄関の決った設計方法があるわけではない。建築家の設計する玄関には，実に多様なものがある。小さく簡単な玄関，大きく豪華な玄関，あるいは和風の玄関，洋風の玄関とさまざまにある。これらの事例を多く知り，自分のものとして自由に設計できる能力を養うことである。

いろいろな玄関，いろいろな居間，いろいろな台所，いろいろな風呂便所，いろいろな寝室などを豊富に知り，住空間に対してこれまでの固定概念を捨てて，自由で柔軟性ある空間イメージ（デザイン・ボキャブラリー）を幅広く持つことである。

また，デザイン・ボキャブラリーは部屋ごとに見ることだけではない。部屋の部分に注目してもよい。例えば，出窓の種類，階段の種類，ドアの種類，居間ソファーの配置の種類，食卓テーブルの種類，洗顔シンクの種類，障子の種類，便器や風呂場の種類など，各種のディテール（細部）に興味を持つことも大切である。

これは，一人で集めるよりも，グループに分けてそれぞれ担当のテーマを決めて，分担して調べるほうが効率的である。"玄関のグループ" "台所のグループ"などと分担し，ボキャブラリーを収集し，最後に発表しあうのである。各種の空間のデザイン・ボキャブラリーを豊富にし，空間のバリエーションを覚えることである。

❖ 図面を"読む"

次に，図面を"読む"ことを学習したい。このことは序章で紹介したことで

あるが，建築家の書いた図面をじっくりながめ，どのような住空間になっているのかを読みとることである。これは，簡単な要領さえ覚えれば誰にでもできることである。次の例を図面（図6-1）を見ながらやってみよう。

① 図6-1のなかで玄関を見つけてみる。
② 玄関からお客様になったつもりで入る。左に下駄箱があり，正面は飾り台がある。家の人が右のドアから出てくる。
③ 居間に通される。二階まで"吹き抜け"の大きな部屋で天井が高い。正面（南側）は出窓，その手前にソファーがある。右はキャビネット，中央には掘りゴタツがある（図面は南側を下にしている）。
④ 掘りゴタツ（の南側）に座ってみると正面が階段。3段のぼった踊り場が広くステージになっている。右は，床が1段降りて広い台所が見える。
⑤ 台所と居間との間にガラス障子があり，夏はこれを開けて居間とワンルームに，冬は閉めて二部屋に分ける。台所はDK方式（ダイニング・キッチン方式）で，テーブルが食卓と配膳を兼ねて広い。流し，レンジ，冷蔵庫，

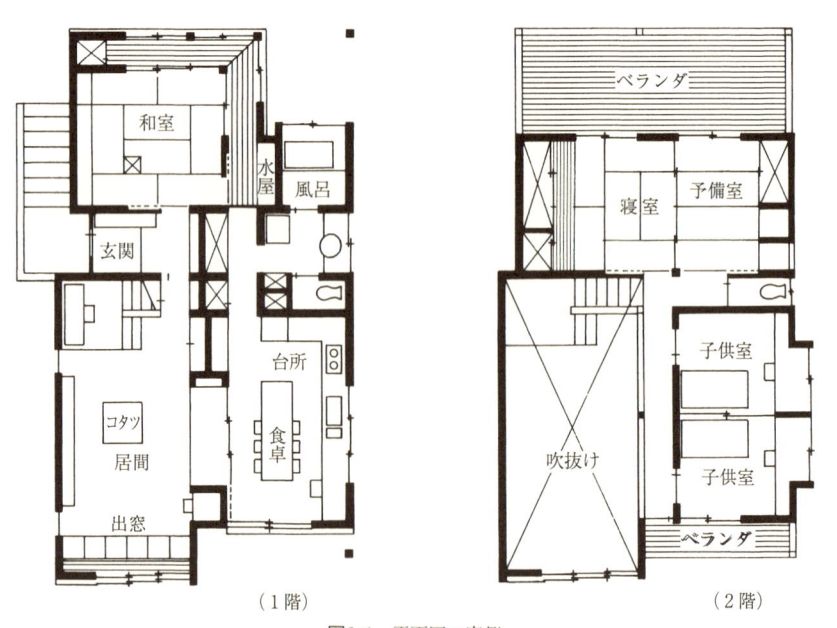

図6-1　平面図の実例

食器棚の配置を見る。

⑥　風呂，便所，洗面台，洗濯は一カ所になっている。洗面台は広く，東の朝日が入る。風呂からは北の庭がながめられる。

⑦　北の和室（8畳）は客間で茶室でもある。茶の炉が切ってあり，廊下に水屋がある。廊下はL字型で，ここから北や東の庭に出る。東の庭は上に二階があり，雨のかからない外屋となっている。

⑧　二階にのぼる。階段の途中や二階の廊下から下の居間をながめ下ろして見ると，どんなに見えるだろう。廊下のつきあたり，南にベランダがあり布団が干せる。東には便所があり，一階の便所と同じ位置にしている（配管が合理的）。

⑨　子供室は二部屋あるが，板戸で間仕切られ，一室にもできる。北の和室も，6畳4.5畳が続き間で，収納（押入）が多い。この和室から北の広いベランダに出れる。

　以上のように，図面のなかを空想で"歩む"ことが"図面を読む"ということである。図面のなかを歩みながら，各所で立ちどまって空間として立体的に意識しながら"ながめて"みることが大切である。はじめは図面を見ても立体的には見えてこない。しかし，ある部屋のある特定な場所に立ったことを想定し，そこから見える前や横の壁，窓のたちあがりを考えてみることである。前述した模写の写真の助けを借りて，その写真と図面と自分の空想を比較してみるとよい。

　この"図面読み"の学習は空間ボキャブラリーをいっそう増加してくれる重要な学習となるであろう。なぜならば，図面に添付された写真は設計された一部であり，図面を詳細に読むことによってこそ豊富な空間の構成が見えてくるからである。

　少し図面が読めるようになってきたら，次の実験（空想の実験）をしてみよう。それは，真夏の暑い日や，真冬の寒い日を想定して図面を読んでみることである。あるいは，4〜5歳の幼児か，身体の不自由な老人になったつもりで図面を読んでみることである。また，家のなかで掃除をしたり，布団を干したり，洗濯をする主婦の家事作業の立場から図面を読んでみることである。

このような"読み方"ができるようになってくると図面のなかに疑問や問題点が発見できてくるものである。例えば，洗濯場から物干し台まで大変距離があって不便でなかろうかとか，パジャマの寝起き姿で階段を降りてくると玄関でお客さんと出くわしてしまうのではないかとか，図面をさまざまな立場からていねいに読んでみると疑問や問題点が1つや2つは発見できるものである。

このような疑問が持てるようになってくることは，すでに立派に図面が読めるようになってきた証拠である。

設問1

新聞に折り込まれてくる建売住宅の図面を読んで，その問題点を5点ずつあげてみよう。

2　計画条件を整える

模写したり，多くの図面を読んで自分のなかに空間ボキャブラリーが増加してくると，自分はこんな住宅を設計してみたいというイメージが徐々にわいてくる。次に，設計にとりかかるわけであるが，そのためには前もって決定しておかなければならない条件がいくつかある。

❖　敷地・住宅規模の決定

設計する住宅の敷地と，その住宅の規模を前もって決定しておくことである。いかなる建築家でも，計画する建物の敷地を見ないで設計をはじめることはない。また，建物の計画規模の目安がなくて設計することはできない。敷地の諸条件（規模，形状，地盤，道路，日照，風向，景色，廃水，配管状況など）をよく把握して，そこに建つ，一定規模の住宅のイメージがはじめてわいてくるのである。

君たちも具体的な敷地を一カ所設定してみよう。そこに全員で行って実際，敷地の現場に立ってみて，計画する住宅のことをいろいろ考えてみよう。例えば，建物を敷地のどのへんに置き，庭をどのように確保するのか，門の位置，

第6章　住まいをつくる

玄関の位置はどのへんで，ガレージはどのあたりがよいのか。住宅の内部に関しても，日照条件から日あたりのよい場所に居間を考えるとか，台所へ朝日の入り具合を考える，といったように敷地利用計画，住宅内部計画のアウトラインを大まかに考えることである。これが計画へのイメージづくりということである。このイメージを一定に固めるためにも，敷地をじっくりとながめる必要がある。

● ── 建築の法令上の制限の確認

敷地を決定する際に重要なことは，その敷地にかかる建築上の制限を確認することである。この制限により建物の大きさ，建物の建てられる範囲，建物の高さなどの限度がわかるからである。具体的には建ぺい率，容積率，「高さ」制限，道路幅による斜線制限，隣地からの壁面後退幅の5種類であり，その敷地の住所により当該市役所（建築指導課）で詳しく教えてくれる。

敷地には建ぺい率，容積率の必ず両方の規制条件がつき，建ぺい率とは建物の敷地に接する面積制限，容積率とは建物の（一階，二階，三階…のすべての床面積の）合計面積に対する制限である。

隣地からの壁面後退幅とは，すべての敷地が敷地いっぱいに建物が建てられるわけではなく，敷地の境界から一定後退して建てなければならない幅のことである。住宅専用地区では，一般に1.0～1.5m敷地より内側の範囲内に建てなくてはいけない。

これらの法令上の条件により建築条件の範囲が決ってくる。この範囲以内で住宅の計画面積を決定しなくてはならない。ここで設計する住宅面積の上限（建

▶建ぺい率

　敷地に対する建物をたてる面積の割合をいう。都市によって，土地の用途区分があり建ぺい率が異なる。

　第一種住居専用地域，第二種住居専用地域，住居地域，準工業地域，工業地域，工業専用地域，近隣商業地域，商業地域，および用途指定のない地域などの用途の区分が都市ごとにある。

　たとえば，商店街などは商業地域であり，制限なしの場合が多く，繁華街などで敷地いっぱいに店舗をたてることが許される地域である。

　住宅面積の上限（例）

　敷地面積100坪（330㎡）で建ぺい率4/10ならば，敷地×4/10＝40坪の一階面積まで。容積率6/10ならば，敷地×6/10＝60坪の総床面積まで。

ぺい率，容積率の上限）が決定される。

● ——敷地の利用方法のイメージ化

　敷地条件と住宅規模が決定したら，ノートに1/200で正確に敷地の形状とまわりの道路を書いてみる。道路（幅員）も正確に記入したい。この図により，敷地の利用方法を検討することが次の作業である。すでに実際の敷地現場でそのアウトラインは考えてあるが，図面上で表現してみて，その利用方法の全容を確かめてみることである。

　図6-2は，東側と南側に道路がある例である。この図のように，門と玄関の位置がいろいろに考えられるということである。安易に南の門，南の玄関と決定しないことである。むしろ，南の門，玄関はよくない。それは，南面の最も条件のよい場所が制限を受け，閉鎖されることにより，内部の計画が規制されるからである。

　玄関と門，そしてそのアプローチは慎重に決定すべきである。ここに外来者の視線があり，内部の居間や食堂，寝室などの位置に規制を受けるからであり，さらに，この位置と動線は庭の外の利用（ガレージ，勝手口，サービスヤードや家族がながめる庭などの利用）と深く関係してくるからである。したがって図6-2のように幾とおりものアプローチを慎重に検討すべきである。

　ここで同時に，一階建（平家）にするか，二階建にするか，三階にするか，あるいは地下の計画を持つか，その階高の構想を固めておきたい。そして計画面積のなかで一階の面積，二階の面積など，階高ごとの面積配分の概略も決定しておきたい。図6-2の斜線部のように，一階の面積と敷地全体の面積との関係を知りたいからである。

　例えば，一階20坪の計画とした場合，20坪は単純に5間×4間である。1間は1.82mであるから，1/200では4.55cm×3.64cmの長方形である。

　この長方形を概略の一階の目安として

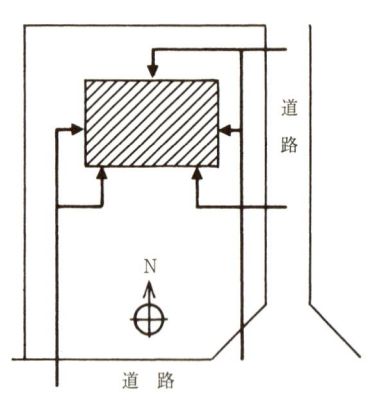

図6-2　いろいろなアプローチ。門と玄関の位置を考える。

第6章　住まいをつくる

1/200の敷地に書きこむ。1/200の敷地を5個準備して5種類の配置をつくり，それぞれの敷地利用計画をつくり相互に比較検討してみる。南庭を大きくとる場合，南庭と北庭とを半々にする場合，北庭を大きくする場合あるいは敷地によれば東（西）庭を極端に大きくとる計画もなりたつ。これらの場合でのさまざまな門，玄関の位置，そのほかの利用などを考えるのである。

このとき大切なことは，
① 敷地条件（特に道路，日照）を配慮すること。
② 住宅の内部計画も意識すること。
③ 暫定的な計画と考え，住宅の内部の計画の際に再度敷地利用も考えなおすこと。

である。

●──和風か洋風か

前述の敷地を見学に行く際に，まわりの住宅もよく観察してくるべきである。住宅の外観にもさまざまなものがある。一見して木造の和風住宅，あるいはコンクリートの洋風住宅と判断できるものから，これらの折衷様式の住宅までさまざまである。

外観のイメージを決定するものは，構造（木造，コンクリートなど），屋根の形，壁のつくり方の3点である。図6-3は屋根の形を図示したものである。このなかで「切妻」「寄棟」「入母屋」の3種類は最も一般的なものであり，それぞれの名称と形は覚えておきたい。しかし，実際の住宅の屋根の形は図のように

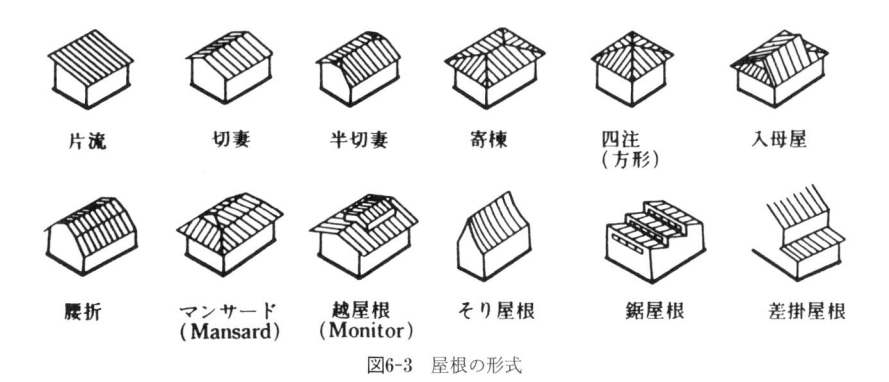

片流　切妻　半切妻　寄棟　四注（方形）　入母屋

腰折　マンサード(Mansard)　越屋根(Monitor)　そり屋根　鋸屋根　差掛屋根

図6-3　屋根の形式

単純ではなく，複雑に幾重にも重なっていたり，左右が対照的でなかったり，勾配の緩急があるものである。

一般に，建築家の建物は単純な形の大屋根を葺く場合が多い。このほうがすっきりとした，印象深いデザインとなるからである。しかし，屋根の形は二階の平面計画と深く関係する。つまり，二階の部屋の採光（日照）条件を考えて屋根の形を素直に決めていくことも大切である。

設問 2

建築家の設計例で屋根の形に特徴ある 2〜3 例をみつけて，次の点をチェックしてみよう。
① 屋根の形は図6-3のどれになるか。
② 屋根の材料はなにか。
③ 二階の部屋の配置，部屋の窓と屋根の形の関係はどうか。
④ 一階と二階に共通する柱（同じ位置にある柱）は何本あるか。これを「通し柱」と呼ぶ。一般に木造の場合，二階の四隅の柱は「通し柱」である。これは，一階，二階，屋根を支える大切な構造柱である。

次に，壁のデザインである。壁のデザインは多様であるが，大別して「真壁」「大壁」に分けられる。「真壁」とは，和風住宅に多い形で，壁面より少し柱面が出ていて，外から柱が見える壁である。これに対し「大壁」とは，洋風住宅に多い形であり，柱の上に壁材料が仕上げられていて柱の見えないのっぺりした壁をいう。

構造（木造かコンクリートか），屋根，壁のデザインの方針を概略決めておこう。これは，建築家の実例か写真により自分のイメージにあった外観を探し，これを参考にするとよい。ただしこの場合，木造のときは前述の「通し柱」の位置に，コンクリートの場合は柱の大きさと柱と柱の距離に注目しておくことである。

以上，敷地，住宅の規模，敷地の利用計画，住宅の階高，構造，屋根，壁のデザインの方針など，概略の計画方針が準備できた。しかし，これはあくまで概略の方針であり，これから内部の平面計画を進めてゆくなかで何度も再検討

第6章　住まいをつくる

することである。このように，概略の方針を建てて内部のプランに進み，また概略の計画を練り直す。このくり返しを頻繁におこなうことが"設計がよくなっていく"秘訣である。

> **コラム**　建築基準法の改正
>
> 　建築物は通常その中で，人々が執務をしたり余暇を楽しんだり，買物をしたり教育を受けたり，様々な活動をすることを前提に造られている。住宅の場合は，当然その中で家庭生活を営むことが前提として建設されている。したがって，建築物は自然災害や火災に対して，安全で安心できる性能を備えていることが何よりも重要な要件となっている。
>
> 　このような視点に立って，建物の敷地条件・建築物の構造や使用材・その用途に関して最低限度の基準を定め，国民の生命・健康及び財産を守るために定められているのが「建築基準法」(1950年制定)である。また「都市計画法」の用途地域制度と連動して，都市機能や地域環境の健全な維持を図るために，建築しようとする建物の規模・形・耐火性能なども規定している。特に，建物の外形部分については，都市計画法の用途地域の基準に従って，建物の用途・建蔽率・容積率を定めている。我が国では，極く小規模なものを除き建物の設計は建築士が担当し，この設計が建築基準法の定める基準に適合しているかどうかを，都道府県と特性行政庁の建築主事が判断することになっている。
>
> 　建築基準法は制定されて以来，都市環境や建設環境の変化に対応し，幾度か規制事項の改正が行われてきている。特に1997年の建築審議会の答申を受けて，翌1998年には大改正が行われている。すなわち，建設市場の規制緩和や民間活用の要請に対応して，自由度の高い新たな建築基準体系の構築や，建築行政の執行体制の確立を目指し，「市場原理と自己責任」型の建築基準法制への質的転換が行われた。改定の主な内容は，①「住宅に対する単体規定の緩和」，②「建築基準の性能規定の導入」，③「連担建築物設計制度」，④「確認・検査制度の民間開放」等であった。単体規定の緩和は，居室の日照規定の緩和などに見られるように，健康や安全を重視した従来の厳しい規制から，市場原理重視への転換が見られる。また，従来の仕様規定に替わる性能規定の導入では，伝統的軸組み工法や地域や住み手の特性を活かす建築業の立場を不安にしている。連担建築設計制度も，同一敷地内の施設建物の一体的規制によって，設計の自由度拡大や効率優先の土地利用を促進する環境が作り出されている。最後に，確認・検査制度の民間開放では，建築行政職員の不足をカバーする利点と同時に，検査経費の増大や公正な検査執行への不安を高めている。(岸本)

❖ 　生活条件の決定

　住宅を設計する場合には，どんな家族がどんな生活をするのか，この大前提がはっきりしていなくてはならない。

　●——家族構成と所用室

　建築家が設計する場合には施主（依頼主）の家族条件が決まっている。しかし，建築家は単に家族人数，性別や年齢を聞くだけではない。家族一人ひとりの特徴，生活時間，趣味あるいは健康の状態など詳しく聞くのである。また，その家族の団らんの様子や来客の種類にも注目する。つまり，その家族の日常生活のありとあらゆる状況を把握しようと努めるのである。そして，さらにその家族の将来の生活像までも関心を持つのである。

　このように，冷静に客観的に家族の生活像を把握すること，そして個別的，具体的であると同時に，全体を構造的にとらえる生活像の把握こそ，これからの設計において豊かな個性ある住空間の設計がイメージできていく源泉となるのである。

　建築家がときに奇抜なデザインの住宅を発表することがある。これは，先の敷地などの条件と，この家族像の条件が一体となり，建築家のイメージがまとめられる結果であることが多いのである。もちろん“奇抜なデザイン”がよいわけではない，むしろ，落ち着いて統一されたデザイン感覚のなかに個性ある住空間が構成されているデザインを追求すべきである。

　空間をオリジナルに創造することは大変なことではある。しかし，個性豊かな生活像を無視して，画一的で既成の住空間に家族の生活を押し込めてしまうのでは設計とならない。個性豊かな生活像の各局面をしっかり把握して，これが素直に保証される空間を考えていくことである。このことが，“空間をオリジナルに創造する道”へとつながってゆくのである。

　設計する家族をよく知っている自分の現在の家族か，自分の15年後の“結婚してからの想定家族”にするとよい。ただし，15年後の生活像とする場合には，夫の趣味から子供の特徴まで，かなり具体的に生活像を想定する必要がある。

　この家族像という前提条件に沿って，空間の条件が設定されてくる。例えば，自動車や自転車の数と車庫，庭での家族の生活と庭の設計，お客の種類と玄関，

第6章 住まいをつくる

表6-1 家族条件と所用室

家族住宅条件

家 族 構 成	夫婦・子供2人（小学生男子・中学生男子）
住 宅 条 件	敷地240m²，住宅規模120m²，建ぺい率40%，容積率60%

各室の希望条件

室　名			希　　　　望
夫婦寝室	和室	6畳	一階に欲しい。庭とのつながりをもたせたい。日当りをよくしたい。
居　　間	洋室		できるだけ広くとりたい。日当りが良く明るく。食事室とは別にする。ピアノを置くコーナーが欲しい。
食事室	洋室		明るく。台所とは別にする。出窓が欲しい。
家事室			アイロンかけ裁縫のため，コーナーでよいから設ける。
台　　所			明るく。独立型。大型冷蔵庫使用。勝手口を設ける。
風　　呂			鋳鉄ホーロー浴槽。風呂釜。シャワー。坪庭をながめる。
洗面所			洗面化粧台，洗濯機，洗濯流し。朝日が入るように。
便　　所			洋便器。一，二階各一ヵ所。暖房便座。
玄　　関			クローク。物入れ。靴入れ。
子供室	洋室		現在は大きく一部屋。将来二部屋に区切る。日当り良く。
予備室	和室	6畳	来客の宿泊のため。
車　　庫			普通乗用車一台。収納庫も兼ねる。

居間での団らんの姿と家具配置などと家族像が具体的であればあるほど，その空間のイメージはふくらんでいくのである。

　表6-1は，夫婦と子供二人（小学生男子，中学生男子）の家族の所用室とその希望条件を示したものである。

　表6-1にならって設計する住宅の家族構成と所用室，その希望条件をまとめてみよう。ただし，この場合忘れてならないことは，1の「いろいろな住空間を知る」で学んだ豊富な住空間のボキャブラリー，ぜひ自分の設計で採用したかった住空間のボキャブラリーを部屋ごとに記入しておくことである。よくあることであるが，せっかく豊富な住空間のボキャブラリーを収集しておきながら，実際の設計になると，それらをまったく忘れてしまい，無味乾燥な設計をしてしまうことである。

●──デザイン・ポリシー（Desing Policy）

　デザイン・ポリシーとは住宅全体のデザインの「方針」を指す言葉である。つまり，住宅を設計する場合には"明るい住宅にしたい"とか，"モダンな感じ"にしたいといった全体に対する要求，イメージがある。これが，デザイン・ポリシーと呼ばれるものである。例えば，次のようなものがある。

　重厚で，どっしりした住宅／住宅全体が明るく，すべての部屋に日が入る住宅／すべての中心が居間にある住宅／大小さまざまな空間の変化がある住宅／和風を基調とした住宅／洋風を基調とした住宅／庭と屋内がうまく結合した住宅／個人のプライバシーを第一とした住宅／将来の変化に対応できる住宅／のびのびとゆとりがある住宅／海のながめを第一とした住宅／白いコンパクトな感じの住宅／など

　建築家が施主（依頼主）と対応するときに，前述のようにその家族の生活を克明に把握することは重要であるが，その過程で最も重視するのはこのデザイン・ポリシーの決定である。つまり，その家族は全体としてどのような生活像，生活感を持っているのか，そして，その全体像は住宅のデザインとしてどのような「方針」でまとめられるのか，ということである。

　しかし，住宅を設計依頼する家族は現時点では不満ある住宅に暮らしていることが多い。不満ある住宅であるから，住生活にも"ひずみ"が出てきている。この"ひずみ"が家族の人間関係に及んできている場合も，あるのである。この"ひずみ"を施主家族が正確に把握し，新しい住宅への要求となっている場合はよい。しかし，多くの場合はこの問題を正確に把握できず，将来の住宅での家族像，あるいは新しい生活像としての課題として意識されていない場合がある。

　建築家はこのような場合，その事態の深い把握まで必要となり，その家族が潜在的に要求している「新しい家族像（家族関係）」がスムースに展開できる，そのような生活を促すことのできる空間を提案しなければならない。これが，デザイン・ポリシーの把握・決定ということである。

　設計する住宅に住む家族に対し，全体としてどのようなデザイン・ポリシーを持った住宅を提供しようとしているのか，このことをじっくり考えてみよう。

第 6 章　住まいをつくる

それは，先に示したようなコピー的な短い文章でなくてもよい。400字詰の原稿用紙1枚程度にデザイン・ポリシーとして，望ましい家族像，空間像を文章でまとめてみることを勧めたい。別に，この文章を「設計趣旨」と呼ぶことがある。

● ── 設計ノート

B4判ぐらいのセクションブック（1cmグリッドが薄く書かれたもの）を用意する。これに，これまで学習してきた"住空間の模写（コピー）""空間ボキャブラリー""図面読みのための建築家の図面""建売住宅の批判""敷地図面""建ぺい率，容積率""概略の敷地利用図1/200""構造，階高""屋根型のスケッチ""屋根型の特徴ある建築家の図面""壁のデザインの実例""家族条件と所用室""デザイン・ポリシー（文章）"等々のものがセクションブックの1ページから記入されていたり，ていねいに張りつけられているとよい。

このセクションブック一冊が，これから設計する住宅のエスキースノート（下書きノート）になるのである。そして，これまでに学習してきたこと，決定してきたことはすべて，これからの設計の場合に重要な問題ばかりである。これまでのことを見直しながら設計を進めてゆくためにも，一冊のセクションブックにすべて記録しておくとよい。

3　設計をはじめよう

❖　部屋の位置

家族構成に応じた必要な所用室はすでに決定してある。まず，それらの部屋の位置関係を決定しておきたい。部屋の位置関係とは次の2点のことである。第一に，各室で東西南北，方位的にどの位置が望ましいかということと，第二

▶エスキース

"esquisse"（仏語）とは，下図，スケッチ，下書きといった意味。

設計の過程での下図はすべてエスキースとよばれる。高名な建築家でもエスキースは熱心にやり，住宅を一軒，設計するのに100枚以上のエスキースを何度も繰り返すのは普通である。このエスキースを何度も繰り返し，自分で自分の作品の問題点を発見して，再びエスキースに向かっていく，これが設計の基本である。

に，どの部屋とどの部屋の関係（結びつき）が深く，隣りあわせに配置しなければならないかということである。

図6-4は，表6-1の部屋の位置関係を図示したものである。このような表現で，これまで調べた建築家の図面（2〜3枚）の部屋の位置関係を書いてみよう。この場合，○で囲った部分は，相互に部屋の関係が深い部屋をグルーピングしたものである。

建築家の例から次のことを学ぶはずである。

① 玄関は，必ずしも南側ではなく，北側，西側も多い。むしろ道路からの素直なアプローチを重視している。
② 居間，食堂は南面の日照を重視している。これに台所が接続していること，台所は北側であっても東側（朝日）からの日照のための開口部（窓）があり，通風も留意されている。まれに西側にあっても，西日を隔てた壁が

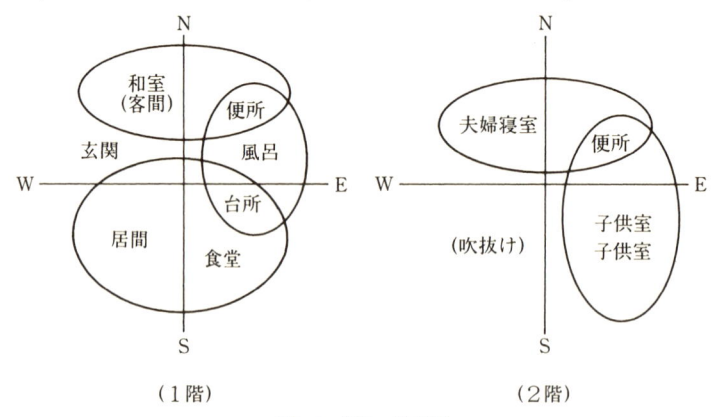

図6-4 部屋の位置図

> **コラム** セクションブックの書き方
>
> セクションブックに書く場合，1マス（1cm）を91cmと換算して書くとよい。91cmとは三尺のことである。三尺とは一間（六尺）の半分である。三尺×六尺が畳の大きさであり，日本住宅の間取りの基本の大きさである。この大きさを基準に，6畳間とか4.5畳の広さが決ってくるのである。したがって，2マスが1畳，二マス四方（4マス）が1坪，9マス（3マス四方）が4.5畳，12マス（4×3マス）が6畳とマスを単位として換算すると簡単である。（渡辺）

あること。
③　台所と風呂・便所・洗面所は壁を隔てても，近接している場合が多い。これはウォーターセクションと呼び，水関係の集中，ガス，電気の設備が集中し，配管を合理的にするためである。また，この付近は主婦の家事作業も集中する場所でもある。
④　風呂・便所と寝室との関係は深い。寝室は南面が多いが，敷地の制約上，東面，北面採光の場合もある。
⑤　階段は，「居間からのぼる型」「廊下からのぼる型」「玄関ホールからのぼる型」など各種ある。階段は，一般に二階寝室と一階とを結ぶものである。寝室と一階風呂・便所の関係を重視した位置とすべきである。階段の位置を吹き抜けとする場合も多い。
⑥　客と家族の動線は分離するよう配慮されている。

以上の学習をふまえて，設計の第一歩として自分の設計する住宅の一階，二階…の部屋の位置図を図6-4にならって作成する。そのために，以前に決定した階高に応じて一階，二階…ごとの所用室を決めておかなくてはいけない。

一般に，一階は玄関，居間，台所…，二階は寝室というパターンが多い。しかし，この逆に外階段で二階にのぼり，二階から入り，ここに玄関，居間，台所が，一階が寝室という形もある。また，風呂が二階，寝室と同じ階にある場合もある。三階以上の場合は，もっと多様な組み合わせがあり，あまり従来の固定概念にとらわれないほうがよい。

以上の決定は，設計のアウトラインを決定したことに等しく重要な決定といえよう。

コラム　「部屋の位置図」を書くにあたっての注意点

「部屋の位置図」を書く場合に，何案か複数検討してみることである。そして，大切なことは，一案を何度もケシゴムで修正しないことである。二案目を別の新しい場所に書き，三案，四案と比較しながら考えていくことである。このことは，これからの図面のエスキース（下書き）の場合でも同じである。一般に，設計が上手にならない人ほど一案にこだわり，これを何度もケシゴムで消すのである。また，鉛筆はやわらかいものを使用するようにしよう。（渡辺）

❖ 家屋の概略の形

　住宅の総面積，および一階，二階など階ごとの概略の面積配分，それと前述の部屋の「位置図」が決定したら，いよいよ設計にとりかかる。

　ただし，この場合，一階面積は必ずしも二階面積より大きくなくてもよい。二階のほうが広い場合もあり，ピロティ（柱部分）や外屋（軒下部分）の上に二階がくる場合である。

　まず，設計は一階部分からとりかかる。ここで建物の「間口（まぐち）」と「奥行（おくゆき）」ということを覚えておきたい。「間口」とは建物の横の"幅"であり，「奥行」とは建物の縦の"深さ"である。間口は一般に南面に面した東西の幅をいい，住宅は南面が条件がよいために可能なかぎり南面「間口」を大きくとりたい。

　計画する敷地では，この南面の最大の「間口」がどれくらいとれるのか見当をつけておくことである（図6-5参照）。

　図6-5の敷地の内側の枠は，"隣地境界線から外壁等のセットバック"の線である。つまり，建物が建てられる範囲である（一般に，第一種住居専用地域では1mないし1.5mのセットバックが義務づけられている）。このことを確かめてセクションブックに図6-5のように書いてみよう。

　図6-5のようなものが書けたら，"建物が建られる範囲以内"で最大「間口」が何マスになるか確かめる。敷地の形状により，マス単位に満たない端数が出るが，これは切り捨て有効最大で何マスかを確かめる。この最大「間口」に対し「奥行」が何マスになるか，一階の計画面積より求める。

　ここで求められた概略の矩形が，最大「間口」の場合の平面の外形である。同じように二階も，計画面積にもとづき最大「間口」の場合の矩形を求めておく。ここで求められた一階と二階の最大「間口」の場合の矩形をセクションブックに記入しておく。そ

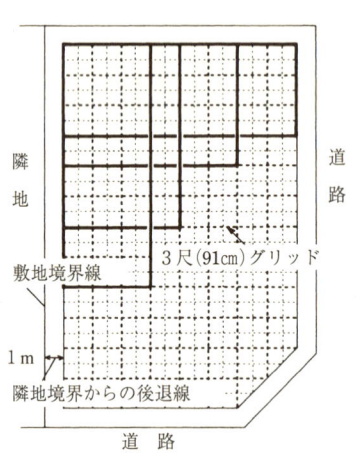

図6-5　一階平面のいろいろ。一階平面の概略の形状を考える（3尺グリッドのなかで24坪の一階を考える場合）。

第6章　住まいをつくる

して一階，二階のマス数がいくつになるのかも確かめておくとよい。今後，この矩形を計画にあわせて変型していくのであり，そのたびにマス数を確かめるからである。

　次に，一階の概略の形を検討する。真四角にするか，長方形にするか，L字型にするか，その概略の形を考えるのである。敷地の形状をにらみ，その利用計画（車庫の位置や，庭，門，玄関の位置など）と，屋内の利用（居間や台所の位置）と日照条件や屋根の形などを相互に考えながら決めてゆくのである。

　この各種の条件を相互に考えながら形を決めていくところに設計の難しさと，面白さがあるのである。しかし，はじめは極単純に真四角か，長方形か，L字型を敷地の中にいくつか書いてみることである。この場合でも，最大「間口」で求めたマス数は正確に同一にしておかなければならない。

　いくつかエスキースしてみて，一応暫定的に一階の概略の形を決めよう。これはあくまで暫定的であり，将来，内部の計画により大いに変わるからである。

❖　内部の計画をはじめる

　最大「間口」の場合の一階概略の形が決ったら，この内部の計画をはじめる。この概略の形の上に，先の部屋の「位置図」の位置で部屋名を入れてみる。この位置に従って部分的に一部屋ずつ決めてゆくわけである。

　ここで別に一つの資料をつくっておきたい。それは，これまで見てきた参考としたい建築家の図面を一部コピーして，それに赤鉛筆で三尺グリッドを書き込むのである。三尺グリッドとは三尺（91cm）の縦横の線であり，建築家の図面のなかで畳の幅（短辺）が目安である。この幅で図面いっぱいに縦横の赤い線をひくと，ほとんどの壁はこの赤い線にのるはずである。つまり，建築家の計画はほとんど正確に三尺グリッドにのっているということである。

　この三尺グリッド図面を2〜3枚作成して，それらを比較してみると，居間の大きさ，台所の大きさ，風呂，便所の大きさ，和室の収納（押入）の大きさなど，概略の大きさがわかってくる。

　ただし，建築家の計画をすべて真似することは，自分の計画でなくなってしまい，つまらない。建築家の居間よりも自分は少し広くしようとか，台所は狭

くしようとか，自分の考えで加減してよい。しかし，風呂，便所の部分とか，玄関の部分とか，デザイン・ボキャブラリーのときから参考としたかった部分はそっくり真似してもよい。ここで三尺グリッド図面を作成し，これを参考にしたことは，あくまで部屋単位の大きさの感覚を把握するためである。

単線で概略の大きさを書き込みながら部屋の「位置図」に従い，部屋相互の関係，大きさの調整をおこなう。

❖　エスキースの開始

ここまでではじめてできた平面を第一案としよう。しかし，この第一案は，まだまだ不満足のはずである。例えば，台所が小さすぎたり，和室が広くとれなかったり，居間がゆがんでしまったり等々，当初，頭に描いていた計画と実際，図面にまとめてみたものとでは食い違いが出てくる。

この自分の図面に対する「不満足」であるとか，当初の考えとの「食い違い」があるといった認識をすることが重要である。これは，自分が計画したものを自分で批判することであり，ある意味では大変に困難な認識を自らに課すことでもある。しかし，これが設計というものであり，この認識をくり返していくことだけがよい設計のできる道なのである。「不満足」や「食い違い」の認識をもとに，新しいページで第二案にとりかかろう。

第二案，第三案…と数多くのエスキース（下書き）をくり返していけばいくほど，よい設計になるのである。この作業をエスキースと呼ぶのである。このエスキースの各段階で，前の案を自ら批判して次の案に移っていくのである。以下に，そのエスキースにおけるいくつかの観点を指摘しておく。

●──エスキースの第一の観点

これまで図面を平面的にながめてきたが，少し立体的に考えてみる。一階と二階（あるいは三階），これと屋根が縦に重なって住宅ができる。一階と二階の平面，さらに以前に概略の形を心に決めていた屋根，これらが重なって空間ができるか，縦の調整をしておきたい。それには断面図というものを作成する必要がある。

図6-6は断面図の簡単な例である。これらの図は「間口」の側か，「奥行」の

側か定かではない。しかし，君たちの屋根はフラットルーフ（平たい屋根）でないかぎり，「間口」か「奥行」のどちらかに屋根の傾斜が現われ，図6-6は参考となるはずである。自分の計画する屋根の傾斜を持つ側面について，図6-6のような断面図を作成してみよう。

① 第一案の屋根の傾斜が現われる側面（「間口」か「奥行」）の幅を基準としてセクションブックに1マス91cm単位でとり，これに高さ（例えば3マス273cm）を決め，これを一階断面とする。

② この一階に，同じ高さで二階をのせる。二階の幅が一階と同じでない場合は，一階の中心にあわせるか，左右どちらかにずらせるかで，屋根の形および外観が大いに異なってくる。また，第一案で決めた階段の位置に一階，二階をあわせると，その位置は固定的になるが，この時点で階段の位置を再検討してもよい。

③ これに屋根をかける。屋根の勾配は緩勾配（25/100，30/100）から一般勾配（45/100，50/100）および急勾配（70/100，100/100）まで各種あり，自由である。いくつかの勾配を試みてみて，軒（深さ91cmぐらい）を張り出して書く。

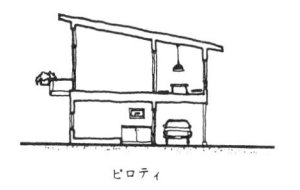

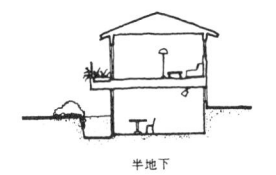

図6-6　断面からみた住宅

この作図をいくつか試みてみて，一階，二階の位置，屋根の形を一応決める。この場合，屋根の形から一階および二階の幅に変更が生じることがある。あるいは，一階，二階，屋根の関係から階段の位置を再検討しなければならないことも起こる。これらに応じて平面計画を再検討するのである。

再び，一階平面の坪数（コマ数）を数え直し，その形状を整える。階段の位置を考えながら，二階の平面も整え直す。このようにして，第一案と同じ考え方

で平面を再考していくのである。ただし，この時点で留意しておきたいことは，一階，二階の「通し柱」のことである。二階の四隅の柱を中心に，何本かの「通し柱」が欲しい。これが，一階，二階，屋根を支える構造的な柱であることはすでに勉強した。平面の「通し柱」の位置には，●の印をしておくとよい。また，二間（2マス）おきに平面にも●の印をしてみるのもよい。一般の木造の場合，二間間隔以内に柱が必要であり，このマークを意識しながら平面計画を再検討してみることが必要だからである。

　すなわち，ここでのエスキースは一階，二階の位置，階段，通し柱，屋根といった住宅の骨格的な構造の確認である。このことを一度チェックし，今後からはこの構造を頭に入れて平面を検討していくことである。もちろん，この構造も固定的なものではない。今後，一階，二階の関係や屋根の形が変更されることもありうる。しかし，ここでは第一案でほとんど意識されなかったことが検討され，決定されたのである。再びこれをもとに第一案の行程と同様にして，第二案を作成してみよう。

●──エスキースの第二の観点

　完成した第二案に対し，次のチェックポイントを示そう。それは第一に，第二案が廊下が長くて複雑すぎないかということである。下手な設計ほど廊下が長いものである。

　例えば，L（リビング）D（ダイニング）K（キッチン）はすべてあわせてLDKのワンルームでもよい。また，これらの部屋は家族の誰もが使う部屋なのであるから，一つひとつの部屋にドアをつけて廊下から入る必要はなく，“通路を兼ねた部屋"でもよいわけである。また，子供室に入る通路も最小限に節約し，むしろ各室の内部面積を広くしたほうがよい。

　一般に，通路は短いほうがよい。単純にいえば，客の動線と家族の動線が混乱しないこと，便所・浴室などの出入りのプライバシーさえ確保されていれば，あとはオープンスペースに計画してもかまわない。すべての部屋を廊下で区分して独立させたような計画では，必ず廊下が長くなってしまい，面積が不足してくる。しかし，一概に廊下は短いだけがよいとは限らない。廊下が多目的な目的を持っていたり，廊下が空間の広がりや，空間相互の結合を促している積

第6章　住まいをつくる

> **コラム**　パッシブシステムとアクティブシステム

　建築や住宅の室内環境に関して「パッシブシステム」「アクティブシステム」ということがいわれだしている。私たちはなにげなく電気やガスを使って生活しているが，電気・ガスなどの基は資源に限りある石油エネルギーである。快適さを安易に求めてエネルギーの大量消費を招き，地球の温暖化など環境負荷を増大させてきた。このような反省から「パッシブシステム」「アクティブシステム」が考えられはじめた。

　「パッシブシステム」とは，建物の形状などを工夫して太陽の光や熱，あるいは自然の風・雨，あるいは地下冷気などをもっと建物に取り入れようとする考え方である。「パッシブ」の語源は「受動的」であるが自然のクリーンエネルギーをもっと直接に建物に受け入れようというものである。これに対して「アクティブ」とは「能動的」で，建物に装置を備えて自然エネルギーを蓄え，効率よく取り入れることである。つまり夏期の熱をある種の装置で蓄えて冬に使う，あるいは昼の光を夜間に使う。地階に雨水を保管し散水・緑化・トイレの水として利用する，地下冷気などを空調に利用するなどと新しい装置により効率よく自然エネルギーを確保する考え方である。

　実は「パッシブシステム」の考え方は昔からの日本の民家にもあった。屋敷林や庭池で風雨や冷気・熱気などを和らげる，深い軒や庇などで光をさえぎり涼風を呼び込む方法である。雨戸や障子などの建具を頻繁に開け閉めして風雨や寒暑を調節してきた。昔の町屋などは通り土間への水を打ち，ヨシズ・簾などで夏の暑さをしのいできた。特に暗い町屋の天窓からさす太陽光などはもっとも効率のよいパッシブソーラーシステムである。

　次ページの図は（住宅ではないが）2つの新しい「システム」を積極的に考えて未来の環境を提案した山梨県環境科学研究所である。あらゆる個所に太陽熱・光を直接利用（ダイレクトゲイン）させている。窓は自然採光の効率を上げるために複層ガラスが採用され，南傾斜の屋根面には軒先から太陽熱を集めるシステム，地下にはクール/ヒートトンネルを設け冬の冷気と夏の熱気を熱交換させて一年の室温を一定にさせている。年間を通じて温度が10℃と安定している地下水を使いヒートポンプ方式と呼ばれる自家発電も行っている。これらの工夫により大幅にCO_2の排出量は削減され，冷暖房に使われる石油エネルギーも半減された。

　しかしこれらの技術開発にゆだねているだけでは，21世紀の「生活」は変わってゆかない。クリーンエネルギーの利用と合わせて私たちの生活様式も変えてゆかなければならないだろう。それにはもっと四季の変化を味わい，その良さを享受できる感性「豊かさ」を生活を取り戻してゆかなければならない。前述したよ

うに，日本家屋には「建具」が多く，種類も豊富である。特に障子・襖・サッシにみられる"引き戸（引き違い戸）"は日本家屋にしかない独特な建具である。これらを春夏秋冬・朝昼晩と季節におうじて開閉し，風雨・寒暑を制御し，室内環境を調節してきた。この古くからのパッシブシステムの知恵のもとは日本の気候・風土の複雑さある。北緯26度から45度にわたる国土をもち，総じて温暖気候にありながら南方の亜熱帯から北欧・カナダに匹敵する寒冷地気候もある。気温分布だけではなく日射量にも地域差があり，太平洋沿岸地域は世界有数の冬の日照に恵まれた地域である。これらを背景に春夏秋冬の季節が鮮明であり，それぞれの気候の変化を味わえるのも世界に類がない特徴である。

新しい「パッシブシステム」「アクティブシステム」の採用だけではなく，近い将来には「燃料電池」（水の電気分解とは逆の反応を利用し，無限にある水素と酸素を反応させて起こす電力）により各家庭で自家発電が可能になるという。この燃料電池の採用により住宅内部の電化機器の形状は大きく変化するだろうし，台所・風呂・便所などの装置・設備も変化し，おそらく住空間は大きく変化するだろう。21世紀は住空間の形態から私たちの生活まで大きく変化してゆくだろう。これらの科学的・技術的な「進化」に合わせて，私たちの生活様式そのものも新しく豊かに「進化」させてゆかなければならないだろう。（渡辺）

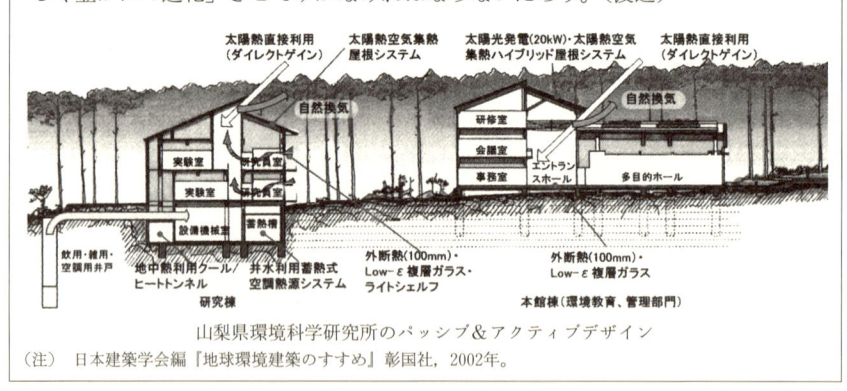

山梨県環境科学研究所のパッシブ＆アクティブデザイン
（注）日本建築学会編『地球環境建築のすすめ』彰国社，2002年。

極的な意味を持っている場合もあるのである。

第二のチェックポイントは，平面全体が凹凸が多すぎないかということである。前節で，南面の最大間口の"四角"を目安として設計をはじめた。しかし，途中で台所や風呂・便所が納まらなくなり，自然と"四角"を出張らしたり，面積が多くなり"四角"を削ったりしているうちに，結果的に凹凸の多い平面になってしまうのである。

再び，建築家の図面に注目してみよう。それらは極力，矩形の単純な形態を目指していることに気づくであろう。そのほうが構造的に安定し，柱も少なく壁も単純であり，経済的でもあるからである。また，屋根も葺きやすくて全体的に明快なデザインとなるからである。

　ただし，建築家の場合でも積極的に凹凸をつくる場合もある。それは，玄関とか，勝手口とか，ベランダといったところにあり，その凹凸が内部空間（室内）と外部空間（庭）との関係で必然的に凹凸が必要な箇所であることと，さらにその凹凸が外から見た外形の屋根とのデザインの関係で計算されている場合である。けっして無意味な凹凸はつくらないはずであるので，このことを注意しておきたい。

　第三に，再度ここで一階，二階および屋根の形と通し柱の位置を確認することである。このへんの検討は，先に学んだ二間間隔の●印をつけ直してみて，明快に構造が決っているかどうかをチェックしてみることである。

　以上，"無駄な廊下""無駄な凹凸"がないかどうか検討してみて，再度平面計画をやりなおすことである（第三案）。

●──エスキースの第三の観点

　エスキースの第三の観点は，「壁」に注目することである。第三案は２Ｂぐらいの鉛筆で書かれていると思うが，これにサインペンで太く「壁」の部分を書き入れてみよう。

　第一に，壁の部分と開口部の部分を明確にすることである。そして，開口部のなかでも窓，フスマ，障子と各種の開口部があり，同じ窓でもさまざまな窓があること，これらの決定をしていくことである。障子にも紙の明障子や，ガラス障子があり，さらに1.5間の開口部を３本（３本引き）で引いたり４本（４本引き）にする場合もある。

　出窓の大きさやドアの開き方も決めておく必要がある。一枚のドアの開き方にも４種類（左，右，外，内）の方法があり，目線や使い勝手を十分に検討して決定することである。

　第二に，壁が決定したら各室の日照，通風の条件を検討してみることである。例えば，次のような場所はないか，外気と面していない部屋，昼間でも電気を

つけなければならない場所はないか，冬に極端に寒くなりそうな部屋，夏に西日を受けて暑くなりそうな部屋はないか，チェックしてみることである。

　第三に，各室に必要な家具を配してみることである。建築家の図面には必ず，居間のソファーや，食堂のテーブル，玄関の下駄箱などの家具が書き込んである。実際の生活が展開されることを想定して家具を置いてみることである。注意することは，適切な家具の大きさで記入することである。大きさが不明の場合は，自分の家の家具を実測してみるとよい。また，実際の生活では，家具は予想以上に多くなるものである，自分の家の家具のメニューも記録してみて計画図面のなかに配置してみることである。

　家具を置いてみると計画した部屋が狭すぎることに気づいたり，家具を置く「壁」が少ないことに気づくはずである。例えば，寝室でも意外と必要家具は多いものである。ベッド，タンス，鏡台，机などが適切に配置され，それらの使用のための空間の余裕がなくてはならない。

　家具を配置してみて，壁の量や部屋の広さを再検討してみることである。このことに関連して，収納空間の計画（押入や納戸）と作りつけ家具計画（各種の棚，机）も検討しておくとよい。

　第四に，計画したものをパースペクティブ（パース，立体図）にスケッチし直してみて，「壁」の状態を検討してみることである。

　図6-7は，パースの簡単な描き方を示したものである。自分の設計した図面をこの書き方にならって，“パース”にしてみることである。このように，立体的に図示してみると自分でも思いもかけなかった問題が見つかったり，自分の計画しようとしている“空間”が再認識されるものである。

　以上，「壁」を中心に通風，日照，家具の配置，パースなどのエスキースのポイントを示してきた。いずれも重要なことであり，これらの検討により自分の計画図面に多くの問題を発見できるようになってきた。この問題点の解決を目指して，第四案を作成してみることである。

● ──エスキースの第四の観点

　第四案が作成できる頃には，セクションブックは何頁も使っていることであろう。一案が完成する途中で，多くの複次的な，あるいは未完成の部分図（これ

第6章 住まいをつくる

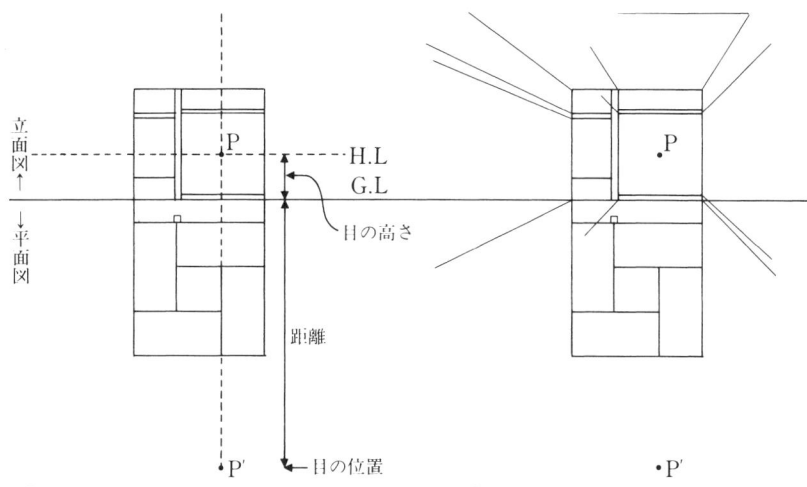

① i) G.Lを中心に室内の立面図、平面図を書く。
　 ii) 目の位置(高さ・距離)を決める。P・P′

② i) Pを中心に立面図に放射線を引く。
　　 (仮線：細く引く)

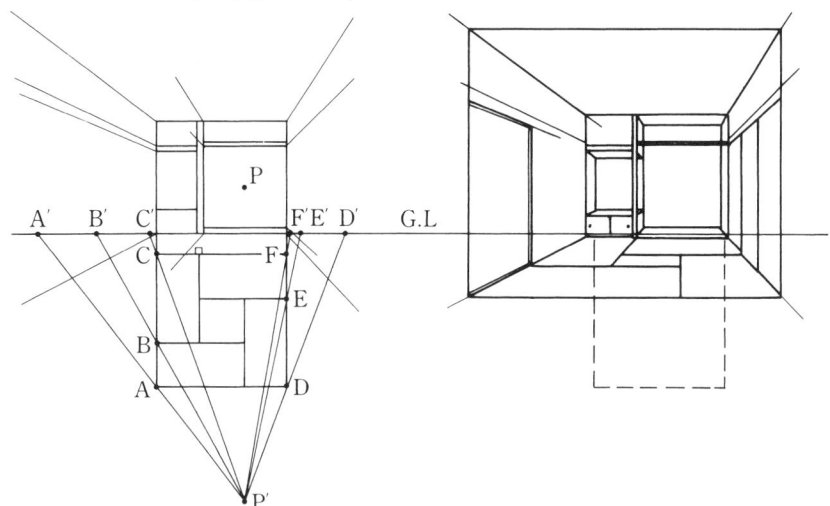

③ i) P′より平面の主要な点 (A, B, C, D, E, F) を結ぶ。
　 ii) P′A, P′B, P′C, P′D, P′E, P′Fの延張線とG.Lの交点をA′, B′, C′, D′, E′, F′とする。

④ i) A′, B′, C′, D′, E′, F′に垂線 (G.Lに直角な線) を引く。
　 ii) 必要な線を太くする。
　 iii) 不要な線を消す。

図6-7　室内パースの書き方

らをケシゴムで消さないよう注意したはずであるが）を含め，何枚ものエスキースが書き重ねられたことと思う。

　試みに，第一案をながめてみよう。それは，自分でも恥ずかしいほどにまとまりがなく，稚拙な案であることに気づくであろう。このことが認識できれば，それは確実に設計の能力が向上してきている証明でもある。

　しかし，ここで満足しないで，次の3点のチェックをしてみよう。

　第一に，デザイン・ボキャブラリーの再点検である。以前に学習した建築家の参考としたい空間，ぜひ自分の設計で実現したかった空間などが実現できているかどうかという点である。

　第二に，自分のデザイン・ポリシーを再び読み返してみることである。そのポリシーを再確認してみて，それが図面上で実現できているかということである。

　第三に，自分の設計図を春夏秋冬を想定してじっくりと"読んでみる"ことである。一部屋ごとに冷静に使う人の立場に立って"読んでみる"ことである。狭すぎないか，暗すぎないか，あるいは何の用途もない無駄な箇所がないかを点検し直してみることである。

　一般に未熟な設計は，これまでのエスキースで一応の住宅の計画にはなってきているものであるが，なぜか魅力のない住空間であったり，全体的に主張（特徴）のない住空間であったり，部分的に無理，無駄の目立つ計画が多いものである。これらは，第一案，第二案，第三案と進むにつれて，一案ごとのまとめに熱中し，当初のスペース・ボキャブラリーをすっかり忘れた計画になっていたり，デザイン・ポリシーを忘れてしまったり，さまざまな局面で冷静に客観的に図面を"読み返す"ことを怠ってきた結果が現われてきたのである。

　以上の基本的なチェックを試みてみて，第五案を作成してみよう。

●──エスキースの第五の観点

　再び敷地利用計画に戻り，この面から住宅計画を再検討したり，ある場合には敷地利用計画を変更してみたりすることである。第五案を敷地の正確な位置に置いてみる。この結果，当初，予定した門，玄関とそれへのアプローチ通路，勝手口，サービスヤード，ガレージ，南庭，北庭，坪庭などが十分に確保でき

るかどうかを検討する。この場合に，芝生，敷石，レンガ，コンクリート目地，樹木，池，塀などの表現は建築家の図面の表現を参考にしてていねいに書き込んでおくべきであり，階段，ガレージなどのスケールも正確に決定し，書き込んでおいたほうがよい。

　これまでのエスキースの各段階でも同じであったが，ここで例えばガレージが十分にとれなくて，住宅の位置や住宅の平面に変更が必要になったとしよう。この平面の変更はすみやかにしなければならないのと同時に，一部の変更ではなく住宅平面全体に及ぶということである。つまり，平面の一部を削ってガレージのスペースが確保されても，住宅内部の空間にゆがみができてしまうことである。このゆがみを修正し，解決していくためには，結局ほかの空間全体のあり方に関係し，これらを再検討しなければならない。

　このことは非常に重要なことである。実は，"エスキースの精神"はここにあるのである。一部の変更が全体の変更に及ぶことを十分に納得してほしい。一部の変更が部分的に簡単にできれば，それに越したことはないのであるが，もしその変更で他にしわ寄せが発生しないとしたら，その計画はずいぶん"全体的に甘い計画"といえるであろう。つまり，計画する空間のすみずみまで緊張した無駄のない計画になりきっていないということである。

　計画の住宅は，一定の規模の限度があり，空間にそれほどの余裕はないはずである。この限定された規模のなかにできるかぎり豊かな空間を構成しようとしているのである。その一部分一部分は，最少限に切り詰められるものは切り詰め，最大限に広く豊かにとりいれたいものは広げきって計画してきたはずである。

　これを"緊張した計画"と呼ぶのである。すぐれた計画ほど，全体の空間が見事に緊張しているものであり，それは当然一部に変更が必要となれば全体の変更が余儀なくされるのである。

　また，例えばガレージだけのために，これまでのせっかくの計画を全部やり直すことは精神的に苦痛をともなうものである。しかし，設計が上手になるということは，この苦痛を乗り越えていくことである。いかに優秀な建築家でも5〜6枚のエスキースで住宅ができることはない。想像以上のエスキースを重

ねて，はじめて自分に納得のいく空間が完成されるのである。第六案の作成。

❖ エスキースをくり返す

　以上，5点にわたってエスキースの観点を指摘してきた。しかし実際は，建築家は必ずしもこの順序に従ってやっているわけではない。エスキースの観点は常に相前後するし，むしろいつでもすべての観点が総合的に頭にあって，自在に行きつ戻りつしているのである。

　エスキースのことで当初，指摘した「自分で自分の設計したものに問題を見つける」，そして常に緊張した空間を構成し，「一部の変更が全体の変更になる」という立場でエスキースをくり返すことである。

　また，ここに指摘したエスキースの観点は，そのほんの一部であるともいえるのである。その住宅に家族が一生涯を暮らすのである。数人の家族の朝昼晩そして春夏秋冬，さらに何十年もの生活を想定しなければならない。

　住宅という空間で展開される家族生活のありとあらゆる生活ドラマを想定することである。この不可能とも思える想定をしながら，一方で限定を受けた一つの空間に過不足なくまとめあげる作業が設計という作業である。

　すでに述べた，建築家が5～6枚のエスキースで完成するはずがないこと，一軒の住宅に100枚以上のエスキースがくり返されることは当然である。しかし，自分の能力をすべて出しきって一つの住宅，その敷地とその家族の条件にみあった一つの住空間の構成を完成したときの喜びは，何ものにも変えられないものがある。

　「自分で自分の作品を批判し」，また一からやり直す。この作業の連続のなかに，自然とすべての条件と課題が頭のなかにしみこんでしまうのである。自分で自分を否定しながら，わずかな問題点でも見のがさずに，少しでもよいものを追求していく態度がエスキースの精神といえる。そして，ある瞬間に（これまで当然と思って深く検討しなかった箇所について，まったく別の発想をしたようなとき）すべてが都合よく全体がまとまったと感じるときもあるのである。

第6章　住まいをつくる

❖　設計図として清書する

　入念なエスキースの結果，自分でも満足する案，それはたぶん最終案であろうが，決定案が決まる。これを他人に伝えるために，共通の約束された表現で「図面」にする必要がある。

　住宅の設計図には，次のものがある。

　　○配置図（1/200～1/500）――敷地内配置計画
　　○平面図（1/50～1/100）――各階平面計画
　　○立面図（1/50～1/100）――東西南北立面計画
　　○断面図（1/50～1/100）――縦，横断面計画
　　○平面詳細図（1/20）――各部，平面詳細
　　○断面詳細図（1/20）――各部，断面詳細
　　○展開図（1/50～1/100）――室内，壁面計画
　　○伏図（1/100～1/200）――基礎，小屋，屋根
　　○軸組図（1/100～1/200）――小屋裏，天井裏
　　○建具図（1/20～1/50）――襖障子，サッシ，戸
　　○家具詳細図（1/20～1/50）――各部，家具計画

　以上の図面を中心に，住宅の設計には30～50枚の図面が最低必要である。しかし，これらは専門的な図面であり"計画の意図を伝える"ためには配置図，平面図，断面図があればよい。

　ここでは，この3種類の図面の書き方を学習する。

① 平面図（1/100）の書き方

　平面図は図6-8のⅠ，Ⅱ，Ⅲの順序に書くのであるが，図面を美しく仕上げるために次の3種類の太さの線で書き分けることが大切である。

　　○A線…細い線。仮線，中心線，寸法線などに使う。すべての基準になる線であるから，正確に，しかもよく削った鉛筆で軽く書く。
　　○B線…ふつうの線。一番多く使う線であるから，一定の太さに統一して書く。
　　○C線…太い線。最後に壁の断面部分を太く書く。この線で図面全体が引き締まるので，強く書く。

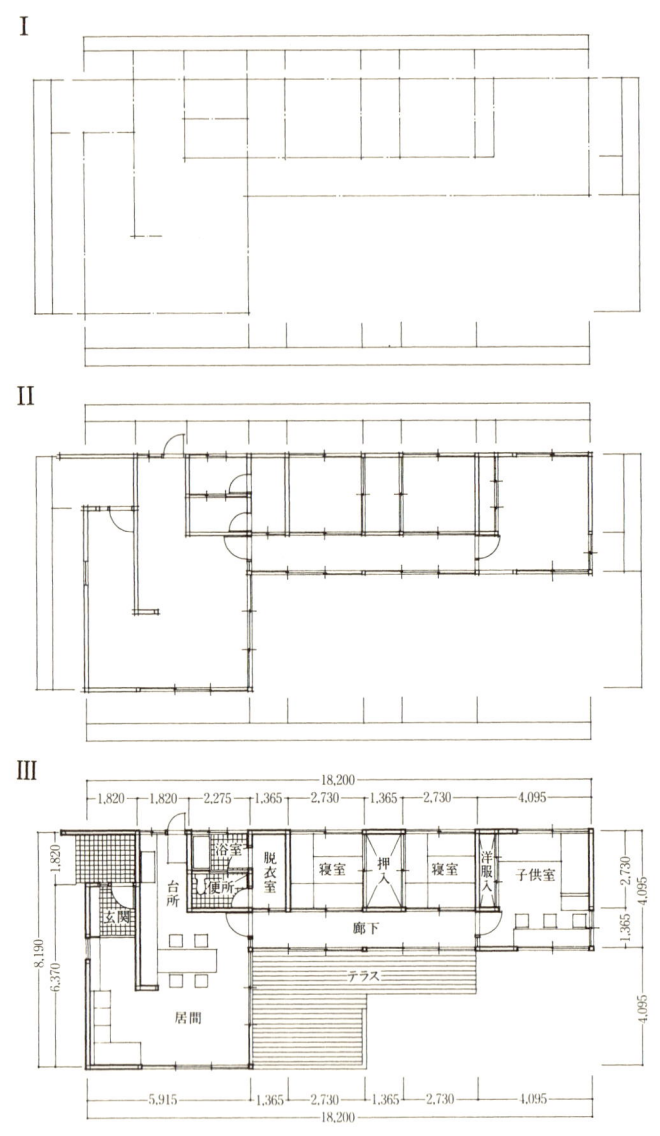

図6-8 平面図の書き方（設計：生田勉・宮島春樹）

第6章　住まいをつくる

【Ⅰの段階】

　図面の書く位置を，寸法線のことも配慮して決める。A線で壁の中心線，寸法線を単線で軽く書く。図面は南面が下になる。

【Ⅱの段階】

　壁の厚さを1.5mmとして，中心線を中心にこの幅を求め，A線で軽く書く。次に，各部をB線でしっかり書く。この場合，A線は仮線であるから長くはみだしてもよい。

【Ⅲの段階】

　床の仕上げ（畳，板，タイル，コンクリートなど）をB線で書く。次に，C線で壁の断面部分を太く，しっかり書く。最後に，寸法（mm単位），部屋名を文字の大きさを揃えてていねいに書き込む。

　② 　断面図（1/100）の書き方

　断面図に関しては，図6-6にならったエスキースがあるので，これを清書する程度でよい。ただし，床面に変化ある箇所（階段やスキップフロアの部分）を切った断面とすること（平面図の要領で）。

　A線で，壁の中心線，グランドライン，60cm上に一階床面，210〜240cm上に一階天井面，さらに60cm上に二階床面，210〜240cm上に二階天井面，……最後に屋根面の傾斜を軽く書く。

　A線で平面と同じ厚さで，壁の中心線に沿って壁厚を軽く書く。

　C線でA線に沿って断面部分を太くする。

　B線で正面に見える壁の部分（壁，窓，ドアなど）を書く。

　最後に寸法，特に縦の寸法をていねいに書く。

　③ 　配置図（1/200）の書き方

　配置図の目的は，敷地内の家屋の位置と敷地の利用計画を示すことである。図6-9はその実例である。このように，配置図と一階平面を兼ねて書く場合もある。一階平面を別に書く場合は，家屋の位置がわかるように一階平面の外枠を書けばよい（平面図を含む場合は配置図1/100）。

　図のなかで樹木，芝生，植え込みなどの表現，ポーチのタイルの表現，コンクリート部分の目地の表現などを参考にしたい。このほかにも建築家の図面に

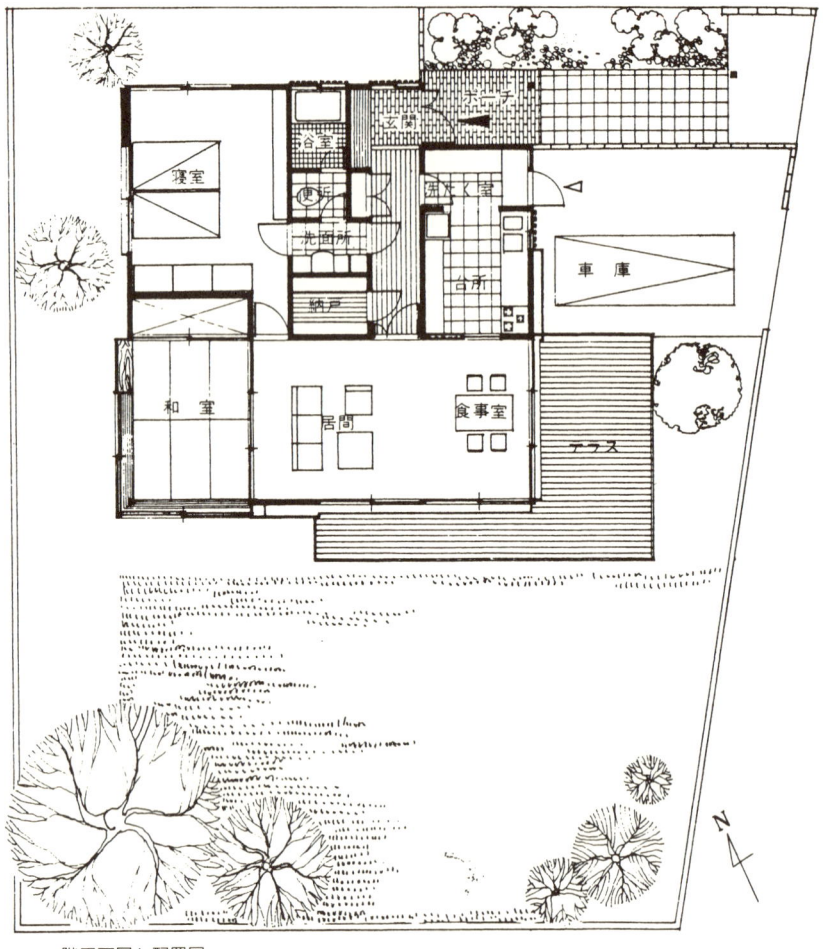

▲一階平面図と配置図

■設計　宮沢鉄蔵
■家族　夫婦
■構造　木造一階
■面接　178㎡

図6-9　平面図および庭計画の書き方

は，石貼，花壇，池，砂場，垣根，外階段，スロープ，ベンチなど各種の表現がある。これらを参考にして庭面全体を隅々まで，計画的な緊張感をもって表現する必要がある。

❖ 建築家の役割とは

　これまで住宅の設計の方法を学習してきた。最後に，このことを専門の職業とする建築家の仕事と，家づくりに関係するさまざまな職種を述べておきたい。

　住宅建設は，基本的に次の三者，住宅を建てたい人，建て主（施主）と設計を依頼される建築家，それと住宅を実際に施工，建設する施工者で成立する。

　施工者のなかには，大工，左官，建具士，家具士，電機工事，ガス工事，水道工事，瓦工事，土木コンクリート工事など，さまざまな専門職があり，また，これらの作業を調整，監督し全体の工程を責任を持つ現場監督がいる。

　建築家は，施主から要望を聞き，先に示した数多くの建築図面を作成し，同時に各種の材料や器具の決定，および全体の建築費の計算をして，施主の予算と調整する仕事をする。そして，住宅ができあがるまで現場の管理をおこない，図面どおりに仕上がっているかどうかチェックしていく。

　一般に，建築家に住宅を依頼することはぜいたくなことだという風潮がある。しかし，20坪以上の住宅には一級建築士の図面による確認申請が必要であり，専門知識のある建築士に依頼したほうが"合理的で経済的な家"が建てられる。

　また，建築家に依頼すると建築家の勝手な家を設計されてしまい，自分たちの要望が通らなくなってしまう，という不安も多い。しかし，このような誤解が生じている原因には建築家，施主双方に問題のあることが多い。

　施主は，自分のつくりたい住宅に対してよく学習し，研究してその要望を明確に伝えることである。建築家は，その学習の資料を提供し，その要望を正しく把握し，これに沿った住宅を設計することである。

（渡辺光雄）

第7章

住まいと消費者

——住まいと社会①——

この章で学ぶこと

　住宅はいまや「商品」であるともいわれる。事実，建売住宅や分譲マンションなど「商品」としての住宅が増えている。私たちは消費者であり，消費者の立場からこの問題を考えてみなければならない。この章では
① 住宅をめぐる消費者問題とは何か。
② その問題はいつ頃から，また，なぜ発生してきたのか。
③ この問題の解決のために何が必要か。
　消費者として，社会問題からみた住宅の問題を学習する。

1　住宅の消費者問題の発生と消費者運動

❖　住宅の消費者問題とは何か

　住宅の取得に関連して生産者と消費者，販売業者と消費者との間で発生するトラブルや消費者被害は，プレハブ住宅，建売分譲住宅，マンション（中高層分譲住宅）など，商品として売買される住宅が増える傾向のなかで，1970年代より増加しはじめ，その解決は社会的に重要な政策課題の一つともなった。

　住宅の消費者問題とは，このような住宅の購入・消費過程で発生する被害やトラブルに対して，消費者の権利を守る立場から予防，救済がなされねばならない問題をいう。

❖　住宅の消費者運動のはじまり

　住宅に関する典型的な消費者運動のはじまりは，1971年の日本消費者連盟などによる大和ハウス工業に対する告発運動である。これは，まだ生産されていない低価格のプレハブ住宅の販売広告をして客をひきつけ，高価格のプレハブ住宅を売りつけようとした不当販売行為に対するものであった。

　次いで，翌年の1972年に社会的にみて衝撃的な事件が発生した。それは，同年9月，名古屋市を襲った台風20号によって発生したプレハブ住宅の被害であった。その被害は，一般住宅に比べて特に多いというものではなかったが，複数のメーカーの特定タイプに集中しており，施工現場における手抜き，施工不良などによる原因のみならず，工法・設計上におけるミスがあることを示唆するものであった。

　一方，設計・工法上の原因ではなく主として施工現場における手抜き，施工

▶消費者の権利
　1962年，アメリカ大統領ケネディは連邦議会に送った「消費者保護に関する特別教書」において，消費者には次の権利があることを宣言した。①安全を求める権利，②知らされる権利，③選ぶ権利，④意見を反映させる権利。その後，フォード大統領は，第五の権利として⑤消費者教育を受ける権利を位置づけた。現在，国際消費者機構（IOCU）は，これらに加えて，⑥救済される権利，⑦健康な環境を求める権利があることを主張している。

第7章　住まいと消費者

> **コラム**　環境共生住宅

　環境共生住宅とは，①地球環境の保全（ロー・インパクト）②地域環境との親和性（ハイ・コンタクト）③室内環境の健康・快適性（ヘルス＆アメニティ）の3つの環境問題を包括した要件を充たす住宅のことをいう。この背景には，エネルギーの全消費量の4分の1を占める住宅分野においても地球環境との調和が求められるようになったことがある。その後，住宅と環境には，他にも大きな課題があることがわかり，それらを総合的に踏まえた環境対策が必要ということになり，上記のような要件となった。しかしながら環境共生住宅のイメージや基準に対する共通した認識が得られないため，一般には，十分普及しない状況がでてきた。そこで，1999年度より環境共生認定制度を創設して，基準を定め，認定することで普及を図ろうとした。

　認定基準は必須要件と提案類型の2段階で構成されている。必須要件とは，環境住宅として最低限充たすべき性能や仕様のことをいい，提案類型では，限定的基準を設けず申請者が自由に発想した環境共生に資する技術や設計の工夫の提案を求めている。（上野）

○　環境共生住宅認定基準（2004年度版）
〈必須要件〉
　①省エネルギー性能　②耐久性　③維持管理　④節水　⑤立地環境への配慮（雨水の地下浸透あるいは雨水利用，緑被率の確保，郷土種，まちなみ景観への配慮）　⑥バリアフリー　⑦室内空気質（内装仕上げ材，接着剤，塗料，防腐防蟻剤ギの要求水準の設定
〈提案類型〉

省エネルギー型	より高度な熱損失の低減，日射の制御，太陽エネルギーのパッシブ利用，太陽エネルギーのアクティブ利用，未利用エネルギーの積極活用，高効率設備機器の採用など
資源の高度利用型	より高度な耐久性，変化対応型構工法，ロー・エミッション化，リサイクル資源の積極利用，水資源の高度有効利用，生活廃棄物分別収集の建築的支援など
地域適合・環境親和型	地域の生態環境との高度な親和，水環境への十分な配慮，緑化への積極的な配慮，豊かな内外の中間領域の創出，より高度で総合的なまちなみ・景観への配慮など
健康快適・安全安心型	内外の適切なバリアフリー化の徹底，適切で十分な通風・換気性能の確保，健康・環境に配慮した建材の使用の徹底，高度な遮音・防音性能の実現，性能保証や維持管理のアフターサービスの充実，性能・構工法・材料・設備などの情報サービスの提供など

不良を典型とする「欠陥住宅」の存在を世間にはじめて明らかにしたものは，同時期の竹内直一氏による『欠陥住宅』（1972年）であった。同書は，日本消費者連盟代表である著者が連盟に寄せられた具体的欠陥事例を業者との交渉の生々しい苦闘の記録をもって示すことにより，建設・不動産業の持つ欺瞞的，反消費者的体質を徹底的に追及したものである。

本書は以後，他の消費者運動団体にも影響を与え，主婦連は1973年にプレハブ住宅について，76年に建売住宅についての調査を実施し，住宅にかかわる消費者問題の社会的解決の重要性を提起した。

以後，1970年代後半から活発な運動が展開され，これにともなって，行政側，業者側にも具体的な対応策が現われるようになった。

❖ 草の根型住宅の消費者運動

消費者運動団体は住宅タイプごとに形成されていった。1976年に「プレハブ住宅をよくする会」「マンションをよくする会」，そして注文住宅層を中心とする「住宅をよくする会」が東京を中心に設立された。これより少し遅れて関西においても「プレハブ住宅をよくする会」，注文住宅や建売住宅の戸建住宅を中心とする「クレームに悩む消費者の会」（のちに「欠陥住宅を正す会」と名称変更された）といった，被害救済を目的とした草の根型運動団体が輩出した。

同時に，この期には忘れてはならない重要な住宅づくり運動がみられた。それは，コーポラティブ住宅運動という住民主体の「家づくり」と「地域づくり」を統一した居住者と技術者たちの運動である。これは，商品化住宅の進行するなかで「お仕着せ」の住宅ではなく，自分たちの生活にあった，品質に対応して，安くて，安心できる家が欲しいという居住者の素朴な要求にもとづいた運動であり，家づくりの原点から出発したものであった。

以上のように，この問題をめぐって70年代以降，実に多くの動きがみられた。その特徴を一言でいうならば，住宅の消費者被害発生に対する対応策は，消費者団体の運動と対応して，あと追い的に業者，行政側によって打ち出されてきているといえよう。そして大手メーカーを中心とした自主規制やＱＣ活動，建設省主導による「住宅性能保証制度」の導入などは，従来，建設業界が持って

きた前近代的体質の改善を目指している面では、一歩前進したが、まだ多くの課題を積み残していた。

❖ 阪神大震災——立ち上がった専門家たち

1995年1月17日に起きた阪神大震災は、6,400人の死者を発生させた。しかもその9割が倒壊家屋の下敷きなどによる圧死であった。都市構造の脆弱さを示すと同時に、これが住宅災害と言いうるものを含んでいたために関係者に衝撃を与えた（図7-1）。不良住宅、低質住宅そして欠陥住宅の介在によって多くの尊い命が奪われた。これを機に、住宅被害救済に立ち上がったのが、日本弁護士連合会の消費者問題委員会土地・住宅部会である。

同会のメンバーは、欠陥住宅問題は弁護士だけでなく、建築士・消費者とともに予防・救済策を考える非営利組織が必要であると考え、欠陥住宅全国連絡協議会（略称　欠陥住宅全国ネット）を96年12月に結成した。以後、ここでは、欠陥住宅被害の救済・予防をミッションとして、110番活動、無料相談会を実施すると同時に年2、3回全国各地を廻って、地域ネットを作った。その結果、

図7-1　阪神大震災時に倒壊した住宅
（注）『詳細阪神大震災』毎日新聞社、1996年より。

▶住宅のＱＣ（品質管理）活動
　欠陥マンション問題に端を発し、社会的に建築業界の品質管理の姿勢が厳しく問われるなかで、企業の存続・繁栄をはかる経営戦略の一つとして起こってきた活動。具体的には設計審査、施工監理の見直しなどをやることで品質保証をはかろうとするものである。

▶住宅性能保証制度
　性能保証住宅登録機構に登録された対象住宅については、その性能を長期保証し、瑕疵の補修を円滑におこなうことを保証する制度のことをいう。新築一戸建住宅では、構造上重要な部分の瑕疵は10年、建具の変形、仕上げの剥離などについては1～2年保証されている。

約1,000人の専門家会員によって近年かなりの勝訴例をつみあげてきた。同時に，会のメンバーが関わった事例勉強会や判例集の出版，消費者向け講座の講師，マスコミへの執筆などの情報発信を続けた。また，現行法規制やシステムの不備の是正を関係行政機関に要請し，その一つの成果として，「住宅の品質確保に関する法」の制定や建築基準法の改訂における中間検査制度の導入にも影響を与えた。

❖ 悪徳商法と土地問題

全国消費生活相談統計年報によると，1986年度の「土地，住宅」に関する苦情件数は16,046件となっており，75年が1,224件であったのに対して，この11年間に13倍と急激に増えていることがわかる。その後，阪神大震災を機に日本弁護士会が始めた「住宅相談100番」には毎年1日に約1,000件の相談がある。住関係の苦情が生活のなかで大きなウェイトを占めていることがわかる。

このようななかで，最近のクレームの特徴としては巧妙な手口による，悪質な商法があらわれていることである。原野商法や最近では，地震対策をうたった，訪問販売による執拗な勧誘，虚偽の説明，強制的な契約内容，ずさんな工事といったリフォームに関する被害が増えている。

設問1

悪徳土地取引の例について，最近の新聞記事を探してみよう。どのような手口で，どんな人が対象となり，どんな問題が発生しているのだろうか。

▶原野商法

原野商法とは，一般的には不動産業者が法律的には住宅の建設が許されない土地（山林・原野）を現況有姿のままで時価の100倍以上の価格で分譲する商法をいう。被害者としては，土地取引の経験がなく，「葬式費用」を蓄えている老人が主流であった。しかし最近では，価格的にも原価との格差は縮まり，また被害者の年齢も20～50代の一般サラリーマンや主婦へと広がってきている。また，購入した土地が値上がりもせず，転売もできないで困っている被害者をさらに食い物にした悪質商法の二次被害も多発している。

2　住宅トラブルの発生とその内容

❖　住宅トラブルとは何か

　住宅におけるトラブルとは、どのような内容のものであろうか。筆者らが京都・滋賀地域における戸建て住宅の居住者を対象としておこなった調査によると（表7-1）、住宅の新築・購入時あるいはその後のアフターサービスをめぐって、61.5％の人がトラブルを経験している。

　トラブルの第一位としては、「引き渡し日の遅れ」、「注文内容との相違」、「設計図との相違」、「業者から聞いた内容との相違」など、販売方法・契約に関するものであり、二番目に「土地・建物に欠陥・欠点（不良箇所）があった」という品質・機能に関する内容であり、三番目にアフターサービスに関するものである。

　また、その発生率を供給業者別に比較すると、建売業者の発生率が最も高く、次いでプレハブ会社、住宅会社と続き、大工・工務店が最も低い。つまり、地縁的信頼関係が強く、消費者の声を直接聞く機会の多い業者のほうがトラブルの発生が少なく、一方、商品化が進み、消費者と生産者との関係が疎になるに従って、トラブルの発生率が高くなる傾向がみられる。

❖　住宅トラブルの顕在化過程

　ところで、トラブルが発生していることと、それが消費者に被害をもたらす、あるいは消費者がクレーム（苦情）を表わすということとは、ストレートには結びつかない。トラブルが発生していてもそれに対して業者が適正な対応をとるならば、それはクレームという形では残らないであろう。一方、トラブルがあっても、消費者自身があきらめたり、どうしてよいかわからなければ、クレームとして顕在化することもない。

　トラブルの発生とそれにともなう消費者・業者の行動は、ワンパターンで進むものではなく、図7-2に示されるように多様に分岐しながら展開していく。どのような行動形態をとるかは、一つにトラブルの内容、二つに供給業者の形態、

表7-1 住宅トラブルの内容別発生率の比率

トラブルの内容		筆者らの調査 （日常的トラブル）	国民生活センター 電子計算機蓄積事例*
品　質　・　機　能		436 (36.2)	1,622 (57.5)
アフターサービス		374 (31.1)	376 (13.3)
価　　　　格		11 (18.6)	117 (4.2)
販売方法・契　約	引き渡し日の遅れ	202 (16.8)	91 (3.2)
	注文内容との相違	172 (14.3)	203 (7.2)
	設計図との相違	132 (11.0)	
	業者から聞いた内容との相違	133 (11.0)	56 (2.0)
	建築確認申請書との相違	26 (2.2)	18 (0.6)
	土地の広さの実測との相違	16 (1.3)	―
	業者のいうような融資が受けられなかった	15 (1.2)	66 (2.3)
	解約したかったが業者に応じてもらえない	12 (1.0)	237 (8.4)
	そ　の　他	―	271 (9.6)
	小　　　計	708 (58.8)	942 (34.5)
広告・表示	広告内容との相違	60 (5.0)	―
	モデルルームとの相違	39 (3.2)	―
	そ　の　他	―	―
	小　　　計	99 (8.2)	―
そ　の　他		18 (1.5)	44 (1.6)
計		1,646	3,101

（注）　（　）内の数値は，今回の調査についてはサンプル総数1,204，電算機蓄積事例苦情については苦情件数2,819に対する割合を示す。
　　　* 「消費生活センター窓口によせられた住宅苦情」（酒居淑子・本多三洋子）の表1, 4, 3より筆者が作成したもの。

三つに供給業者別消費者層によって一定の傾向を示している。

　このことを，一般的なトラブルの発生状況をみた筆者らの調査と，クレームとして消費生活センターと国民生活センターが受けつけた結果を比較することによって，以下説明してみよう（表7-1参照）。

　① 生活上あるいは経済上，目に見える形で被害を受けるようなトラブルが発生した場合には，消費者は概して積極的に行動する。また，業者と交渉し，それがうまくいかない場合は，苦情（クレーム）という形で公的相談機関へ相談にいくため，公的機関のデータのなかにも顕在化しやすい。例えば，「欠陥・不良箇所」，「融資」，「解約」をめぐるトラブルがこれである。

　② 一方，「引き渡し日の遅れ」など，一時的に消費者が我慢すれば被害が波

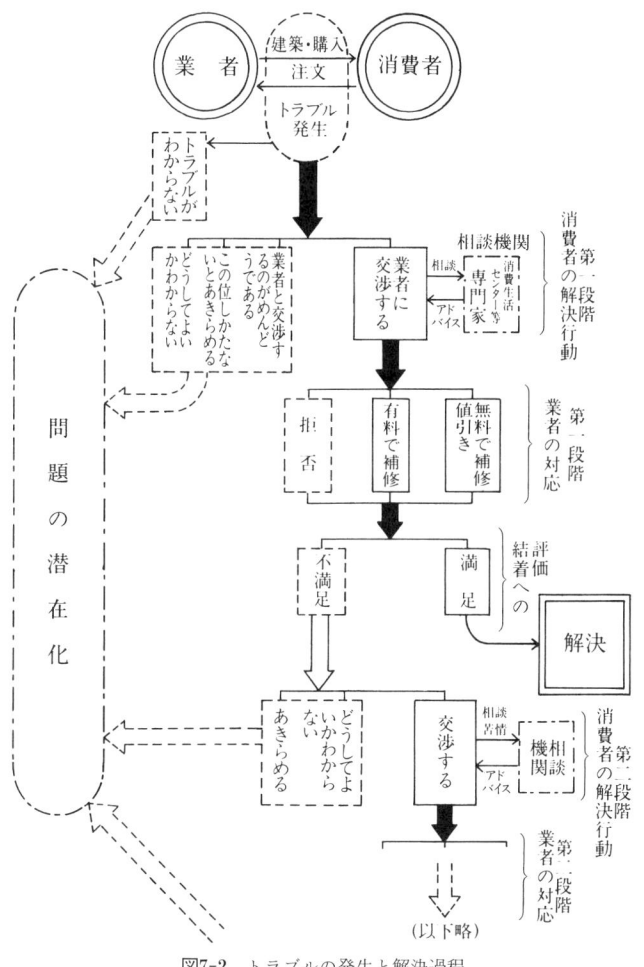

図7-2 トラブルの発生と解決過程

及しにくい問題については，発生率が高いにもかかわらず，消費者ははじめから仕方がないとあきらめたり，我慢している状態が多い。

③ 「注文内容との相違」，「業者から聞いた内容との相違」などの合意の食い違いに関するトラブルは，明確な文書がないかぎり，水かけ論に終わりやすい問題である。そのため，発生していても個人レベルで処理されやすく，重大な場合でないかぎり表面化しにくい。

> **コラム** 狙われる高齢者のリフォーム

近年，高齢者を狙った住宅の消費者トラブルが増えている。たとえば，次のような相談が消費者センターに寄せられている。

〈事例1〉

母の家に突然セールスが来宅。床下を調べ，「このまま放って置くと家が腐る」といって強引に床下換気扇を取り付けた。すでに別の事業者の換気扇をつけていたので不審に思ったがこわくていえなかったという。その後再度訪れ床下補強金具など勝手にとりつけられた。総額300万円もの契約で年金も使い果たした。(契約当時者：80歳代，女性，平成15年11月25日国民生活センター資料より）

〈事例2〉

「無料で屋根の耐震診断をする」と業者が来訪した。断ったが，屋根の様子をビデオで撮り，その様子を見せながら「瓦の下が傷んでおり，このままでは地震の際に落下して通行人が怪我をする」「地震に強い金属性の瓦がある。今なら安くできる」とリフォーム工事を勧められた。このままでは，地震の際他人に迷惑がかかると思い，契約してしまった。翌日解約の意思を伝えたが，結局説得されて解約できなかった。さらに，施工内容が杜撰だったために工事中に天井に染みができた。クレームを言ったが，きちんと対応しない。(契約当事者：60歳代，男性，年金生活者。2002年8月国民生活センター特別調査資料より）

このように，高齢者の消費者トラブルの特徴としては，販売方法・手口として家庭訪販[1]，点検商法[2]，次々商法[3]などが多い。また，"無料で"という言葉をきっかけに販売したり，"地震"やシロアリへの不安をあおるケースも多い。

高齢者自身が自衛策を取ると同時に，家族や近隣の身近な人が一人暮らしや高齢者夫婦の家庭へ配慮するようにしたい。また，訪問販売の場合はクーリング・オフ制度や禁止行為などがあるので被害にあった場合，早めに各地の消費生活センターに相談しよう。

※1　家庭訪販：事業者が消費者宅を訪問し，商品・サービスを販売するもののうち，販売方法に問題のあるもの。強引な勧誘，夜間や長時間に及ぶ勧誘など，問題が多い。電話で在宅を確認した上で訪問するものもある。

※2　点検商法：「点検にきた」といって来訪し，修理不能・危険な状態・期限が切れているなど事実と異なることを言って新品や別の商品・サービスを契約させる商法。

※3　次々商法：一人の消費者に次から次へと契約させる販売方法。顧客名簿が業者間に流れ，複数の事業者に勧誘されるケースも多い。(上野)

第7章　住まいと消費者

④　「広告内容との相違」,「モデルルームとの相違」などに関しては,消費者と業者の間で直接的な契約内容に明示されることは少なく,間接的被害だとされている。このため,消費者はそれを消費者被害だと認識することや,それをもって業者に交渉するケースは少ない。

⑤　アフターサービスについては,消費者の不満はかなり強い。しかし,一般に多く使用されている契約書や宅地建物取引業法の規定などによって,瑕疵保証期間は消費者の期待する期間・内容より低く設定されている。また,法的にみると,瑕疵保証期間内の修補,損害賠償義務はあっても,それ以外のアフターサービス（例えば定期点検など）は業者の自主性にゆだねられている。したがって,不満は強く,個別に交渉はしてみても,明らかな契約違反

コラム　誇大広告

住宅を取得するに際しての情報としては,「新聞広告やチラシを見て」と答える人は多い。

このような広告・表示については,独占禁止法,景品表示法,宅建業法,不正競争防止法によって,虚偽,誇大,不当表示を禁止し,必要な表示の内容や基準を定めている。

しかし,問題は,①現行の基準が遵守されていないこと,②現行基準が甘いため,結果的に誇大を許すことになっていること,③消費者にとって必要な内容が表示されていないということにある。

①については,景品表示法にもとづいて不当表示として排除処理,排除命令が出たもののうち約45.4%が不動産広告であるという結果が示すほど,不動産広告は不当な広告が多い。また,主婦連が1986年におこなった調査によると,表示違反や虚偽・誇大な広告が多いといわれている。例えば,完了予定年月すら記載されていなかったり,新築か中古が判断できないものがあったり,DK,LD,LDKの広さがその用途とは無関係に売主の判断で勝手に決められている。物件と何の関係もない写真やイラストがあるなどの結果が示されている。

②に関しては,例えば1畳あたりのタタミの面積は1.5㎡以上と規定しているため,京間でいうと4.5畳しかないものを6畳と表示してもよいこととなる。また,イラストや図面についても抽象的に「実際よりいちじるしく優良・有利であってはならない」と規定しているだけで,数値を明確にしていないため,家具寸法が小さく書かれているものが多い。筆者らの調査では,2割ほど小さいものが最も多くみられ,最小寸法は原寸の48〜52%のものがあった。（上野）

や法律違反として追及できる問題ではないため，相談機関に訴えるまでのケースは少なくなる。

> **設問 2**
> 住宅のクレームが発生した場合，あなたはどうしますか。また，クレームの相談機関としてはどのような機関があるでしょう。

3　欠陥住宅における被害の実態

❖　欠陥住宅とは

　欠陥住宅とは，人間が住む住宅として当然期待される品質・性能を備えていない住宅のことをいう。典型的な「欠陥住宅」として，一般にとらえられているのは，地盤沈下で，床が傾斜したり，基礎に大きなひび割れが生じている家，雨もりのひどい家，基礎や軀体，設備などに建築法規を違反したり，手抜きがされているような家のことをいうのであろう（図7-3）。しかし，欠陥住宅とは，広義にみるならば，上記のような個々の住宅の条件だけに限ってはならないであろう。

　日当たりや風通しが悪く，工場や交通による騒音，振動，悪臭のひどい住宅，豪雨時には山崩れや浸水の危険のあるところに建っている住宅，密集していて，火災の際には延焼の危険があり，避難が困難な住宅も欠陥住宅である（西山夘三京都大学名誉教授，『1986年版住宅白書』ドメス出版，1985年，34頁）。

　また，住宅として当然期待される品質・性能とは物理的条件だけに限られるものでもない。居住性，利便性をひどく欠いている住宅も欠陥住宅といえる。洗濯機を置く場所がない住宅，顔の洗えないような小さな洗面器がついている住宅などはこれに入る。吉野正治京都府立大学教授は，このような欠陥のことを「灰色欠陥」と称している。（『住宅』26巻12号，65頁）。

　住宅として当然期待される性能としては，文化的側面の内容も含まれよう。例えば，「団地サイズ」の問題がある。空間の寸法表示として「畳」は，㎡よりもずっと日本人にはわかりやすい単位である。多くの人々は「○畳」といえば，

第7章　住まいと消費者

① 建て替え命令の出た欠陥住宅の例
  ・場所：兵庫県神戸市
  ・住宅の種類：建売分譲住宅
  ・建築時期：1977年11月
  ・敷地面積：74.14㎡
  ・延床面積：60.32㎡

〈下記不良箇所の生じた原因——欠陥〉

1　**住宅の不等沈下が生じたため**
　敷地は，川岸に接続する傾斜した原野であった。これに一部盛土をして造成したのだが，締まりの悪い盛土が用いられ，地固めも不十分。また，盛土部分における基礎定盤は在来地盤に届くように基礎杭を打設せず，盛土の中間層に設置されている。

2　**建築施工上の欠陥のため**
　・割栗地策は栗石を不発に並べて敷いているだけで地固めが十分でない。
　・基礎は型枠なしにコンクリートを流しうちしただけである。
　・軸組や床組においては筋かい，小屋組においても，小屋筋かいがなく，振れ止めもない。火打梁の仕口に切込みがなくボルト締めがなされていない。

裏側よりみた対象住宅。裏手はすぐ川に面しており，写真左下側に橋がうつっている。住宅，擁壁が左手前に傾いている。

地盤沈下のために浴槽が下がり，壁タイルとの間にすきまが生じている。

② 表面的にあらわれた不良箇所

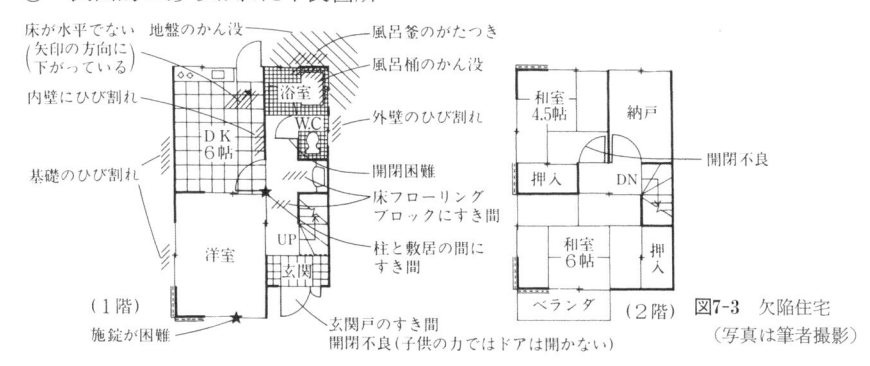

図7-3　欠陥住宅
（写真は筆者撮影）

〈1階〉
床が水平でない（矢印の方向に下がっている）
地盤のかん没
風呂釜のがたつき
風呂桶のかん没
内壁にひび割れ
外壁のひび割れ
基礎のひび割れ
開閉困難
床フローリングブロックにすき間
柱と敷居の間にすき間
施錠が困難
玄関戸のすき間
開閉不良（子供の力ではドアは開かない）
DK 6帖
浴室
W.C
洋室
UP
玄関

〈2階〉
和室 4.5帖
納戸
押入
DN
開閉不良
和室 6帖
押入
ベランダ

179

③　提訴中の欠陥マンション
- 場所：福岡県
- 竣工：1999年
- 総戸数：49戸
- 表面上の主要な不良箇所：床，天井，梁のたわみ40mm以上沈下
- 原因：構造計算の瑕疵

キッチンのタイルの目地部分に段差が出るなど，竣工時には見られなかった問題が次々と表面化している。

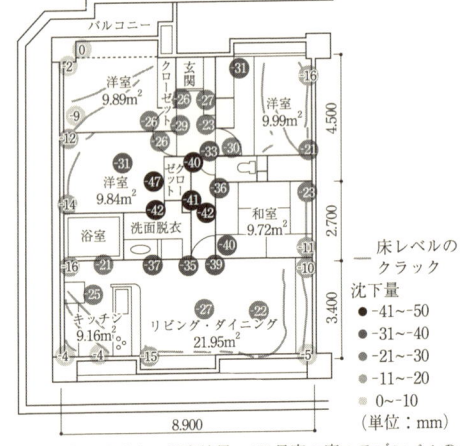

2001年10月時点の測定結果。401号室の床スラブレベルの沈下は最大47mmにも及ぶ。直下の301号室の天井レベルや梁レベルにも大きな沈下が見られる。
（注）『NIKKEI ARCHITECTURE』2004-8-23号

およそ空間の広さと室の形態をイメージすることができる。したがって，6畳といえば，それがまさか団地サイズのタタミが6枚敷いてある京間でいう4畳半（正方形）の部屋を指しているとは，一般には予想もしないであろう。しかし，このような住宅も現在登場してきた（図7-4）。

いずれにせよ，何をもって「欠陥住宅」というのかは，その時代，社会の人々が住宅に期待する性能の水準と大きく関係があり，人々の持つ住宅に対する意

第7章　住まいと消費者

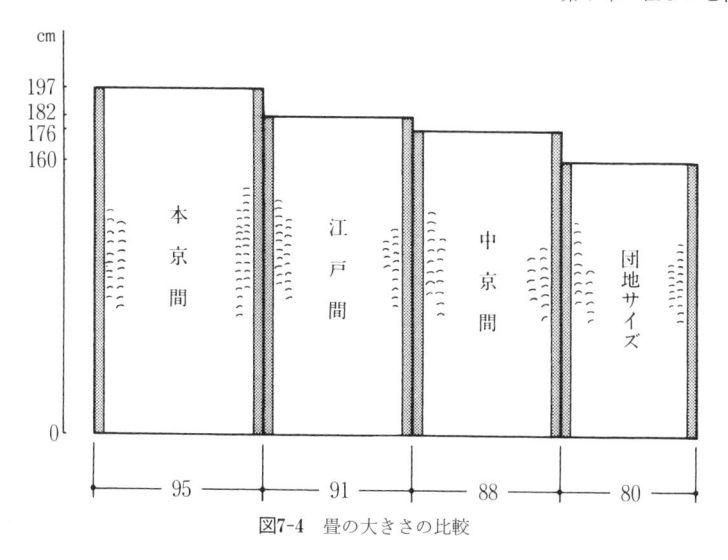

図7-4　畳の大きさの比較

（本京間 197cm×95、江戸間 182×91、中京間 176×88、団地サイズ 160×80）

識，また消費者としての権利意識に規定されるものである。

❖　深刻な生活被害

　以上のような欠陥住宅に遭遇すると，居住者にさまざまな被害が現われてくる。住宅は，他の多くの耐久消費財のように，欠陥がわかったら，それを使用しないとか，よそへ移動させる，放棄するというわけにはいかない。日々そこに居住し，欠陥箇所に向きあわねばならない。そのため，日常生活に及ぼす不便さや苦痛は大きい。表7-2に示されるように，被害は単に物理的性能の低下や財産上の被害だけではない。例えば，「雨もり」があることによって，「降雨時には外出できない」，「買物に行っても，雨が降りだすと，飛んで帰る」，「夜中に降りだすと，もる場所が変わっていくので，ずっと起きていなければいけない」，「ポトポトという音がどこでするか，いつも耳をそばだてて緊張していなければいけない」といった拘束を強いられている。また，「やっと建てた念願のマイホームに欠陥があった」というショックに加えて，業者とのやりとり，行政機関その他との対応に疲れ，「イライラ」し，「夫婦喧嘩」をはじめ，「子どもにあたる」といった症状が現われてくる。これらが昂ずると，「ノイローゼ」や

表7-2 被害についてのカルテ例

ケースNo.	被 害 内 容
注 文 住 宅 (J)	ショックで寝こんだ。イライラするようになった。精神的疲労がたまった。頭痛。不眠。胃が痛む。心臓が悪くなる。体重が10kg減った。眠れなくなり、何のために私はこんな思いをしなければならないのかと、気が狂いそうになった。私の老後の計画が狂った。息子の結婚資金まで使い込んだ。息子と顔を合わすと話題がすぐ家のこととなり、出歩く気にもなれず息がつまりそうだ。何も信じることができなくなった。
注 文 住 宅 (L)	イライラ。ショックで寝込んだ。頭痛。不眠症。胃が痛む。心臓が悪くなった。自殺を考えた。卵巣腫瘍で入院（これには直接因果関係はないが、弱い部分に集中して病気になるように思う）。夫婦ゲンカになる。家中がピリピリしている。人を信じることができなくなった。
鉄骨・住宅 (a)	内階段に雨が降ってきて傘をさす。階段が滑ってあぶないので、スカートをパーとめくって這ってあがる。捻挫したこともある。雨が降ると寝れないので、他にアパートを借りてそこに寝に行った。風呂の栓を抜くと（配水管工事のミスで）水があがってくる。種火が消える。全然使っていない。バス代払って遠くまで銭湯に通った。銭湯は熱くて心臓が悪い私にはこたえる。自分の風呂だったら温度を調節できるのに。老後の生活がすっかり狂った（屋上にネオン塔を建て、一・二階は貸店舗にする予定で、その収入をあてにしていた）。工事は終わっていないし、修理しなければいけないところがあるので、残代金を支払わないでいると、業者より手形で支払うことをもちかけられ、期日までに修理が済んでいないので手形を渡りにしたら、早速仮執行により、家屋をさしおさえられ、競売にかけられた。一人娘は「こんな馬鹿なことがあるのか」と言って家を出て行った。今は、家と土地もなくなり、アパートに住んでいる。不眠症、ノイローゼとなり、心臓が悪くなった。
建 売 住 宅 (リ)	欠陥ということがわかってから精神的ショックのため初めて喘息が起こり、入退院をくり返すことになった。子供が3人いるが、いつもゆがんだ所で生活するのは平行感覚がメチャクチャになると思う。風の強い日などは船にのってゆれているような時もある。上記の様なことになったら夜など一睡もできない。前に住んでいた人が「難波した船にのっている気がする」と言っていたと聞く。前の居住者は近所の人に口どめをして修理をして売りに出したと聞く。私は二度見にきたが、修理はみぬけなかった。前の居住者は裁判でも知らぬ存ぜぬとウソばかり言われ、それをきいて殺意をいだいたことがある。
建 売 住 宅 (ヌ)	入居後この7ヵ月ずっと枕を高くして寝れない。雨が降ると買物途中でも物を置いて帰ってくる。留守ができない。家族全員起きて寝る場所をかえねばならない。逃げ場がないのでバケツ、雑巾をもって一晩中みんなでおきている。イライラと精神的疲労はたまり、不眠症になった。娘の大事にしていたものに雨もりでおしっこみたいなシミがでて娘は家を出るという。雨が降る度に「こんな家を買ったからや」とケンカになる。もう家を持つもんやないと思った。借家だったら近所の人に口どめをして修理をして売りに出すことができる。雨が降ると30分おきに商売をおいて二階に上がってみなければならない。雨漏りほどつらいものはないとしみじみ思う。相手は雨漏りを知っていて売るのは許されない。
プレハブ住宅 (4)	基礎が低いとガス屋さんが工事のとき困りました。ナメクジが入る。ネズミが入る。何かと非常に害がある。風も通りにくく、床板もしめる。寒いのでいつも悩んでいる。毎日忘れることのできない悩みです。私もイライラし、おこりっぽくなったり、主人が病気になったことも重なり、神経性脱毛になって不眠症になった。ノイローゼになった。主人との仲が悪くなってしまって、私の見る目では主人は企業に我慢ばかりして、言えない気の弱さがあり、それを馬鹿にするようになってしまいました。家族の者も、家は建てない方がよかったとしか思っていない様子です。
プレハブ住宅 (11)	台風、大雨のつど雨もりがした。雨もりのため一・二階の和室は畳をつみ重ねたまま4年間部屋が使えない状態で人ひとりよべる状態ではなく、新築祝が出来なかった。イライラし怒りっぽくなり精神的疲労がたまり不眠症になった。すっかり白髪がふえた。しょっちゅう職人が出入りし、土足で上がる、すわりこむ等して掃除をしなければならず欠陥はなおるのだがイライラして夫婦ゲンカになった。また、子供の受験のために新築したのだが職人さんの出入りでおちつかず、結果として1年浪人してしまった。また、業者との交渉その他で私（奥さん）は通算24日を1日休み、8日間を半日休んだ。

「不眠症」,「胃が痛む」,「心臓が悪くなった」という病気や,「自殺を考える」,「業者に殺意をいだく」といった深刻な状況さえも生じている。

❖ 欠陥住宅の売り逃げと近隣関係の破壊

住宅は高額な商品である。より条件のよい家に移ることで住宅改善をはかろうとするなら,自分の住宅の売却が大きな資金源となる。また,欠陥住宅による被害が生じても,現在のシステムでは消費者に不利になったり,解決が長びくなどといった問題がある。このような状況のもとでは,消費者は自己の住宅に欠陥があるとわかっていても,その欠陥をきちんと補修するとか,業者に根本的な解決を求め交渉するとは限らない。「売り逃げ」の場合もある。このため,次にその住宅を購入した消費者が,その前の居住者である消費者を相手どって訴訟している例もある。住宅の欠陥を放置し,その流通を許すことは,真の解決にはならず,公正な取引に反するだけでなく,結局「安物」しか買えな

コラム　瑕疵（かし）保証

取得した住宅に瑕疵（キズ）があった場合,売主あるいは請負人に対して,修補・損害賠償の請求や契約を解除することができることをいう。その請求内容,期間は契約の形態によって異なる。なお瑕疵が重大な場合,いわゆる欠陥といいうるような内容である場合は,最近の判例では単に瑕疵保証責任の問題ではなく,債務不履行責任,不法行為責任として認めている。

以下,一般的な瑕疵保証期間の内容を記す。

売買契約——建売分譲住宅や分譲マンションの場合

○　民法第570条により買主が事実を知った時より1年以内であれば契約解除をしたり,損害賠償を請求できる。

○　しかし,実際の取引では,宅建業法第40条で決められている引き渡し日から2年以上ということで,2年という契約が多い。

請負契約——注文住宅やプレハブ住宅の場合

○　民法第638条により,地盤,木造住宅は引き渡しの後5年間,石造,土造,煉瓦造,金属造は10年間修補または損害賠償を請求することができる。

○　しかし,実際の取引では,四会連合会協定工事請負契約書の第22条によって,木造住宅は引き渡しの日から1年間,コンクリート造・石造は2年という契約が多い。（上野）

い低所得者層にしわ寄せさせるという問題を持つ。

さらに，建売分譲住宅，マンションといった同じ地域で同じ業者によって欠陥が発生した場合でも，転居したい者と住み続けたい者，あるいは住み続けざるをえない者との間では，欠陥をオープンにして業者と交渉することについては利害が一致せず，近隣関係を崩していくケースもある。

逆に，消費者が団結するなら，共通の業者が交渉相手であるから，個別では相手にされなかったことが解決できたという例も多い。問題の解決が難しいか

> **コラム** 住宅品質確保促進法
>
> 1999年6月に公布され2000年4月1日より施行された『住宅の品質確保の促進等に関する法律』のことをいう。略して，『品確法』とも呼ぶ。この法律ができた背景には，阪神大震災後，国民の間に急速に関心の高まった欠陥住宅問題があり，その防止とアフターサービス充実を趣旨とするものであった。
>
> 主な内容としては①新築住宅の瑕疵保証期間として，基礎構造部分（柱や梁など構造耐力上主要な部分，雨水の浸入を防止する部分など）については10年間の瑕疵担保を義務付けたこと。②構造耐力，遮音性，省エネルギー性などの住宅の性能を表示して，消費者が比較できるように住宅性能表示制度を創設したこと。③性能評価を受けた住宅に欠陥トラブルが発生した場合には，各地の弁護士会などによって設立された裁判外の紛争処理機関を設け，迅速に処理されるということになっている。
>
> しかし，住宅は現場施工性が高いものであるから，いくら性能評価の等級が高くても，実際の現場での施工がきちんとなされるかどうかを判定しなければその品質が保証されたことにならない。現場での検査は4回なされることになっているが，検査する人の資質如何によるところが多いことや規格化された形式の住宅は現場の検査を簡略化できるとされているなど不安な点もある。また，住宅紛争処理の際の参考とされる技術基準が例えば，勾配基準として一番緩やかな基準はめまいが発生してもおかしくない傾きを許すことになるという指摘をする現場技術者たちがいる。さらに，欠陥かどうかを現象面だけで判定する方法に疑問を呈し，欠陥原因が重要であること（このことは補修方法を考える際に重要なことにもなる）をなおざりにする危険性もあるとの指摘も見受けられる。また，性能評価を受けるためには，資金力のある業者が生き残ることになって，地場の良心的な零細な業者は淘汰されることになるとの懸念をあらわす人もいる。この法律が，欠陥住宅を予防し消費者の被害救済に効果があるように見守っていくことがさらに必要であろう。なお，02年度からは，既存住宅の評価も加わった。（上野）

らといって，避けるのではなく，消費者自身が共同して解決にあたることが重要である。

❖ 欠陥住宅の発生と被害の現われ方

以上によって，「住宅とは生活の器」であり，外側の器に欠陥があれば，なかで営まれる生活に大きな被害が出てくることがわかった。

ところで，住宅の場合，客観的にその住宅に欠陥があることと，それを欠陥だと認識することとの間にはズレがある。また，欠陥にともなって発生する被害の受けとめ方にも消費者によって強弱がみられる。その違いは，主として，消費者の住宅に対する期待度と住宅の建築過程における消費者自身のかかわり方によるものである。

例えば，注文住宅の場合には，住宅の性能に対する期待度が高く，その建築過程を初期の段階からよく見ているために，欠陥の発見時期が早く，しかも，基礎や軀体などの，見えにくい箇所の欠陥にも気づきやすい。また同時に，いったん自分の住宅に欠陥があるとわかると，建築技術やモラルを信用して業者を選び，依頼していただけに，そのショックは大きく，精神的なダメージも概して深刻なものとなりやすい。

一方，建売分譲住宅の場合には，住宅の性能に対する期待度は低く，建築過程の最終段階でしか住宅を見る機会がないため，欠陥の発見時期が遅く，基礎や軀体など見えにくい箇所の状況はわからず，地盤の不等沈下など重大な欠陥が発生した場合にのみ，気づくケースが多い。このため，物理的な性能低下や日常生活への障害面では被害が深刻となるが，他方，価格が安いからとあきらめ，被害が顕在化しない場合もある。

設問 3

欧米では欠陥住宅を防止するために，どのようなシステムができているであろうか。製造物責任法，住宅性能保証制度，インスペクター制度，デベロッパーコントロールなどの内容について調べてみよう。

> **コラム**　マンション問題と居住者運動

　わが国にはじめてマンション（民間中高層分譲住宅）が出現したのは，東京，四ツ谷コーポラスの1956年のことである。したがって，その歴史はせいぜい50年。

　マンションは壁，床，天井を共有し，積層した建物であるため，従来の戸建てと異なり，さまざまな問題の解決を，現代のわれわれに求めている。

　日照，通風，電波障害などの周辺環境悪化の問題。青田売りのため，契約時と入居後の内容が違っていたこと。水分の多いコンクリートを使用したり，養生期間が不足して必要な強度が得られていないもの，かぶり厚が不足しているなどの欠陥マンション問題。最近では，アルカリ骨材反応によるコンクリートの異常な亀裂，給湯管の銅管のなかでの孔食のために起こる水もれ問題。また，騒音，駐車場，ペットによる迷惑行為，水もれなどの近隣トラブル。管理費不払い，修繕積立金の不足，管理がキチンとなされていない，管理費が高いなどの維持管理上の問題。店舗や事務所が同居することでの臭気，騒音，ゴミ，見知らぬ人の出入りなどの問題。借家やセカンドハウス的使い方をする人や暴力団員の入居など入居者の問題。

　一方，居住者としては，「鍵一つで気軽に外出できるから」とか，「管理がわずらわしくない」とかいったプライバシーに立ち入られる近隣生活をのがれたいがゆえに選んだという意識の人もマンションには多い。

　しかし，好むと好まざるとにかかわらず，上記のような問題をかかえながら，同じ建物のなかに共同して生活していかねばならないので，さまざまな努力が必要であろう。

　一方では，アメリカにおけるデベロッパーコントロールのように，行政の対応を強め，開発業者に合理的規制を加えて消費者を保護する政策を強める必要がある（詳しくは，梶浦恒男著『集合住宅を長持ちさせる方法』彰国社，1986年を参照）。

　と同時に，他方では，楽しいコミュニティづくりをしていくことが求められている。集まって住むことを単にわずらわしいこととしてとるか，いろいろな人と交流することによって，互いが互いを思いやる態度や方法を学ぶ機会だととらえるかは各人の生き方にかかっている。そして，それらを積極的に受けとめるなかでこそ，新しい都市的マナーや文化をつくりだしてきていることを最近のマンション管理組合の活動は示している。（上野）

4　住宅の消費者問題発生の背景

❖　住宅の商品化の進展

　住宅の建築をめぐって業者と消費者との間で発生するトラブルは，今日はじまったものではない。しかし，それが従来社会問題化しなかったのは，主に住宅の工法や品質ならびに発注や仕事の進め方などが長年の社会的慣習のなかで標準化され，地縁的信頼関係が成立していたことによっている。

　ところが，このような状態は戦後急速に崩れていった。高度経済成長期，大都市への人口集中はかつてない規模で進行し，未曽有の住宅需要を発生させ，住宅政策の不備のうえに問題の多い生産・供給形態をつくりだした。すなわち，供給が需要に追いつかないという市場状況のなかでかつての地縁的な注文主と生産者との関係は崩れ，そのことが安易な生産者や未熟な職人の新規参入を可能にした。また同時に，材料・部品の生産，加工の一部が工場生産化され，現場施工の機械化が進み，工業化住宅，プレハブ住宅が登場した。大資本の住宅部門への進出が進み，そのもとでかつての大工・職人層はメーカーの下請け労働者や販売人へと再編成されていった。

　このように住宅の供給形態は，かつての「在来工法注文住宅」に代わって，「建売分譲住宅」「マンション」「プレハブ住宅」といった商品化された住宅へと変化していったのである。その結果，居住者（消費者）は従来の注文形式のように自己の住要求を生産過程に直接反映させることはできず，最終的にできあがった住宅の消費だけをおこなうという弱い立場へと転化していった。

　このように，住宅が利潤追求の対象としての商品として扱われるようになると，経済的効率が品質の充実より優先されていく。その典型が目に見えない部分での安全性，耐久性にかかわる材料，手間の手抜きである。先に述べたような建築職人層の再編成のもとで，下請けの下部になるほど工事費は値切られ，工事期間の短縮が強制され，そのために末端の下請け業者は手抜き工事を余儀なくされるという仕組みが生みだされていった（表7-3）。

　その後，人手不足が続く時期のなかで時間がないことからくる手抜きが日常

表7-3 コストに占める実際金額（総費用1,200万円の場合，単位1,000円）

	企画者経費	販売経費	設計監理費	施工者経費	直接工事費 手間	直接工事費 材料費	直接工事費 合計
建売型	1,320	840	—	1,140	3,420*	5,280	8,700
直接契約型	—	—	—	2,160	4,032	5,808	9,840
設計監理型	—	—	1,020	996	4,200	5,784	9,984

（注） ＊ 二次下請経費3％（36万円）を含む。
松田誠「手抜き工事」日本住宅会議編『1986年版住宅白書』148頁。

この表より，同じ住宅価格が1,200万円でも，「建売型」（建築分譲のような形態）では，企画者経費，販売経費に多くの費用がとられるので，手間と材料費をきりつめねばならないことがわかる。また，「直接契約型」（建築士にたのまず施工会社，工務店，大工さんにたのむ型）は施工者経費に設計監理費まで含まれるので，合計すると，「設計監理型」よりも直接工事費以外の費用が安くなるとは限らないことを示している。

化され，そこで育った後継者の中にはそれを普通の施工だと思い込むという現場施工者の技能低下も起こってきた。さらに，建築士による監理の形骸化という側面も見逃せない。

❖ 消費者の主体性の低下

　第二に，消費者自身の主体性の問題が挙げられる。借家住まいが一般的であった戦前の都市においては家を持てるのは，財産のある人か，あるいは借家づくりに満足できず自分なりの家をつくりたいという強い要求を持っていた人といえよう。このことは，"施主"として住宅に対して一定の見識と観察眼を持っており，施工者に対して相対的に強い関係にあったことを意味する。

　ところが，戦後の持ち家政策のもとでは，多くの人々が持ち家を持たざるをえなくなってきた。これらの層の多くは，他の耐久消費財を買うときと同じよ

▶設計監理費
設計とは，建物が実現，完成するための計画をいい，建物の配置，平面，立面，断面，構造，設備などの計画を図面に表わす，あるいは図面に表現できないものを仕様書として作成する行為をいう。このなかには，単に建築主の希望を機械的に聞き，図面に描くだけではなく，専門家としてよりよい空間を提示することや，役所や金融公庫融資手続きのための資料をつくったり，家具やインテリアについての相談，住み方へのアドバイスなども含まれることが多い。
　また，監理とは，その工事が設計図面どおりにおこなわれているかどうかを確認する仕事をいう。
　したがって，住宅がその家族にとって住みよいものになるかどうかは，当初の計画，具体的な設計の良否による。また，性能が確保され，手抜きなどがないようにするためには，監理がキチンとなされるかどうかが重要である。
　設計監理費とは，上記のような仕事に対する報酬である。

第7章　住まいと消費者

うな感覚で住宅を取得していった。彼らは，業者から提供される情報を深く検討することもなく，またあまり時間や労力をかけずに住宅を選択している。それにもかかわらず，事前の情報収集や検討が不十分であったと認識している人の割合はきわめて低い。また，契約についてもトラブルの発生につながる重要部分を確認することが少ない。設計監理費についても誤った認識を持つ人が多い。さらに，トラブルの発生後，問題解決のためにどのような機関がどこにあるのかということやクーリング・オフ制度をまったく知らない人さえかなりいる（図7-5）。

　住宅の取得は一生のなかで何度も経験できることではない。したがって，経験によって学んだりあるいは失敗によって覚えることは少ない。さらに，商品化された住宅を選ぶ際に，選択の幅は一見広いように見えるが，価格，広さ，立地という意思決定のうえで大部分を占める3つの条件をすべて満たした物件を選ぶとなると，現実的にはその幅はきわめて狭くなる。したがって，注文住宅に比べて，住宅の他の条件，例えば性能，品質に対する鑑識眼を持つ必要性が実際面では低くなる。

　このように，住宅が商品化することによって人々の対応をいっそう主体性のないものにしているといえよう。しかし同時に，消費者自身の主体性のない態度がトラブル発生の基盤の一つとなっていることも確かなのである。

❖　行政の対応の遅れ

　三番目に，行政の対応の遅れがあげられる。これは，問題を発生させることに直接働くというよりは問題の発生を許すあるいは多発させ，拡大することを許してきたといえよう。

▶クーリング・オフ制度

　営業所等以外の場所で，セールスマンのうまい言葉に左右されて，消費者がうっかり申し込んだり，契約をしてしまったりしても，一定期間内なら相手方に書面で通知することにより，無条件で申し込みの撤回や契約の解除ができるという，いわゆる頭を冷やし，冷静に考える期間の制度。
　住宅や土地の場合は，宅地建物取引業法により，5日間以内と決められている。
　ただし，全額支払い済みの場合や，営業所や常設展示場など店舗とみなされる場所で契約した場合は適用されない。

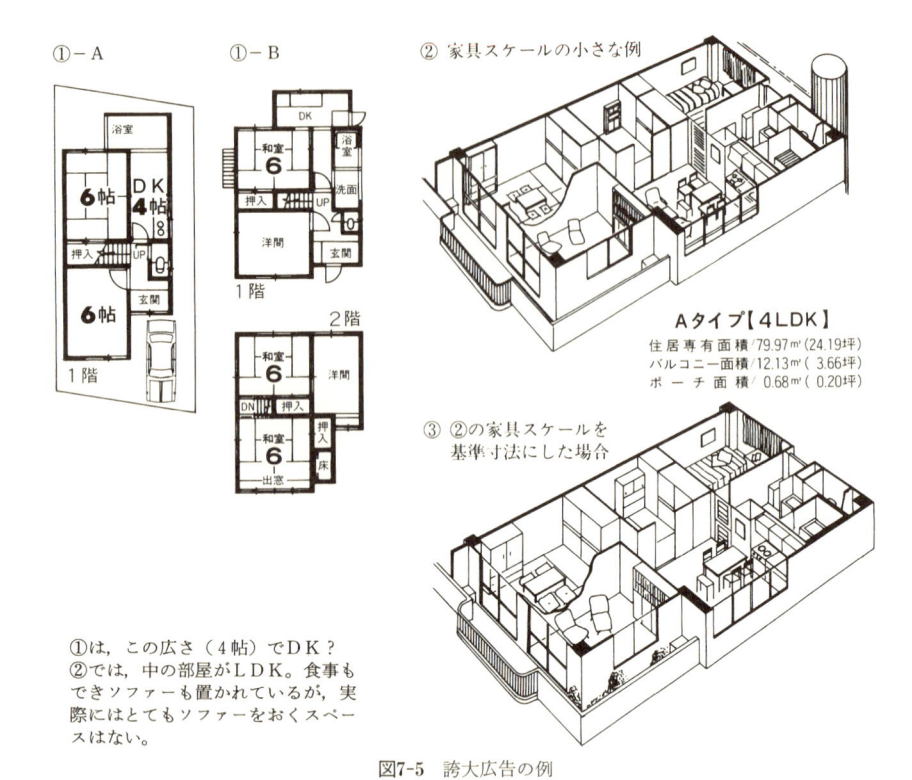

①-A　①-B　② 家具スケールの小さな例

Aタイプ【4LDK】
住居専有面積／79.97㎡（24.19坪）
バルコニー面積／12.13㎡（ 3.66坪）
ポーチ面積／ 0.68㎡（ 0.20坪）

③ ②の家具スケールを基準寸法にした場合

①は，この広さ（4帖）でDK？
②では，中の部屋がLDK。食事もできソファーも置かれているが，実際にはとてもソファーをおくスペースはない。

図7-5　誇大広告の例

　住宅に関する問題は，消費者行政のなかでも最も遅れている分野の一つであった。
　また，建築行政においても自治体による完了検査さえ，わずか3割という状態であった。阪神大震災を機に欠陥住宅が社会問題化してきたなかで，1999年6月に「住宅の品質確保の促進に関する法律」が制定された。これは，欠陥住宅問題の予防・救済が大きく前進するものと期待されており，その実効性が注目されている。

❖　住宅の消費者問題を学ぶ意義

　以上，本章では，住宅の消費者問題のなかでも主として欠陥住宅の問題について述べたが，問題の範囲はこれだけにとどまらない。価格，税金，広告，表

示や管理などの問題にまで及ぶ。また，最近の大都市における「底地買い」に代表されるような"借地・借家権"の商品化にともなう借地・借家層の消費者問題も出てきた。さらに，高齢化社会のなかで高齢者を対象とした消費者問題も現われている。最近ではシックハウス問題が深刻である。

　住宅の消費者問題の内容を学ぶ意義は大きい。それは，単に被害にあわないようにするためにはどうしたらよいのかということを教えてくれるだけではなく，"私たちの生活のなかで，住宅とはどういう意義と役割を持つのか"を学ぶことでもある。

　主体者として，消費者の権利を自覚し，住要求を正しく発展させることを抜

> **コラム　住宅は特殊な商品である**
>
> 　資本主義社会においては，あらゆる生活手段は商品として供給されている。一般にそれらの商品は，市場メカニズムを通じて適正な質と価格のものが供給される可能性がある。しかし，住宅は，市場メカニズムを通じては良好なものが適切に供給されないという点で特殊な商品である。その理由を，早川和男元神戸大学教授は以下のように説明している（「住宅政策転換の理念と方向」『住宅政策の提言』ドメス出版，1979年，17～18頁）。
>
> ① 住宅は位置的に固定しており，住宅適地としての土地は限られている。需要がふえたからといって需給関係を通じて良質のものを大量に安く供給することはできない。
> ② 土地価格は産業・経済の都市集中とともに上昇するが，勤労者の賃金は都市膨張とは無関係で地価騰貴に対応できない。
> ③ 住宅は巨額の資金を要するものであり，一般に勤労者の賃金ではこれを一度に買うことができず，借家として部分的に購入（賃借）することになる。しかし借家経営は償却に長期を要すること，その間に空家の発生，災害，維持管理費・公租公課の増大等の危険があることなどから決して有利な経営対象とならず，老後の生活保障として零細な形で供給される部分が大部分である。勤労者の賃金に見合った良質の借家は，公的資金によってしか成立しない。
> ④ 住宅は，都市的諸施設と一体化してはじめて居住性を確保しうるものであり，終局的に社会的・計画的体制ぬきに居住性を保障しえない。
>
> 　以上のように，住宅は市場メカニズムのもとにゆだねることによって一定の質と価格が確保されるというものではなく，基本的には社会的・計画的に供給される必要のあるものといえる。（上野）

きにしては，住宅の質を向上させ，より豊かな住生活を実現していくことは難しい。

（上野勝代）

> **コラム　シックハウス対策**
>
> 　新築や改築を終えたばかりの室内に入ると，「目やのどの痛み」，「頭痛やめまい」，「吐き気，気分が悪い」などの体調不良が生じることがある。これらの症状は多様であり，『シックハウス症候群』と呼ばれている。症状発生のしくみとしてはまだ未解明の部分も多いが，建材や家具などに化学物質を多用，住宅の高気密化，昼間不在など閉め切ったままの暮らし方などが要因として考えられる。
> 　2002年7月に建築基準法が改正され，施行された。この中で，化学物質の発生源となるクロルピリホスとホルムアルデヒドの使用制限と換気装置を義務付けた。シロアリ駆除剤に使われているクロルピリホスは使用禁止，ホルムアルデヒドを使用した合板，木質フローリング，壁紙なども使用量が規制された。
> 　また，厚生労働省は住宅の空気中に高い汚染をもたらすトルエン，キシレン，パラジクロロベンゼン，エチルベンゼン，スチレン，フタル酸ジ-n-ブチルという化学物質についても，人体への影響を考慮して一定の指針値を発表している。
> 　新築・改築時には，換気や通風に配慮された設計やデザインになっているか，化学物質を使用した建材や塗料になっていないか，適切な場所に換気設備が整えられているか，住宅の完成から入居まで十分に換気がおこなわれているかなどをチェックしておこう。
> 　また，日常生活においてもできるだけこまめな換気や，通風に配慮するなどの暮らし方をこころがけたい。大阪府がおこなった調査によると，ホルムアルデヒド濃度は窓を5分間開放すると，8時間以上閉め切った状態の測定値に比べ，50％から最高60％の減少がみられ，再び窓を閉め切った60分後にはほとんど換気前の濃度に戻った結果がでている。（上野）

第 8 章

住まいの貧困

―― 住まいと社会② ――

この章で学ぶこと

　今の日本においても住宅を入手できない人々は多い。入手できても外国人から"うさぎ小屋"と呼ばれるほどに狭い。この問題は個人の責任としてあきらめなければならないのだろうか。
　この章では,
① 住宅の貧困が社会階層的に特徴的に現われること,
② 住宅問題が個人の問題ではなく社会の問題であること,
③ 住宅問題の解決のための対策や諸制度について,
④ 「居住の保障」をめぐる人権と社会保障について,
を学び,わが国の今後の住宅政策について考える。

1　住まいの貧困とは何か

❖　人間らしい住宅水準とは

　住まいは，私たちの家庭生活の基地であり，器である。そのなかで人々は一日の疲れをいやし余暇を享受し，あるいは人間性の回復を果たそうとする。そう考えると，住まいが貧しいということは，人々の生活の貧しさの指標でもある。ましてその貧困が，社会の仕組みの結果として生じているのであれば，その解決のための目は，本来社会に向けられなければならないだろう。

　このように，「住まい」は家庭生活の基地なのだから，それを単に物的な施設・建物として見るだけではなく，そこで営まれる生活内容も含んだものとしてとらえることが必要である。ところで，住まいが貧困であるということは，どんな状態を指すのであろうか。また，住まいが貧困かそうでないかを，どのようにして把握するのであろうか。

　人々の住まいの状態を把握し，それを一定の基準で評価することは簡単にできることではない。

　というのは，人々が住まいに求めている内容は実に多様であるし，また時代や社会，あるいは人々が属する階層によっても，住まいが必要とする条件や機能が異なってくるからである。

　さらに，どんな指標をもって判断をするのかを考えてみても，採用する指標の水準値が妥当であるか否かについて，さまざまな解釈がなりたつからである。しかし一般的に，住宅水準は，そのときどきの社会的条件のもとで，人々の居住にとって普遍性の高い一定の要素でもって，住宅や居住状態を示す概念として用いられている。

　したがって，それは必ずしも規範的な性格を示すものとは限らないし，またその水準は，より人間らしいものへと改良する努力が不断に求められるものである。

　これに対して，規範性や到達目標を示す意味で，居住水準という概念も用いられる。あるべき状態，好ましいレベルを示す機能も住宅水準にはある。この

第 8 章　住まいの貧困

例として現在，国土交通省（旧建設省）がよりどころとしている居住水準がある（表8-1）。

この水準に照らして現在の国民の居住水準をみてみると，「最低居住水準」（この水準以下では到底健全な家庭生活は営めない）に，国民の約4.2％の者が達していない。約197万世帯に相当する人たちが人間らしい住まいに住めていないことを示している。

また，せめてこの程度の水準が必要であるとして定めている誘導居住水準についても，全世帯の約半数に相当する約2,237万世帯が未達成な状態にとどまっている（表8-2）。

❖　住宅貧困の階層性

ところで，住まいとは認められない粗末で劣悪な建物に住んでいる（あるいは住まざるをえない）人たちは，どのような人たちなのであろうか。

そのことを明らかにするために，先に述べた国土交通省が採用している「居住水準」を目安に，最低居住水準未満の人たちの分布をいくつかの視点から分析してみよう。2003年の「住宅・土地統計調査」結果によれば，最低居住水準未満の世帯の率は先述の如く4.2％で197万世帯に達している。

しかし，住宅の所有関係別にみてみると，持ち家に住む人たちでは最低居住水準未満の率は1.1％と僅少である。しかし，借家に住む人たちの場合は，その率が9.6％と多くなっている。特に国や自治体が供給している，良質とみられる公共賃貸住宅（公営住宅・公団賃貸住宅）に住む人でも，その率は9.5％台に達している。本来，持ち家や借家，あるいは公共賃貸住宅などという区分は，住宅の所有形態や，供給主体の違いだけを意味するはずである。しかし，現実のこうした住宅水準の違いが，今日では持ち家は良質な住宅を意味し，借家は低質な住宅という格差をともなう差別的イメージを国民の間に定着させてしまっている。

次に，家族形態別にみてみよう。それによると，子供が成人に達する直前の核家族世帯の居住水準は，他の家族周期の世帯に比べてきわめて悪い。加えて，高齢化の進展により，ひとり暮らし老人や老夫婦のみの世帯の居住水準も決し

表8-1　新居住水準（1986年以降適用）

(1) 最低居住水準

世帯人員	室構成	居住室面積	住戸専用面積（壁厚補正後）	（参考）住戸専用面積（内法）
1 人	1 K	7.5m^2（ 4.5畳）	16m^2	14.0m^2
1人（中高齢単身）	1 DK	15.0m^2（ 9.0畳）	25m^2	22.0m^2
2 人	1 DK	17.5m^2（10.5畳）	29m^2	25.5m^2
3 人	2 DK	25.0m^2（15.0畳）	39m^2	35.0m^2
4 人	3 DK	32.5m^2（19.5畳）	50m^2	44.0m^2
5 人	3 DK	37.5m^2（22.5畳）	56m^2	50.0m^2
6 人	4 DK	45.0m^2（27.0畳）	66m^2	58.5m^2

(2) 誘導居住水準（都市型）

世帯人員	室構成	居住室面積	住戸専用面積（壁厚補正後）	（参考）住戸専用面積（内法）
1 人	1 DK	20.0m^2（12.0畳）	37m^2	33.0m^2
1人（中高齢単身）	1 DK	23.0m^2（14.0畳）	43m^2	38.0m^2
2 人	1 LDK	33.0m^2（20.0畳）	55m^2	48.5m^2
3 人	2 LDK	46.0m^2（28.0畳）	75m^2	66.5m^2
4 人	3 LDK	59.0m^2（36.0畳）	91m^2	82.5m^2
5 人	4 LDK	69.0m^2（42.0畳）	104m^2	94.5m^2
5人（高齢単身を含む）	4 LDK	79.0m^2（48.0畳）	122m^2	110.5m^2
6 人	4 LDK	74.5m^2（45.5畳）	112m^2	102.0m^2
6人（高齢夫婦を含む）	4 LDK	84.5m^2（51.5畳）	129m^2	117.0m^2

(3) 誘導居住水準（一般型）

世帯人員	室構成	居住室面積	住戸専用面積（壁厚補正後）	（参考）住戸専用面積（内法）
1 人	1 DKS	27.5m^2（16.5畳）	50m^2	44.5m^2
1人（中高齢単身）	1 DKS	30.5m^2（18.5畳）	55m^2	49.0m^2
2 人	1 DKS	43.0m^2（26.0畳）	72m^2	65.5m^2
3 人	2 LDKS	58.5m^2（35.5畳）	98m^2	89.5m^2
4 人	3 LDKS	77.0m^2（47.0畳）	123m^2	112.0m^2
5 人	4 LDKS	89.5m^2（54.5畳）	141m^2	128.5m^2
5人（高齢単身を含む）	4 LLDKS	99.5m^2（60.5畳）	158m^2	144.0m^2
6 人	4 LDKS	92.5m^2（56.5畳）	147m^2	134.0m^2
6人（高齢夫婦を含む）	4 LLDKS	102.5m^2（62.5畳）	164m^2	149.5m^2

（注）　1.　標準世帯とは，この場合，夫婦と分離就寝すべき子供により構成される世帯をいう。ただし，最低居住水準にあっては，6人世帯の子供についてはその内2人は同室就寝するものとし，また誘導居住水準では6人世帯の子供については，そのうち2人は同室に就寝するものとしている。
　　　　2.　居住室面積には，寝室，食事室，台所（又は食事室兼台所），居間及び余裕室のみを含む。
　　　　3.　住戸専用面積には，寝室，食事室，台所（又は食事室兼台所），居間，余裕室，便所，浴室，収納スペース等を含むが，バルコニーは含まない。なお，住戸専用面積（壁厚補正後）は，鉄筋コンクリート造を想定した壁厚補正を行っている。
　　　　4.　室構成の記号は，数字は寝室数，Lは居間，Dは食事室，Kは台所（ただし，1人世帯のDKは食事室兼台所），Sは余裕室である。

表8-2　居住水準の現状

	総　数 (%) [万世帯]	最低居住水準		誘導居住水準		水準不詳
		水準以上の世帯	水準未満の世帯	水準以上の世帯	水準未満の世帯	
'93年	(100.0) 4,077	(90.5) 3,688	(17.8) 319	(40.5) 1,653	(57.7) 2,354	(1.7) 70
'98年	(100.0) 4,389	(92.5) 4,058	(5.1) 224	(46.5) 2,041	(51.1) 2,241	(2.4) 107
'03年	(100.0) 4,684	(95.8) 4,487	(4.2) 197	(52.2) 2,447	(47.8) 2,237	(0.0) 0

（注）　'93年は「住宅統計調査」、'98年・'03年は「住宅・土地統計調査」の結果による。

表8-3　最低居住水準世帯の地区別構成比

（千世帯）

地区	計	関東大都市圏	中京大都市圏	京阪神大都市圏	その他
実数 (%)	1,968 (100.0)	861 (43.8)	102 (5.2)	382 (19.4)	623 (31.7)

て恵まれていない。身体障害者や母子家族など、社会的、経済的弱者の住宅条件も、一般には貧困である。

　また、地域的にみると最低居住水準未満の世帯の43.8％が関東大都市圏に、19.4％が京阪神大都市圏で占められている。大都市圏において、住宅の貧困が厳しい現実となって人々の家庭生活におおいかぶさっている（表8-3）。

　以上のことからもわかるように、住宅の貧困は常に社会的弱者にそのしわ寄せが集中して発生し、階層的対応の求められる現象であることを示している。

❖　豊かさのなかの住宅貧困

　住宅のよし悪しは、単に物的な住宅条件、すなわち広さや部屋数、台所や便所などの基本的な設備の十分さなどによってのみ判断されるものではない。住生活を支えるのに必要なさまざまな設備や家具や調度品が整っていることも重要なことである。

　そうした視点から今日の住まいを見てみると、数多くの家具・調度品・耐久消費材・電化製品に囲まれて生活している人も多い。「大量消費」や「消費は美徳」、家庭生活の「電化・省力化」のかけ声の結果、人々は住宅のなかに大量の

生活用具を持ち込んでいる。このような大型家具類や電化製品などは，住生活を便利に，住みやすくするために必要な大切な財である。したがって，その面だけを見ると，わが国の国民の生活は一見豊かさを享受しているかに見える。

しかし今日の住生活は，こうした部分的な財の豊富化に目を奪われ，本来の住生活に必要と思われる空間的な広さや，空間に対応した機能的な住生活の確立といった基本的な課題の追求が軽視されてしまっているようである。あるいは，適切な住宅を実現することがいっそう困難になっているがゆえに，こうした大型家具や財の持ち込みによって，基本的には貧困な住まいなのに，あたかも豊かな住生活が実現しているかのごとき錯覚をさせられているともいえよう。これは豊かさのなかの貧困現象であると言えよう。

また，勤労者が巨額の住宅債務（ローン）を背負い込んで，ようやく持ち家を手にするケースも多い。確かにその結果，以前の住宅よりも，空間面でも設備の面でも，住宅水準は向上することになるだろう。しかし，その住宅ローンの支払いのために，就労時間が長くなり，家庭生活がゆがめられるとしたら，住生活の内容は本当に向上したといえるのだろうか。巨額の住宅ローンの支払いのために，食費や医療費の支出が極度に圧迫させられたり，家計破綻をしている事例を聞くことが多い。これで，住まいが健康を守る場だといえるのだろうか。これもまた，豊かさのなかの貧困といえなくもないだろう。

今日，私たちは何らかの人間らしさを売り渡さなければ，人並みの住まいに住むことさえできないのだろうか。

> **設問 1**
>
> あなたの家族の条件にふさわしい住まいは，どんな規模のものになるかを考えましょう。また，その価格はどれくらいで，それを買うためにどのような努力が必要かを皆で考えましょう。

2　住宅貧困はなぜ生じるのか

❖　庶民の住まいの貧しさ

　住まいの貧困に階層性があることは前節で指摘したとおりである。では，どうして住まいの貧困が生じるのであろうか。また，そのことがなぜ大きな社会問題となるのであろうか。

　歴史をひもとくまでもなく，現代でもそれ以前の時代でも，社会は常に少数の経済的に裕福な人たちと，そうでない数多くのささやかな生活を営む人たちとで構成されてきた。そして一般の人たちの住まいは，いつの時代にも低質で粗末なものであったことに変わりはない。日本の場合も，縄文式時代の人々の住まいだった竪穴住居は，近世に入るまで，農民住居の基本的な住宅形式として受け継がれてきたものである。そして，その水準も経過した時間の長さのわりにはさして変化はしなかった。確かに，都では商人や職人たちの庶民住宅が発生し，一部の町家はその水準が向上したけれど，国民の大多数を占める人々の住宅は，依然として低質であった。それは，階級社会が富と権力の少数の人たちへの集中によって成立し，それによって社会の発展をはかろうとする制度であるかぎり，当然の帰結であったともいえる。こうして貧しき人たちの貧しき住まいは，いつの時代にも国土の上に広く散在していたのである。

❖　資本主義と住宅問題

　18世紀末の産業革命は，人類史に大転換をもたらしたが，住宅や居住環境のあり方についても，それまでになかった大きな変化が生じた。

　イギリスに端を発した産業革命は，19世紀中葉には，巨大な工業都市を次々と成立させることになった。工場の集積とそこに働く賃金労働者の出現は，人々の住む環境に大きな変化をもたらすことになる。農業では生活できなくなった農民たちは，家を捨て畑を手放し，工場のある都市に流入しはじめた。しかし，資本主義の初期的段階では，労働者に対する厳しい搾取と労働強化による利潤の拡大が，資本家にとって自由競争に生き残る唯一の道であった。このため，

工場に働く労働者は，フリードリッヒ・エンゲルスの指摘するように低賃金のもとでの労働を強いられ，人間らしい生活をほとんど望めない状態においやられる結果となった。彼らは，生活のすべてにおいて貧困であり，その日の糧を得るのに精一杯の賃金とひきかえに，労働力を提供せざるをえない状態にあった。したがって，当時の多くの労働者の住まいは劣悪そのものの状態であった。ただ，このことが，それまでの時代の住宅の貧困状態と異なっていたのは，貧困な住宅が一定の地域に密集し，巨大な不良住宅地域（スラム）を形成することにあった。労働者が貧しい環境に住んでいること自体，資本家や支配階級の生活にとって，関わりのないことであった。しかし，その集積地としてのスラムが，伝染病の温床や，犯罪や反社会的行為の巣となれば，都市の機能の麻痺をもたらし，自らもその影響下に巻きこまれることになる。さらに，衛生状態の好ましくない居住地の拡大は，労働者の寿命を縮め，また次世代の労働者の健やかな成長を防げ，何よりも労働力の拡大再生産を阻害することになる。このことは，資本主義の屋台骨をゆるがす問題となりかねないことが危惧されだした。

　また一方で，資本主義の発達は自由主義経済市場の発展を促すが，その結果，住宅の供給も，自由主義経済の市場原理にゆだねられることになる。したがって，住宅の価格によって住宅の質が決定されることになるし，人々がどんな質の住宅を取得できるかは，その人の所得や経済力に左右されることになる。その結果，貧困者に粗末な住まい，裕福な者には立派な住まいという構図ができあがってくるのである。この現象が，資本主義社会のもとで，労働者階級の住宅の貧しさが社会問題として「住宅問題」となるゆえんである。

❖　都市化と住宅問題の深化

　現代社会では急速な都市化が続いている。社会の生産力の上昇や，流通・情

▶ F. エンゲルス（Friedrich Engels, 1820—1895）
　独の社会主義者。マルクスと共に科学的社会主義理論の構築に寄与した。19世紀中葉のイギリス労働者階級の生活や住まいが，いかに貧困で非人間的な状態であったかを「イギリス労働者階級の状態」（1845年）や「住宅問題」（1872年）で紹介し，その根本的な解決のためには，資本主義制度そのものの変革が必要であると説いている。

報の発達は人や物の特定地区への集積を招くことになる。その結果，都市という限られた地域に，大量の施設や住宅の立地需要が発生するが，そのことは住宅問題に新しい局面をもたらすこととなった。すなわち，住宅の立地や諸施設に対する土地利用の計画的なコントロールがない場合には，過密による弊害や都市機能の混乱，あるいは地価の高騰を惹起し，人々の住環境は致命的な劣化を招くことになる。このことは，住宅問題というものが庶民や働く人たちだけの問題ではなく，都市中産階級や一部支配階級の人たちをもその渦中に巻きこむ，国民的な社会問題としての側面をも持つものへと，質的に変化していることを意味するものである。

また，住宅問題は居住地の環境についても都市施設や生活関連施設の未整備や，あるいは大気汚染・水質汚濁などの公害の発生がみられ，住生活全般に問題を拡大させている場合もある。

設問 2

18世紀末から19世紀中葉にかけてのイギリスの労働者の住宅事情が，どのような状態であったのかを，文献で調べてみましょう。また，当時盛んだった「住宅改善運動」を支えた原動力は何だったのかも考えてみましょう。

3　住宅政策とその充実

❖ 住宅政策の前史──イギリス

人々の住まいの貧困が，基本的にはその人の怠慢や，住宅をよくしようとする努力不足の結果でなく，社会の仕組みとして必然的に生じている以上，その解決に対して，国や公共が支援や対策を講じることは，当然の責務となってくる。こうした取り組みを住宅政策と呼んでいるが，今日のわが国では，住宅政策はそうした目的にかなった姿で機能しているのだろうか。

イギリスは，世界で最初に産業革命の洗礼を受けた国である。そのため，住宅問題による社会不安に，まっ先に突入する結果となった。しかし，当時の労働者階級にとって，貧しかったのは住まいだけでなく，彼らの生活全体が破滅

的状態にあった。しかし，こうした状態は長期的な視野でみたときの労働力再生産や，また短期的にみたときの，個々の労働者の明日の労働力再生産という面でも，大きな社会的損失を招来するものとなってきた。これを放置すれば，資本主義の経済制度そのものの崩壊につながる矛盾に転化することが，支配者層に認識されはじめた。

労働者に対する極度な貧困状態の強制が，逆に彼らにも一定限の水準を保障する人間らしい生活の場や，生活環境を与えることの社会的必要性を，支配層にも痛感させはじめた。英国でも19世紀後半には，住宅政策はこのような背景のもとに，ようやく登場しはじめる。1851年には，公共団体による宿舎の建設と監督を義務づけたシャフツベリー法が，続いて1868年に非衛生住宅の改善を定めたトレンス法が成立し，また1875年には自治体にスラムクリアランスを義務づけたクロス法が制定された。1890年にはこれら三法が統合され，初の「住居法」として公布されるにいたっている。このように当時の英国の住居法は，衛生状態の改善と深く結びついて発達してきた点は注目される。

ただ，こうした公共の住宅政策の成立に大きな影響を与えた背景に，あるいはその前史としての取り組みに，当時英国の上流階級の博愛的・慈恵的な住宅問題への取り組みの蓄積があったことも見のがすことはできない。例えば，オクタビア・ヒル女史の住宅改善運動は，当時の代表的な住宅改善活動を示すものである。ロバート・オウエンの新しい社会の試みも成功はしなかったものの，

▶ O. ヒル（Octavia Hill, 1838—1912）
　英の女性住宅運動家。イギリス資本主義の絶頂期にあったビクトリア時代を中心に，貧しい労働者たちの住宅の管理や，生活改善運動にその全生涯を捧げた。彼女の実施した住宅改善の手法と理念は，単なる慈善的活動ではなく，居住者の個人の責任と人格の尊厳に基づくものであり，「オクタビア方式」としてその後の住宅管理の手本となった。
　参照：岸本幸臣「オクタビア・ヒルの住宅管理」（『生活文化研究』第22巻，大阪教育大学，1978年）。

▶ R. オウエン（Robert Owen, 1771—1858）
　英の空想的社会主義者。労働者階級の貧しい生活状態は，産業革命と資本主義制度によってもたらされたと考え，彼らの生活状態を改善するために，協同村落社会の建設や生産協同組合の推進を試みた。彼自身は工場経営者として支配階級に属しながら，資本主義の産み出すさまざまな弊害を取り除くために種々の実験を試みた意義は大きい。ただ，当時，資本主義経済の矛盾を科学的に捉えきれなかったため，彼の提案も空想的段階で挫折せざるをえなかった。

工場労働者のあるいは機械文明のもとでの労働者の住環境を考えるうえで，大きな示唆を残した実験として高く評価することができる。

❖ わが国の住宅政策

わが国は，英国に比べて約100年ほどの遅れをもって産業革命を迎えることとなった。しかし，このことは住宅問題の発生が100年遅れて緩慢に顕在化してくることを意味するものではなかった。むしろ遅れて欧米資本主義国の仲間入りをした明治新政府は，官営工場の創設にみられるごとく，国家体制そのものの力でもって，急速に工業立国の道を歩む政策を選んだ。その結果，労働者の生活にみられる諸矛盾はよりいっそう厳しい形で，国家の手によって顕在化させられたともいえるのである。「女工哀史」や「職工事情」は，当時の日本資本主義の黎明期を担った労働者たちの，住宅や生活事情の過酷さを如実に示している。しかし，戦前は，国が国民の住宅事情を改善するための対策に本格的に取り組むことは，関東大震災後の災害対策を除くと，ついぞなかったといってよいだろう。

日本人約300万人とその数倍のアジアの人々の生命を奪い，国土を焼土と化した無謀な太平洋戦争は，わが国に約420万戸の住宅不足をもたらした。すべての国民を巻きこんだ膨大な住宅不足を前に，政府にとにかく雨露をしのぐための住宅供給，すなわち住宅の量的供給に主眼を置いた政策を次々と打ち出す結果となった。

ようやく，戦後の混乱が沈静化しはじめた1950年には「住宅金融公庫法」が制定され，あと少しの経済的援助で自力で持ち家を持てそうな層に対して，長期低利による住宅建設資金の貸付をおこなう制度を成立させた。これは一定の水準と規模条件を満たした住宅の建設を対象に適用された。当初は上物建築費

▶「女工哀史」「職工事情」
　細井和喜蔵の『女工哀史』（1925年）や農商務省が出した調査報告書「職工事情」（1903年）には，わが国資本主義の黎明期を生きた工場労働者たちの貧しく悲惨な生活状況が克明に述べられている。特に大正末期から昭和の初期にかけて，全国に300万人といわれた女工や，数多くの下級紡績工のしいたげられた生活が記録されている。こうした事実は，労働者の住まいや生活の貧困が決して個人の責任ではなく，社会制度そのものの矛盾であることを教えてくれる。

だけに対する貸付であったものが，その後用地取得難ともかかわって，用地費に対しても貸付がおこなわれることとなった。賃貸住宅にも公庫融資がないわけではないが，主に持ち家取得促進のための住宅制度とみることができよう。

翌1951年には，「公営住宅法」が制定された。これは，住宅に困っている低所得層を対象に，都道府県や市町村などの地方公共団体が，低家賃の賃貸住宅を供給するものである。建設資金は国および地方自治体の負担である。国の一般会計から支出される補助金分が家賃計算から除かれるため，家賃は低額となっている。従来，対象層は概ね収入第二分位までの人たちとされていたが，近年更に低所得層に限定している。加えて，実際の供給量が限定されているため，この収入階層に多く存在している住宅難世帯をカバーする率は低く，制度の主旨が十分に機能するような展開にはなっていない。

1950年に勃発した朝鮮戦争による戦争特需を境に，戦前の生産水準を回復したわが国の経済は，「国民所得倍増計画」を目標に，世界でも例をみない経済の高度成長をとげることになる。東京・名古屋・大阪・北九州の工業地帯に，新しい企業や工場が次々と立地し，農村部の人口は工場労働者として急激に都市に集中した。わが国産業構造の大転換により，農業人口は次々と切り捨てられ，農村部では過疎と人口の高齢化が急速に進行し，住宅と居住地環境の管理を支えてきたポテンシャルが大きく弱体化することになった。

こうした状況にあって，大都市に集中する労働者を対象とした住宅需要に対応する，都市型住宅の大量供給を目的とする組織が必要となってきた。1955年には「日本住宅公団法」（いくつかの改組を経て2004年7月からは都市再生機構として継承）が制定された。住宅公団は，主として国と民間からの借入金により住宅建設をおこなうため，家賃は公営住宅よりも実質的に高額にならざるをえない。このため，入居者には収入がおおむね家賃の4倍以上あることという下方制限

▶国民所得倍増計画

岸内閣が安保強行採決で退陣した後を受けて登場した池田首相は，1960年12月に，今後10年間で国民総生産（GNP）を倍増する経済政策を発表した。国民は自分の収入が2倍になると錯覚し，猛烈に働きバチと化し，経済の高度成長に突入していった。その結果，耐久消費財や電化製品は急速に国民生活の中に普及したが，一方では，インフレ，公害が市民の生活と生命をおびやかしはじめ，新しい貧困が生じた。

が設けられている。

　以上の制度により供給されている公営住宅・公庫住宅・公団住宅は，わが国の住宅政策の三本柱として，戦後の公的住宅供給の骨格をなしてきたものである。また，公団住宅や公営住宅は非木造集合住宅・DKスタイル・洋式トイレ・団地型居住地の建設など，戦後の国民の住生活の変革に大きな役割を果たすこととともなった。

❖　公的住宅の縮小

　1966年以降2000年までの35年間に建設された住宅総数は，約5,200万戸に達している。これは今日の総世帯数を上まわる膨大な量である。そのうち，政府施策による「公的住宅」と称されるものは約45％を占めている。しかし，公的住宅のうち，公営住宅など直接政府の供給による住宅のシェアをみてみると，1950年代前半の16％から低下を続け，1981年後半では約6％に縮小している。総供給量のうち，公的住宅の占める割合は，民間住宅建設の不況もあって，近年上昇気味であるが，その多くは，公団分譲住宅や公庫住宅のような間接的供給が中心であり，政府の一般会計予算を投入した，直接供給の公共住宅の占めるシェアは少ない。さらに，90年代後半に入ると戦後住宅政策の見直しが行なわれ，新規公共住宅の建設は大幅に減少し，既存公共賃貸住宅の建て替えが中心となってきている。

❖　破綻する住宅政策

　わが国の住宅産業の活躍は，産業界全体のなかでもきわめて旺盛である。このことは，公共・民間をあわせた住宅投資の国内総生産（GDP）に対する比率は3.8％（2002年）と，欧米先進諸国に比べて，決して遜色のない高さを維持していることからもうかがえる。しかも，35年間に約5,200万戸，1年間に延べ平均で約150万戸ベースの供給量を維持したことは驚異的な供給能力だとみることさえできよう。しかし，住宅需要実態調査によれば，1969年以降，常に全世帯の40％以上の人たちが住宅困窮を訴えているし，特に賃貸住宅階層では45〜60％前後の高い困窮率がみられ，量的充足が国民の住宅事情の改善に必ずしも寄

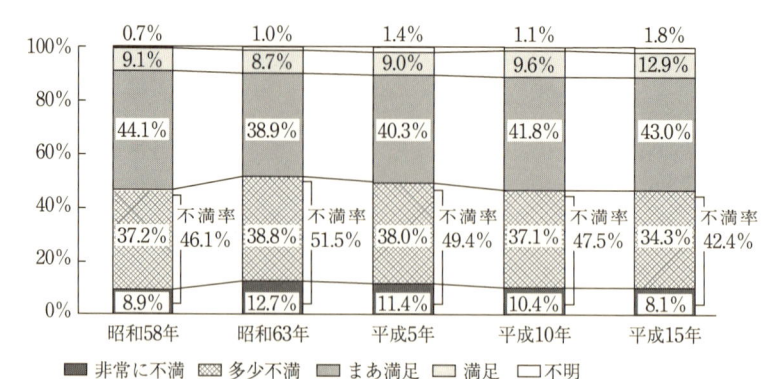

図8-1 住宅に対する評価（平成15年「住宅需要実態調査」結果）

与しなかった事実がうかがえるのである（図8-1）。

　住宅の客観的水準である居住水準や，主観的水準である困窮程度において，好ましい水準に到達していない人たちや，不満を訴えている人が多い理由は何であろうか。人々をこのような状態のもとに放置していて，住宅政策が機能しているといえるのであろうか。

　わが国の住宅政策は，「自助主義」「持ち家主義」と批判されてきた。住宅は「おのれの甲斐性で整えるもので，お上の力をたのむものではない」という考えが，政策担当者にも根強い。そのことの証左として，第一に住宅供給計画では，住宅供給主体は近年は公共・民間が半々となっているが，実際に公共団体が直接供給する住宅は全供給量の10%にも満たない。この結果，「住宅建設計画」に示された民間住宅の戸数以上に，住宅供給は個人の努力にゆだねられている（表8-4，表8-5）。

　また，住宅は持ち家こそが本来の姿であるとする持ち家中心主義の考え方も強い。借家はあくまで仮の宿であり，遠からず持ち家を取得することで住宅事情の改善をはかるのが正道であるという考えが，わが国の住宅政策の第二の特徴となっている。ストック（すべての住宅の蓄積）もフロー（年々建設される住宅）も，持ち家と借家の間に大きな質的格差が生じている現状では，人々の住まいに対する需要もまた，持ち家志向に流されてしまうのは当然のことである。その「つくられた志向」を，国民が求めている住要求の真の姿であるかのように

表8-4 住宅建設五箇計画の戸数推移

計画 (単位:千戸)

(年　度)	第一期 (昭和41 ～45)	第二期 (46～50)	第三期 (51～55)	第四期 (56～60)	第五期 (61～ 平成2)	第六期 (3～7)	第七期 (8～12)
総建設戸数	6,700	9,576	8,600	7,700	6,700	7,300	7,300
公的資金による住宅	2,700	3,838	3,500	3,500	3,300	3,700	3,525

実績 (単位:千戸)

(年　度)	第一期 (昭和41 ～45)	第二期 (46～50)	第三期 (51～55)	第四期 (56～60)	第五期 (61～ 平成2)	第六期 (3～7)	第七期 (8～12)
総建設戸数	6,739	8,280	7,698	6,104	8,356	7,623	6,841
公的資金による住宅	2,565	3,108	3,649	3,231	3,138	4,017	3,487

表8-5 公的資金による住宅建設戸数

(単位:千戸)

	第八期五箇年計画	(参考) 第七期五箇年計画	
		計　画	実　績
公営住宅(改良住宅等を含む)	262 (83)	202	172
高齢者向け優良賃貸住宅	110 (20)	18	24
特定優良賃貸住宅	141 (10)	205	115
公庫住宅	2,185 (175)	2,325	2,718
公団住宅	125 (50)	105	83
公的助成民間住宅	90	120	83
その他の住宅	212 (30)	350	292
計	3,125 (368)	3,325	3,487
調整戸数	125 (37)	200	―
合　　計	3,250 (405)	3,525	3,487

描き出し，持ち家建設中心の住宅政策を展開しているのが現在の住宅政策の姿であろう。

　ところが持ち家を建設しようにも，国民の所得と住宅価格の乖離が拡大すると困難になる。バブル最盛期（昭和末期～平成初期）には，都市部では住宅価格は年収の7～8倍に達し，目いっぱいのローンを想定しても，住宅取得能力指数が100％を割り込んでいたといわれる。現在は地価の下落によって，住宅価格は低下しているものの，それでも年収の5～6倍の高値となっている。この

表8-6　首都圏の住宅価格の年収倍率の推移

項　目	年	昭和62	平成元	3	5	7	9	11	13	15
年　収　（万円）		660	730	828	854	856	853	859	813	783
マンション	価　格（万円）	3,579	5,411	5,900	4,488	4,148	4,374	4,138	4,026	4,069
	年収倍率	5.4	7.4	7.1	5.3	4.8	5.1	4.8	5.0	5.2
	床面積（m²）	65.2	67.9	64.9	63.8	66.7	70.3	71.8	77.0	74.7
建売住宅	価　格（万円）	3,668	5,371	6,778	5,873	5,737	5,864	5,552	4,821	4,590
	年収倍率	5.6	7.4	8.2	6.9	6.7	6.9	6.5	5.9	5.9
	敷地面積（m²）	182.8	187.2	192.8	183.5	175.8	171.1	157.3	142.4	140.0
	床面積（m²）	109.5	121.6	128.3	116.1	115.3	118.7	113.3	107.8	106.0

（注）「住宅経済データ集」（平成16年度版）より。

ことからも，自助主義による持ち家取得には大きな矛盾が生じているといわねばならない（表8-6）。かりに自助主義の立場をとるとしても，住宅取得が国民の家庭生活や家計支出をゆがめることなく実現できるように，住宅供給市場の経済的環境を整えることが，住宅政策の最も基本的な課題として問われているのではなかろうか。

❖　**住宅とローン地獄**

　今日のわが国の住宅事情は多くの矛盾をかかえ，人々は通常の努力で好ましい住宅水準を実現することが，ますます困難になっている。しかし，そうした状況のもとでも，巨額のローンを負担してでも，自力で持ち家をもとうとする傾向が強い。年収の6～8倍にも達する住宅を自力で獲得することは，一般の市民にとっては生活破壊をともなわざるをえない。

　ところで，住宅金融公庫・住宅公団・市中銀行の住宅ローンとは，どんな意味を持つのであろうか。経済的な取得能力の低い人たちの経済負担を軽減する制度となるのであろうか。勤労者の平均貯蓄額は年収の1年分程度だとすると，住宅取得時に払える自己資金はせいぜい住宅価格の2割程度と予想される。残りの8割を低利な住宅ローンで組んでも，支払総額は分譲価格の2倍をはるかに超えることとなる。実際に3,500万円のマンションを500万円の頭金で購入し，

民間不動産市場で一般的な，当初2年の優遇金利（1％）と残期33年の普通金利（3％）の35年の住宅ローンを組むと，6,500万円の総支払額が求められる。

家族全員パンだけをかじって，それこそ飲まず食わずの生活で貯金しても，住まいを現金で購入するための資金は，7年もたたないと貯まらない。それでは大変だからローンを組むとすると，元利合計で売り値の倍以上の価格での購入を強いられる。これでは持ち家政策というのは，住宅政策に名を借りた金融資本による国民的収奪以外の何ものでもない，といえよう。

設問 3

住宅は広ければいい，というものではありません。しかし，住まいが狭くて貧困であることは，生活にいろいろな障害をもたらすことがあります。一体，どのような問題や混乱が生じるのかを，みんなで事例を集めて調べてみましょう。

4 人間らしい住まいを求めて

❖ 生存権保障としての住居

住まいが貧困であるということは，そこに住む人の住生活や家庭生活が貧困であることを一般には意味する。確かに"狭いながらも楽しいわが家""貧しくとも明るい家庭"といった，生活姿勢を大切にする人生訓も多い。だが住宅の貧困は，死亡率を高め，疾病発生率をあげているし，低水準な居住環境は，交通事故・火災の発生を助長しているのはまぎれもない事実である。極度な住居費負担が生活そのものを破壊することは，新聞の社会面を注意深く読めば，日々その証拠にこと欠かない。

今日の住宅貧困が，もはや国民の個人的な努力ではいかんともしがたくなっている実状は，住宅供給が国や公共団体の手によって，生活権の保障として展開させざるをえないことの何よりもの証しであろう。またそのためには，「人間らしい住まい」に住むことは人間の基本的な権利であることを，国民のすべてが理解することも必要となってくる。

人間が侵されることのない権利として，生まれながらにして有する権利を基

本的人権と呼んでいる。このなかには，思想・信条の自由，結社の自由のように国家権力の介入を排除しようとする権利と，教育権・生存権のように国家権力による保障を要請する権利とがある。

日本国憲法は，その第25条に「全ての国民は健康にして文化的な最低限の生活を営む権利を有する」と定めている。いわゆる生存権保障の規定である。このことは，当然，衣・食・住・教育・医療・生活費などに対する具体的な制度としての保障を意味するものと解釈することができる。また，わが国政府が締結している国際人権規約においても，"締約国の国民は不断に自らの衣・食・住の改善を要求する権利を有する"と定めている。憲法と国際法との整合性からみて，住宅はすべての国民に保障されるべき生存権の一部を構成するものであることを法的に宣言しているといえるだろう（岸本幸臣「住宅人権論の法的制定過程について」『住居法をめざして』ドメス出版，1984年，参照）。私たちは，生存権保障の具体的内容を構成する要件として，人間らしい住まいを公共の手で保障させる権利を有していることを，もっと正しく理解することが大切である。

❖　人間らしい住まいの基準

人々の住まいに対する要求は多様であり，何をもって文化的で健康な最低限度の住まいだと定義するかは，簡単には決め難い問題である。また，住宅の物的水準とは，その時その社会全体の生産力によって決められるものであり，相対的性格の強い水準で，固定的にとらえることには問題もある。しかし，10～20年という比較的短期の時間を想定するなら，そのなかで一定の住宅の水準を設定することは不可能なことではない。

建設省は第三期「住宅建設5箇年計画」（76～80年）を制定する際，はじめて居住水準（旧）という考え方を政策のなかに導入した。これは，その水準自体の不十分さ（基準値の低さ）を指摘できないわけではないが，住まいというものの最低の基準と，国民の住生活にふさわしい平均的水準を設定したことに大きな前進があったといえる。しかしここに大きな問題が残された。それは，設定された水準が単に行政の努力目標にすぎず，実際の住宅供給に連動させるための法的根拠や，住み方への規制力がともなわなかった点である。

第8章　住まいの貧困

　現に第七期住宅建設5箇年計画を終了した時点以降でも，第1節で述べたように，なお最低居住水準未満に4.2％の住宅がとどまり，約197万世帯の人たちは，政府が「人たるにふさわしい住まいでない」と認定した水準にとどまっている。特に公共賃貸住宅ですら，約1割にも達する入居者が最低居住水準以下にある事実は，現在の居住水準の持つ政策上の無力さを如実に示しているといえよう。このように居住水準というものが，単に国民の居住状態を計測するものさし以外に機能しないのであれば，せめてものさしの基準自体をもっと住生活の実態に即した厳密な内容に改めることも必要であろう。もし，政策的に住宅供給上の誘導目標とするならば，その実現のための住宅政策の充実が実行されねばならないだろう。

　1986年度からはじまった第五期住宅建設5箇年計画で，政府は，これまでの居住水準に手直しを加え，最低居住水準の若干の改善と，平均居住水準を「誘導水準」に変更し，国民が到達すべき目標値をさらに上方に押し上げている。旧来の平均居住水準にさえ，国民の半数が到達していない段階では，まずそれを実現させる手段の政策的提案のほうが必要なのではなかろうか。次々と高い目標を設定して，国民自らの努力で実現しなさいといっても，それは困難である。こうした意味からしても，居住水準という概念においてさえ，持ち家主義・自助主義が色濃く貫徹しているといえるのである。

　もちろん，「人間らしい住まい」がどんな内容のものでなければならないのかを定めることは，非常に重要なことといえる。そのためには，住居学をはじめ諸科学の研究成果の上に立つ厳密な提案も必要となるだろう。現在よりもさらに多くの判定要因が導入されねばならないし，もっと人間らしい水準値の採用がなされねばならないだろう。また，わが国の住宅水準を客観的に比較するには，生活様式・気候風土条件の違いをふまえて，先進諸外国の居住水準と比較することも大切なことだと思われる（表8-7）。

❖　住居法の確立

　住宅が本当に人々の家庭生活を保障する器として機能するためには，適切な住まいが，人々の健全な努力によって実現できる社会的環境が整えられなけれ

表8-7 人間らしい水準

(1) ケルン基準 (IFHP 1957) (m²)

家族数 寝室数 室構成	3 2	4 2	4 3	5 3	6 4	8 5
台　　所	6	7	7	7	8	8
居間兼食堂室 (居間/食事)	18 (13/5)	18 (13/5)	18 (13/5)	20 (14/6)	22 (16/6)	26 (18/8)
主　寝　室	14	14	14	14	14	14
第1副寝室	8	12	8	12	12	12
第2　〃	—	—	8	8	8	12
第3　〃	—	—	—	—	8	8
第4　〃	—	—	—	—	—	8
便所付浴室	4	4	4	4	4	4
便　　所	—	—	—	1.2	1.2	1.2
洗　面　所	—	—	—	1	1	2 (2個)
収　納　室	1.5	1.5	1.5	2	2	2.5
予　備　室	—	—	—	—	—	(8)
計	51.5	56.5	60.5	69.2	80.5	97.7 (105.7)

(注) 小澤紀美子編『豊かな住生活を考える』彰国社, 1987年より.

(2) パーカー・モーリス基準 (英国 1961) (m²)

	6人	5人	4人	3人	2人	1人
3階建てハウス*	98	94	—	—	—	—
2階建て センターテラス			85	74.5	—	—
2階建て セミデタッチト あるいは 端メゾネット	92.5	82	72			
フラット	86.5	79	70+	57	44.5	30
1階建てハウス	84	75.5	66	57	44.5	30

(注) ＊ もしガレージが組み込まれれば修正を要する.
　　＋ バルコニーアクセスがある場合は67m².

(3) スウェーデン居住水準 (GOD BOSTAD 1976)

住宅規模	住宅型	家族数	室構成 (数字は面積を表す：m²)
≦45.0	1RK	1	VS+K+H
≦55.0	1½RK	1	S7+V18+K+H
≦67.5	2RK	2	S12+V20+K+H
≦75.0	2½RK	3	S12+S7+V20+K+H
≦82.5	3RK	4	S12+S10+V20+K+H
≦95.0	3½RK	5	S12+S10+S7+V20 +K+H+H
≦100.0	4RK	6	S12+S10+S10+V20 +K+H+H

(注) S―寝室, V―居間と食事, K台所と食事, H―浴室

ばならない。住宅政策は本来そうした環境を整えるための性格を持つものであるけれど，現在の住宅政策は，国民の住生活を保障する制度として有効に機能しているとはいえない。

　公営住宅法の第1条には，「国及び地方公共団体が協力して(中略)，住宅に困窮する低額所得者に対して低廉な家賃で賃貸し，又は転貸することにより，国民生活の安定と社会福祉の増進に寄与することを目的とする」と，公営住宅供給の目的役割が述べられている。問題は，こうした目的をもって供給される公営住宅の供給戸数が，実際の需要に対してあまりにも少なすぎることにある。そして第二に，この法律からは，そこに住む人の居住水準を保障することについての配慮は導き出すことができないことである。この2つの意味において，憲法第25条の生存権は，住まいに関してみるかぎり，実質保障として機能して

いるとはいえない。

　国民に生存権として住まいが保障されるということは，人々の生活の実態や家族の実情に沿って，その内容が具体化されるということでなければならない。親子4人の世帯が経済的理由から2DKの公営住宅にしか住めない状態を，むしろ恵まれた人たちだととらえる政策観のなかからは，全ての人達に人間らしい住まいを実現しようとする政策は育たないだろう。その状態は好ましくないことであり，即座に，入居者に経済的負担の犠牲を強いることなしに，もっと広い住まいを提供できる政策の確立が必要である。それを裏打ちするためには，そうした法律や具体的な制度の充実が必要である。過密居住や劣悪な設備・環境のもとでの居住を禁止し，違反者にはペナルティーを与える法律として「住居法」を制定することが，住宅問題解決の緊要の課題となっている。

　「住居法」は，快適な住まいを得ることは基本的人権であること，住まいには一定の水準が必要なこと，住宅の保障は国家の責任であることなどを明記，宣言する性格を持ち，住宅政策の母法的性格を持つものとする必要がある。

　住まいが基本的人権を構成する要素であるかどうかについては，法律の専門家たちの間でも論議がくり返されてきている。しかし，日本弁護士連合会の近畿支部が1985年12月の総会で「居住基本権」という概念を示し，「人々は適正な住居費負担で適正な居住水準が確保された住宅を保障される権利がある」と宣言したことは，住居の人権的性格の法的確立を推し進めていくうえで大きなエポックとなった。

❖　住宅運動と住生活の改善

　国民の住生活を改善し，その権利を定着させていくには，専門家の手による研究的取り組みが，ぜひ必要であることはいうまでもない。しかし，実際の日々の生活のなかで，劣悪な居住条件のなかに身を置き，その改善を求めている人

▶居住基本権
　日弁連の地域組織である近畿弁護士連合会は，第17回大会（1985年11月）で「住環境と住宅問題」のシンポジウムを開催し，居住基本権の基本的概念を定義し，住宅基本法の制定の必要性を提唱した。（参照：近弁連公害対策委員会編「人間にふさわしい住まいを求めて」1985年11月）

たちの運動も，住宅事情を改善するうえできわめて重要なエネルギーとなっている。

そこに生じているのは，特定の地域の特定の集団の住まいの問題ではあるけれど，政策の貧困や矛盾の最も先鋭化した現象でもあり，その背後には国民の住宅事情をとりかこむ基本的な問題が隠されていることが多い。公営住宅入居者の運動，公団住宅入居者の組織，欠陥住宅に悩まされている人たちの集まり，居住地環境の悪化に取り組んでいる集団，住み手が手をたずさえて，自分たちの生活にあった住まいを，安くて安心できる方法で建設しようとする住宅生協やコーポラティブ運動の集団，こうした人々の運動に目を向け，その要求の本当の解決策を力をあわせて考えていくことは，住居の人権的意義をより確かなものとするために，欠くことのできない課題といえるだろう。

専門家や，研究者による取り組み面でも，住宅という個別の領域にとどまるだけでなく，福祉・医療・教育・行政・財政・環境といったさまざまな学者との学際的な取り組みが進みつつある。1982年11月に「日本住宅会議」が発足したが，この組織は国民の住宅問題を解決するという具体的な目標を掲げ，市民・専門家が一体となり，学際的に研究運動を進めている学術組織である。こうした取り組みや運動の蓄積を増やすことが，「住居法」を実現させるうえできわめて大切なことといえるだろう。特に日本住宅会議は，1988年10月に「住宅憲章」を公表し，国民の住まいに対する権利を明確にした法の確立が必要であることをうたっているが，こうした研究運動の蓄積が，住宅問題解決の大きな基盤となってきている。

近年では，2001年12月に日本住宅会議や住宅運動団体などが結集して「住まい連」（国民の住まいを守る全国連絡会）が設立され，国民規模の住宅問題への

> ▶日本住宅会議
> 1982年11月3日に設立された住宅問題の解決を目指す研究運動団体である。（故）大河内一男（東大名誉教授），高山英華（東大名誉教授），（故）西山夘三（京大名誉教授）らを委員とする学際的研究組織で，住宅・福祉・経済・法律・医療・教育・衛生・家政等，幅広い学問領域から，住宅問題を考えることとしており，会員には研究者・専門家だけでなく，市民・主婦など，住まいや住生活に直接かかわる人たちが多く参加している。
> 「住宅白書」の刊行や「住宅憲章」の提唱を通じて，国民の立場から住宅問題の解決に向けて，学術的で実践的な啓蒙活動を展開している。

取り組みもはじまっている。

> **設問 4**
>
> 基本的人権というのは，どのような内容のことを指すのでしょうか。また，そのなかの「生存権保障」というものは，どのような形で私たちに提供されているのでしょうか，具体的に調べてみましょう。

❖ よりよい住まいを求めて

"人はパンのみに生くるにあらず"というが，今日の社会で，竪穴住宅や，方丈の庵で生活することは基本的には不可能である。今日の高度に発達した社会を維持するためにも，それにふさわしい住まいのあるべき姿が当然想定されてくる。そして，その最低限度の水準でさえ，すべての人たちに保障されていないとしたら，しかも，その主要な原因が，社会の仕組みそのものに内在しているとしたら，住宅保障の基本的な部分は，個人だけの努力だけでなく，社会の手によってもなされなければならないのだということを改めて強調しておきたい。

最後に，住宅問題の解決に向けて取り組むべき若干の課題を整理して，この章の結びにかえよう。

表8-8 「住居法」の骨子

【前文】 安全で快適な住まいと，豊かな居住環境の保障は，尊厳を持った人間生活にとって不可欠な条件である。これは日本国憲法により，生存権として認められた基本的人権である。従って，政府は全ての国民に対し，住まいの基本的水準を等しく保障する責任のあることを宣言する。
1．基本的人権（生存権）としての住まいの保障（憲法25条に基づく権利宣言）
2．公共による住宅保障の責任（政府・自治体による住宅保障の義務と責任）
3．保障すべき住まいの基本的水準（住宅の広さと部屋数・設備と機能・弱者支援）
4．住居費負担の適正額（率）の設定（応能負担制度の導入）
5．住宅政策と福祉政策の連動（福祉の基礎としての住宅保障，一体的運用）
6．環境共生型の居住環境の整備（持続可能な人間居住の住宅・居住地開発）
7．居住における差別の禁止（個人の属性による居住の権利の区別差別の禁止）
8．住宅・居住地政策への居住者参加の保障（政策策定へのパートナー参加）

（2003年2月に「住まい連」から岸本試案として提案された骨子）

```
┌─────────────────────────────────────────────────────┐
│              ┌──────────────────────┐               │
│              │       住居法         │               │
│              │ 住まいに関する母法的・最高 │               │
│              │ 法典的な法律として制定する │               │
│              └──────────────────────┘               │
│                                                     │
│  ① 基本的人権としての住まいの保障   ⑤ 住宅政策と福祉政策の運動  │
│  ② 公共による住宅保障の責任       ⑥ 環境共生型の居住環境の整備 │
│  ③ 保障すべき住まいの水準の設定    ⑦ 居住における差別・区別の禁止 │
│  ④ 適正な住居費負担額の設定       ⑧ 住宅・居住地政策への居住者の参加 │
└─────────────────────────────────────────────────────┘
                          ▼
┌─────────────────────────────────────────────────────┐
│ 個別住宅建設計画・個別住宅供給制度・個別住宅地開発制度・個別住宅税制度 │
│ ─────────────────────────────────────────────────── │
│ 各種の住宅関連政策や制度に対して、規範的、拘束的に適用され、住まいの社会 │
│ 保障としての役割を具体化させる機能を果たす。                │
└─────────────────────────────────────────────────────┘
```

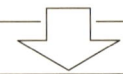

図8-2 住居法の概念

(1) 住居法の確立

　住宅市場を健全にし、国民の住宅や居住環境を一定の目標値まで引き上げるためには、住宅政策が無策では、居住水準の設定も空念仏に終わってしまう。このため、目標値を下まわる居住状態に対して、その改善を強制的に実行することができる法律や制度を整えることが、何よりも必要である。いわゆる、住まいの人権性と住まいの適正水準、さらに国民の住宅保障が政府の責務であることを明記した「住居法」の確立が必要である。先述の「住まい連」では「住居法」の骨子となる考え方を2003年2月に公表している（表8-8，図8-2）。

(2) 政府住宅投資の拡大

　住宅や居住地の環境の水準が改善されるためには、国や地方公共団体の住宅

▶住宅政策の無策

　住宅都市整備公団関西支社は、1988年3月に「箕面おのはらニュータウン」（大阪府箕面市）で9,988万円（土地288m²，住宅148m²5LDK）の分譲住宅を売り出した。いかに周辺地区の乱開発を防ぎ、高品位の住宅供給の必要性があったにしろ、また、需要者が殺到したとはいえ、庶民に良質で安価な住宅供給をするはずの住宅公団が、その使命を放棄したと言われても仕方がなかろう。「この国の土地・住宅政策の無策さを、1億円住宅を眺めて切実に思った」とは、朝日新聞の「今日の問題」の指摘である（1988年3月10日）。

投資額の拡大，あるいは民間住宅投資に対する税制上の優遇措置などによる経済的支援を大規模に実施する必要がある。政府が国民の住宅のために費やしている対策費の多い少ないは，それぞれの国の行財制度や税制の違いから正確には比較しがたい。しかし，わが国の公的な住宅対策費が総体としてきわめて貧弱なことだけは確かである。住宅対策費には国家予算の直接的投入分と，税徴収プロセスでの優遇との二通りあるが，それらをあわせた合計総額が歳出総額に占める比率は，欧米主要先進国に比べて，日本は2分の1～4分の1と低率である。現在，政府の負担している2～4倍の住宅対策費をもってしても，先進諸国の住宅投資額に追いつかないことは明白である。

(3) 公的住宅供給の量的拡大

政府の住宅対策の最も直接的な方法は，公共の手による住宅供給をおこなうことである。需要層の居住水準にみあう公的住宅を一定量供給することによってはじめて，民間住宅市場の家賃抑制や，住宅水準に対する規範的機能が期待できる。その量的供給が少なければ，安くて良好な公的住宅の少量供給が，かえって Few Happy を生む，逆差別にさえなりかねない。

(4) 中間所得層への対応

今日の都市部の住宅問題の，最も厳しい風あたりを受けているのは，低所得層よりもむしろ中間所得層だともいえる。現在，この層は住宅政策の無医村的存在である。個々の収入額はさほど低収入ではないにしても，子供の教育費や生活費等，家計支出の最も厳しいライフステージにある世帯が多い。実質的な経済力が窮迫しているにもかかわらず，見かけの所得によって住宅政策の援助から見放されている階層だともいえる。この中間所得層への住宅対策を充実することは，階層的にきわめて重要な課題であるといえる。

(5) 地価抑制の徹底

地価が住宅価格の半分以上を占めているような事態は，住宅供給のみならず，生活関連施設の整備や，都市施設の整備にとっても，好ましからざる弊害をもたらす。しかも，バブル期に社会問題となった「地上げ」「底地買い」「土地転ろがし」などの行為は，人々の生活の場である土地を利潤追求の対象としてのみとらえ，住宅問題をいっそうぬきさしならない事態へと追いやる。したがっ

て，住宅問題解決のために，地価の上昇を抑えることは急務の課題でなければならない。また，人々が生活を営むために利用する生活用地を利潤追求の手段とすることに対して，公共の手による厳しい規制をかけねばならないだろう。

(6) 住教育の充実

住居貧困の一つの原因に，国民の住意識の低さが指摘されている。したがって，国民の住意識を啓発するために住教育の充実をはかることは，住生活や居住環境の問題を解決するための，実は遠くて近い道なのだと思われる。もちろん，住教育は家庭教育・学校教育・社会教育のそれぞれの分野で，目的に応じて豊富に展開されなければならないが，とりあえず学校教育における家庭科を中心とする住教育の充実を通して，住意識の正しい啓発を実現することが重要である。

(7) 行政の連動化

国民の住宅問題を解決し，住まいと居住地の問題を改善するための行政的対応は，建築行政・住宅行政だけでは不十分である。特に住宅貧困の問題を生活保障として解決していこうとすれば，福祉行政とのかかわりは不可欠な条件となる。また，健康な居住環境を整えていくためには，医療や衛生行政との連動も求められる。さらに，都市における土地利用や都市機能とのかかわりの深さを考えると，都市計画行政との一体的対応も不可欠である。このように，国民の住宅問題を本当に解決するためには，従来のタテ割り行政的対応ではまったく不可能である。そうした考え方とは根本的に異なるプロジェクト中心のヨコ割り行政，あるいは行政の横断的対応が可能となる行政システムを考えることも必要である。

1987年は，国連の総会決議による「国際居住年（International Year of Shelter

▶国際居住年

国際居住年（International Year of Shelter for Homeless for Housing）は，第36回（1981年）と第37回（1982年）の国連総会決議によって定められた国際記念年である。1987年までに一部の貧困層および恵まれない人々の住居および居住地環境の改善をおこない，2000年までにホームレスを解消するために，国際的取り組みを実施することを各国政府に提唱している。わが国でも政府機関・地方自治体を中心に各種のイベントがなされたが，その中で，市民の手づくりによる「住宅国際シンポジウム」が開催（1987年10月，大阪）され，日英両国の研究者・運動家が市民と討論をおこなったことは特筆される。

for Homeless for Housing)」であった。世界の多くの国々で，今日でも路上生活者が10億人に達するといわれている。「それに比べたらわが国は……」といった相対的優位さに自己満足することだけに，国際居住年の意義を矮小化することなく，本当に人間らしい住まいを人権として保障していくための，国や社会，あるいは個人の役割を模索し，その道すじを国民一人ひとりが自覚するための，市民的取り組みも行なわれた。

　1996年には，トルコで第2回国連人間居住会議（HABITAT II）が開催された。世界171ヵ国から政府代表や市民組織としてのＮＧＯが正式参加し，「居住の権利」を新しい基本的人権として確立することに合意した「イスタンブール宣言」が発表された。住まいを投機の対象や個人の甲斐性の結果として位置づけるのではなく，私達が人間らしく生きるための生存権の一部として位置づける住宅政策の確立が求められている。住宅政策理念の大きな転換が地球規模で問われている時代であると言えよう。

　更に，2001年，国連の社会権規約委員会は，国際人権規約の締約国である日本国政府の条約内容の実施状況の報告を受け，審査を行った結果，政府に対して63項目に及ぶ統括所見を出している。居住の権利に関わる所見としては「中核的義務との関係では規約の規定を事実上直接適用可能なものと解釈して立法，行政に適用」することを促している。即ち，社会権の中核的義務として政府にその履行が求められている衣・食・住の生存権保障については，国際人権規約の内容を具体的に司法の判断基準，行政の施策根拠として採用することを求められている。

（岸本幸臣）

第9章
これからの住まいと"まちづくり"

この章で学ぶこと

　この章は最後の章として，これからの住まいと"まちづくり"を考えてみる。"まちづくり"とは私たちにとって身近な問題ではない。しかし，この章に述べられている多くの事例を読んでいくと，私たちの身近にも「楽しく，小さなまちづくり」がたくさんあることがわかる。

　これからの住まいとは，町に住む人々の主体的で共同の作業からはじまる積極的な環境づくりでなくてはならない。

　この章では，これらの参加してつくる"まちづくり"の方法を学ぶ。

1　「まちづくり」とは何か

❖　ゲーリー・クーパーの名言

　住居学について学んできたのに，最後の章でどうして「まちづくり」が登場するのか，いぶかる人も多いだろう。これからの住まいのあり方を展望する際，住まい・まちづくりの文脈で考えることの大切さを明らかにすることが，終章のねらいとしたいので，「まちづくり」が出てきたわけだ。そこで，その意味について簡単にふれておこう。

　まちづくりの真意を考えるとき，ふと西部劇「真昼の決闘」を思い出す。その壮絶な撃ちあいのシーンは，映画史にも残る名場面であるが，あの映画のなかで，決闘の前日，町の有力者たちが，シェリフのゲーリー・クーパーのところにやってきて言う。「明日，悪漢連中がこぞってきたとき，おまえ一人では太刀打ちできまい。今日，この町から出ていったほうが身のためではないか」と。

　それに対して，ゲーリー・クーパーは毅然として"This is my town"と言う。「これはおれの町だ。おれはこの町が好きだ。一人でも守りぬきたい」というのだ。

　ゲーリー・クーパーのこの発言こそ，現代まちづくりの真髄なのだ。すなわち，住み手が，わが町への愛着心を基礎に，そこにふみとどまって環境（ハード，ソフト両面の意味として）をよくしていこうとする主体的営為がまちづくりの本質的意味である。それは，決してハードな道路整備や住宅建設などだけを指すのではない。

❖　身近な環境への主体的かかわり

　現代日本で，まちづくりがいつ頃からはじまったのか，のちに述べるとして，ここでは，上にあげたことをもう少しわかりやすく説明するために，一例をひきあいに出そう。

　現代まちづくりの意味を鮮烈に知らせてくれる事例に東京の高島平団地と隣接している四葉地区がある（延藤安弘『町が大好き——子どもの目線からみたまち

づくりを考える』神戸市市民局青少年課，1985年，5～8頁)。

　高島平団地は，高層住宅の立ち並ぶ人口3万の団地であるが，その南側の雑木林や畑や社寺などの緑濃い一帯が四葉地区である。それは武蔵野台地の東北端に位置し，北の荒川の沖積低地へと，4つの沢が食い込む起伏に富んだ地形である。このあたり一帯は，「旧特別都市計画法」で「緑地地域」に指定され，建ぺい率10％以下に規制され，緑豊かな場所であった。1964年頃までは川にはサワガニが棲み，ホタルもおり，東京とはいえ田園的風景が残っていた。

　しかし，ここにも市街化圧力がかかり，建築規制が空文化し，1958年に，東京都はこの地区を土地区画整理をおこなえば緑地地域を解除するという方針を出した。組合施行の区画整理が動きだし，その後1980年には都施行で進められることになった。

　●──後ろに続く世代のために

「こんな所がまだ都心に残っていた」と思って，緑に恵まれた四葉地区に，Yさん一家は1978年に引っ越してきた。しばらくして，区画整理で緑が失われることを知った彼女は，地域住民とともに「自然観察会」をはじめることにした。その会報には「ほたるこい」という名がつけられた。「これ以上自然が失われるとしたら，もう，決して螢など帰ってこない。いま残っているのは，もうぎりぎりの自然なのだ」ということから，まさに「ほたるこい」の心境から名づけられた。

　さらに，「街づくりを考える会」が誕生し，「区画整理をすることをよしとする考えは車中心のもので，人や他の生物の生活を考えたものではない」という主張が，住民の間に広がっていった。

「区画整理に反対する運動やってて，子供を犠牲にした生活をしてるみたいにいうけどね，これは，いってみれば，私たちの後ろに続く世代のためにやってるのよ。私たちの世代で地球が終わりだったら，私だってやらないよ。寿命が延びて，ひょっとしたら，子供のひ孫の顔まで見ることがあるかもしれないじゃない。そのとき，『昔はそんないい町だったの。おばあちゃんたち，どうしてこんな町にしてしまったの』っていわれたくないもんね」と言いつつ，2つの会の活動の中心となってYさんと住民の人々は運動を進めていった。

コラム 「ハートビル法」のハートは？

　平成6（1994）年6月に「高齢者，身体障害者等が円滑に利用できる特定建築物の建築の促進に関する法律」という比較的長い名前の法律が公布された。略称「ハートビル法」という。これとほぼ同じ長さの名前の法律「高齢者，身体障害者等の公共交通機関を利用した移動の円滑化の促進に関する法律」略称「交通バリアフリー法」が平成12（2000）年11月に施行された。この2つの法律が現在わが国で，高齢者，身体障害者等を配慮した物的環境整備のための，全国レベルのガイドラインとなっている。

　同様の内容を含んだ法律は，アメリカの「ADA」が有名である。正式名称は「障害をもつアメリカ人法（Americans with Disabilities Act）」と言い，1990年7月に成立した。雇用，建築，交通，通信の4つの分野において，障害者の権利をうたっている。この法律の署名式においてブッシュ大統領（当時）は，「ADAは法的には，障害者に対し基本的な公民権についてより幅広い保護をもたらすものであり，それは，我々すべての者が享受すべきアメリカン・ライフの果実を，障害者も公正にしかも正当に享受できることを保障するものであります」と高らかに演説している（八代英太ほか編『ADAの衝撃』学苑社，1991年）。「ADA」のコンセプトは，この演説に示されていると言えよう。

　スウェーデンの「社会サービス法」（1982年）の基本原則，すなわちコンセプトは，次の8つだと言われている。自己決定・自己選択，ノーマライゼーション，生活の継続性，柔軟性，近接性，残存能力の積極的活用，社会参加，総合的視点からの確認。

　それでは，わが「ハートビル法」の「ハート」ないしコンセプトは何なのだろうか。法律の第1条では，その目的を「建築物の質の向上を図り，もって公共の福祉の増進に資する」としているが，これではコンセプトやハートを語ったことにはならない。ほかの解説記事では「高齢者，障害者の自立と社会参加を促進し」「良質な建築物のストックを高めること」などが見られる。概して日本の立法は，ハートやコンセプトを語ることが少ないと言われているが，それにしても素っ気ないものである。ハートやコンセプトは，私たち国民の側で，今後深めてゆく必要があるのでしょう。（高阪）

● 地区の魅力を読む

　署名・請願・都市計画審議会への意見書提出が続き，意見書には「まがった道，狭い道にこそ共同体が健全に育つ基盤があったという原点に返って，区画整然とすれば全てよしとする発想はもう捨てる時期です。自然の地形を生かし，

失う自然を最低限にし，人々が古くから育んできた地域づくりの媒体となった昔からの道，辻，空間，大木等々を大切にしながら，これからの都市づくりのモデルとなるような心あふれる設計にやり直して下さい」とある。ここには，住み手側からのまちづくりへの独自の発想が息づいている。

こうした地域住民の思いのこもった区画整理反対・見直しの運動にもかかわらず，区画整理事業計画案は，1983年3月都市計画審議会で原案どおり承認され，84年末には，換地設計の決定にまでいたった。

区画整理反対運動は，他にも多くの例がある。四葉地区の場合は，生活者が共同でこの地区の魅力を解読する作業を続けることを通して，まちづくりへの新しいオリエンテーションを与えた点に意味があると思う。区画整理事業は進められることになったが，それにあらがうムーブメントを，自分たちの住んでいる場所の環境価値を問い直す形で進められたことは，単純に勝ち負けで律しきれないものを含んでいると思う。

● ―― まちづくり＝人間と自然をつなぐこと

先にふれた「自然観察会」の5年にわたる活動の成果は，『街中の歳時記』として，四葉地区に生息する小さな動物・植物のことが綴られた。そのことを通して，「身近な所に自然があることの素晴らしさ，普段の暮らしの中に天地がとけ込んでいることの有り難さ」がとどめられている。

四葉地区のムーブメントは，Yさんにより素晴らしいドキュメントとしてとりまとめられている。大学に籍を置く研究者であり，妻であり，母である彼女が，四葉地区の自然を守る運動を通して得たまちづくりへの発想には，傾聴に値するものがある。

「『街』とは，自然の中に生身の人間の生活をどう組みこんでいくかを具現する場であり，『町』とは自然と人間との関係，そして人と人との繋がりをつくり育てていく空間であろうと思う。『まちづくり』とは，町の区画を整理することではない。こうしたつながりを調和させて育んでいくことではないか。

街，町，それは自然と人とでつくるものだ」

人工と自然，大人と子ども，人間と人間……がバラバラに分断されていく仕組みが強まるなかで，それらの間に連携の仕組みを求め，それらのつながりの

コラム　オクタビア・ヒル

　住み手の住への愛着心と自主性が，住居・住み方の質を向上させる上で重要であることを世界史上はじめて説いたのは，イギリスのオクタビア・ヒルである。

　オクタビア・ヒル（1838—1912）は，近代都市社会における集合住宅管理のパイオニアであると同時に，オープンスペースや歴史的遺産を保全するナショナル・トラスト創始の中心の一人でもあった。

　彼女は，1840年代に公衆衛生改良のキャンペーンの先頭に立ったエドウィン・チャドウィックと同じ頃に，そうした運動に献身した医師トーマス・サウスウッド・スミスの孫娘にあたり，芸術運動家・社会運動家のジョン・ラスキンの考え方に共感を覚え，彼の社会改良運動の手助けをした。

　ヒルの注意は，早くからロンドンの低質な住宅と劣悪な環境が，多くの低所得者層の生活破壊と怠惰，無気力の慣習をもたらしていることに向けられていた。彼女は，住環境の改善こそ彼らの人間性回復の必要条件であることを痛感した。

　ビクトリア中期のロンドンで，住宅問題・スラム問題を解決するアプローチの主流は，慈善的モデル住宅建設と，自治体・国家による民間住宅建設への規制強化という，「物」にかたよった方式であった。このなかで，ヒルは「物」が悪いからこそ「人」に着目するという方式を切り開いた。

　1865年，26歳のヒルは，ラスキンから750ポンドの資金を借り，都心地域のスラムの3戸の集合住宅を買いとり，自ら家主となった。彼女がはじめたことは，毎週借家人を訪れ，家賃を徴収し，階段室の清掃や，破損箇所の修繕や，住み方の指導をおこなうことであった。このことを通して，居住者に人間らしく住むことへのまなざしを開かせた。ヒルは「住み手と彼らの住宅を別々に扱うことはできない」ことを強調した。

　劣悪な住環境に住む人々は，なりゆきにまかせれば，その悪化を放置しがちであるが，いったん彼らがその場所のために何かをしようという気になればなるほど，彼らはそれをいとおしむようになり，ついには秩序と清潔さが支配的となる――彼女の住問題解決の仮説は，こうした住み手の自律的管理意識の高揚にあった。つまり，彼女は住み手が住改善へのイニシアティブをとれる教育を大切にした。

　3戸の実験からはじまった家賃取り立て兼住宅相談人による定期巡回による住宅管理方式は，その後どんどん普及した。それは今世紀以来，住まいを生活の基本として重視し充実させてきた公営住宅の管理にも反映されている。ナイチンゲールが看護婦という女性特有の職能を確立したように，ヒルはハウジング・ワーカーという住宅管理の仕事における女性の地位を確立した。（延藤）

糸を織りなすことが，まちづくりの発想とする意見には教えられることが多い。

●──身近な環境への愛

『ほたるこい』の序に，芥川賞作家の加藤幸子さんは「愛することはあらゆる運動の原点になる」ことを述べておられるが，まさに四葉地区の住民の身近な環境のなかにある自然への愛がこの地区のまちづくり運動を光り輝くものにしていると思われる。

ゲーリー・クーパーの言葉，四葉地区の事例から，現代まちづくりの本質的意味の一端がわかっただろうか。それは要するに，住み手の身近な環境・人間への主体的かかわりあいのデザインのことである。これからの住まいは，こうした意味をになうまちづくりとの関連においてとらえることが大切であるが，その内容について，以下の各節で考えてみることにしよう。

2　自己実現のある住み方

❖ 住への愛着心を生かす

『おふろばをそらいろにぬりたいな』（ルース・クラウス，モーリス・センダック絵，大岡信訳，岩波書店，1979年）という絵本がある（図9-1）。ここに登場する小さな男の子は「おふろばをそらいろにぬりたいな」と思うが，父親が許してくれない。そこで子供は，自分が家をつくるとしたらこうしたいなという夢をみる（延藤安弘『こんな家に住みたいナ──絵本にみる住宅と都市』晶文社，1983年，19〜26頁）。

遊び場の壁は白く塗ってカメの絵を描く（図9-2）。天井はどの部屋も緑色に，家のまわりにいっぱい種子をまく，大きな真白なドアに小さなピンクの把っ手をつける，友だちみんなが住めるおうち，やがて茂る草や木でおおわれた家のまわりには広々した海をつくる……。

この絵本には，自分の身のまわりをこうしてみた

図9-1 絵本『おふろばをそらいろにぬりたいな』

いと思う子供の想像の世界が，見る者をぞくぞくさせるような興奮と楽しさをともなった絵と言葉で表現されている。

モーリス・センダックのこの絵本は，子供たちの住空間への愛着心と想像力をかきたててくれることに加えて，次のような視点を投げかけてくれる。それは，人々の住まいへの愛着に発する自主改善の評価ということである。「箱」としての住宅は，住み手の自発的な改善と住みこなしの積み重ねによって，各自の個性ある「住まい」になっていく。

図9-2 遊び場を白く塗ってカメを描く

一戸建持ち家の場合には，自由に模様替え・改造ができるが，集合住宅では，それが難しい。とりわけ，公共賃貸集合住宅では居住者が退去するときには，現状復帰義務が課せられ，元どおりにしておかなければならない。公共財産の財産管理という発想からは，それは至極当然のことかもしれないが，一方，住むとは人間の生き様を空間に刻みこんでいく過程であるという視点からみると，生活過程で発する空間改造行為をすべて否定することは，住生活の自由を束縛することになる一面をもたらす。

人々が，集合住宅をきらって一戸建に向かう理由は多様である。その一つには，こうした自由な住生活を阻害する現在までの賃貸集合住宅の形態と管理の両面での「固さ」があるように思う。

もっとも，人々が一戸建持ち家に志向する最大の理由は，前章にもふれたように，戦後のわが国の住宅政策の基調が持ち家主義にあったことに求められよう。

高度経済成長時代，「民族大移動」のように農村から都市に人々が移り住んだ際，低所得者用としての公営賃貸住宅，および中間層向けの公団賃貸住宅が，政策的に位置づけられ，ある程度供給された。しかし，それらは相対的に住戸面積が狭く，いま指摘したような「固さ」もあった。定住できる賃貸住宅ではなく，あくまでも一時的住まいとみなされ，そこから「脱出」して一戸建持ち家に到達することが，都市居住者の願望となった。

第9章　これからの住まいと"まちづくり"

　このようにみると，従来の集合住宅の「固さ」は，技術的側面よりも，むしろ構造的・政策的に規定されてきた一面があるといえよう。
　しかし，近年は「持ち家主義」を越えて，良質賃貸住宅を供給することの意義の評価とあわせて，計画的にも人々の住生活の自由を可能ならしめる集合住宅のニュータイプが輩出しつつある。
　つまり，政策的な「持ち家主義」への指導とは，「固さ」と限界を集合住宅のなかに放置し，国民を一戸建「持ち家主義」へ誘導する政策ともいえよう。しかし本来，集合住宅のなかには戸建住宅にまさる可能性が多様に秘められており，このバラエティに豊む実現を果たしていくなかで，国民が真の意味で住宅を選べる時代を迎えなければならない。
　最近，公団住宅でも〈フリープラン賃貸住宅〉と称して，住戸の内側の間仕切りや内装は居住者の自由にゆだねられるような新しい供給方式が生まれている。
　一戸建であれ，集合住宅であれ，持ち家であれ，借家であれ，住み手自らの住への愛着心を高めるとともに，「おふろばをそらいろにぬりたいな」とか，「リスニング・ルームをつくりたいな」と願う人々の住要求をかなえられる住まいをいかにつくりうるかが，これからの課題である。

❖　住への自主性を育む

　いまひとつ住まいのあり方を考えさせられる絵本をとりあげてみよう。『バーバパパのいえさがし』（アネット・ティソン，タラス・テイラー作，やましたはるお訳，講談社，1975年）は，からだの形を自由に変えられるお化けのバーバパパの家族が自分たちの暮らしにあった住まいを自主的につくる話である（図9-3，図-3）。
　再開発のために，それまで住んでいたみんなの愛らしい家が壊され，高層住宅に住まわされる。しかし彼らは，ストンとした形も味もそっけもない「ハコ」

▶スケルトン賃貸方式
　集合住宅のスケルトン（躯体）部分を供給者が建設・賃貸し，住戸内部の利用と管理を居住者に委ねる方式。この方式が住宅都市整備公団に適用され，〈フリープラン賃貸住宅〉と呼ばれ，1986年東京都光ケ丘パークタウンに登場した。

図9-3　絵本『バーバパパのいえさがし』
（©1971 Annette Tison）

図9-4　一人ひとりの子供の願いのかなった部屋

のようなアパートをきらって，別の家探しの旅に出る。

　きれいな水の池の近くに手頃な敷地を見つけ，そこでバーバパパのからだにプラスチックをかぶせて家をつくった。それは，一人ひとりの子供の思いを生かした部屋を連ねたもので，音楽好きな子には音楽室を，星の好きな子には望遠鏡をとりつけられる部屋を，本好きな子には部屋を本棚でいっぱいにするなど……（図9-4）。

　家族みんなの願う家をつくった彼らは，それを解体しにきた壊し屋機械にあらがい，退散させる。

　この絵本には，これからのいえづくりは，与えられた「ハコ」ではなく，住み手が家の形を決め，各自の趣味にあわせて個性的な家をつくることに自主的にかかわることによって，わが家らしさや，個性を実現する方向に向かうべきではないかということが見事に描きとられている。

　ふり返れば，近代は都市庶民に住戸水準，環境水準においてミニマム・スタンダードを均質に達成しうる集合住宅を大量に供給してきた。そのことを「マスハウジング」と呼ぶ（延藤安弘「ハウジング」『新建築学大系，14』彰国社，1985年，68頁）。

　「マスハウジングが正当化されるのは，それが工業にとって労働力を管理しやすく，商業にとって明確な市場を提供し，増大する住宅関係の官僚組織に働く人に職場を作るからだ。……マスハウジングは大勢の人々に住まいを非常に能

率的に供給する方法である」と，ピーター・ブレイク（『近代建築の失敗』鹿島出版会，1984年）が語るとき，近代ハウジングの功罪の後者にも目を向けなければならぬことに気づく。

住宅難解決の制度として，量をかせぐマスハウジングは歴史上通過しなければならなかったにせよ，他方で，それは住み手の「自発的な生命力」を損なった一面がある。

「固い箱」を「柔らかい家」に変えるには，住み手がそれに積極果敢にかかわる態度・行動が必要である。そのことが，住むことに自分らしさや生きがいを見出していくことになる。それを「自己実現」と呼ぶならば，自己実現のある住まいづくりは人間らしく生きていくこととかかわって，これから重要な指標となろう。

設問 1

自己実現のある住まいづくりとは何を指すのだろうか。自らの願いのなかに，絵本，小説，映画などのなかに，その内実を探してみよう。

❖ 地域の文脈を読む住まい・まちづくり

近代が「標準」によって大衆の住生活を引き上げる効果を果たした反面，その住み手の自発性を損ねてきたことは先にふれた。いまひとつ，その反省としては，地域性の無視である。その結果，地域にまるで「異物」を持ちこむかのように，無表情な没地域の集合住宅が建設された。

そのことへの基本的問い直しを，公営住宅建設として真っ向うから取り組まれたのが，茨城県営六番池住宅である。

それは，1976年に建設されたが，それ以前の公営住宅は「標準設計」による単純な「ハコモノ」がふつうであった。しかし，高度経済成長から安定成長へと時代の潮流が基本的に変化していたことを背景に，住宅における地域性の復権と，定住できる住環境形成に向けて新しい試みがはじめられたのがこのプロジェクトである。

茨城県笠間市市長は，この計画がはじまる頃に「従来の公営住宅は"バタリ"

のようだ。"バタリ"はやめよう」と発言した。「バタリ」とは，この地域の方言で「にわとり小屋」のことを意味する。それは，それまでの標準型の公営住宅への痛烈な批判であるとともに，地域固有の表情を持つ集合住宅をつくろうとの発意でもあった。

県の公営住宅建設をプロモートする役割の住宅課長（蓑原敬氏）は，新しい時代の集合住宅は，地域との文脈を持つことと，定住にたる質を確保することにあると考えていたが，脱「バタリ」型ハウジングをデザインすることを仕掛けた。

その仕掛けにのった建築家（藤本昌也氏）は，かねてより集合住宅設計に建築家としての技倆を磨き続けていた人であるが，このプロジェクトに携わるに際して「大地性」という明確なコンセプトを投げかけた。

大地性とは，それが建つ地域の地理的・自然的・環境的諸条件を束ね，土地の魅力を生かしきることを指す。六番池団地の設計にあたっては，次の様な点

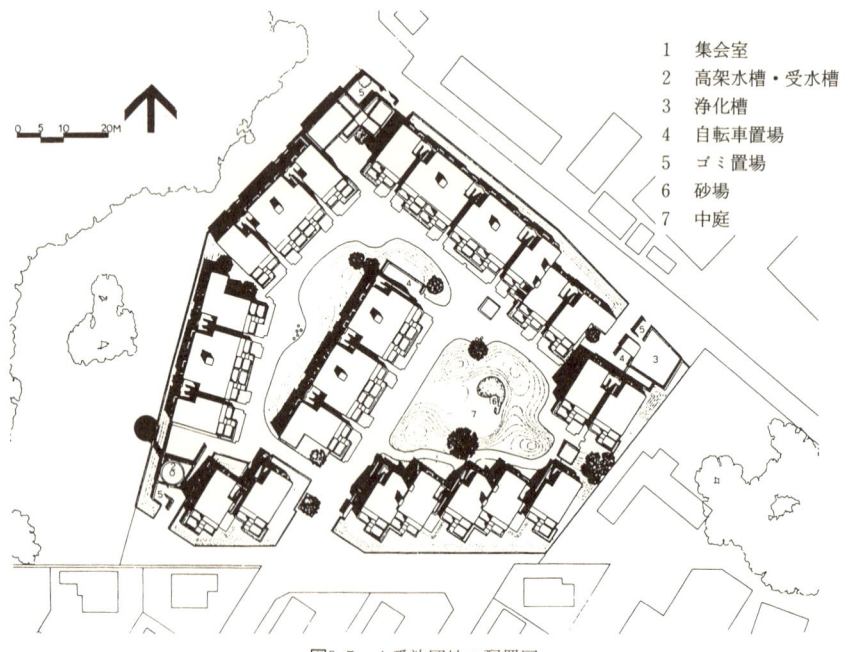

```
1  集会室
2  高架水槽・受水槽
3  浄化槽
4  自転車置場
5  ゴミ置場
6  砂場
7  中庭
```

図9-5　六番池団地の配置図

第9章　これからの住まいと"まちづくり"

での工夫があった。第一に，この地域をぬう那珂川の流域地形のおだやかな起伏を，団地レイアウトに持ちこむこと(図9-5，図9-6)，第二に，住棟デザインにおいて隅部の開放的バルコニーをお互に組み合わせることによって独特の表情をかもしだすこと(図9-6)，第三に，住戸計画においてスキップフロアを導入することにより，公私空間の区分とともに広いバルコニーとダイニングの連続性によりゆとりある団らんスペースを構成したこと(図9-7，図9-8)，第四に，上階に向かう階段室を従来の閉鎖的なものではなく，一文字型の階段を開放的に仕

図9-6　六番池団地の表情には動きがある

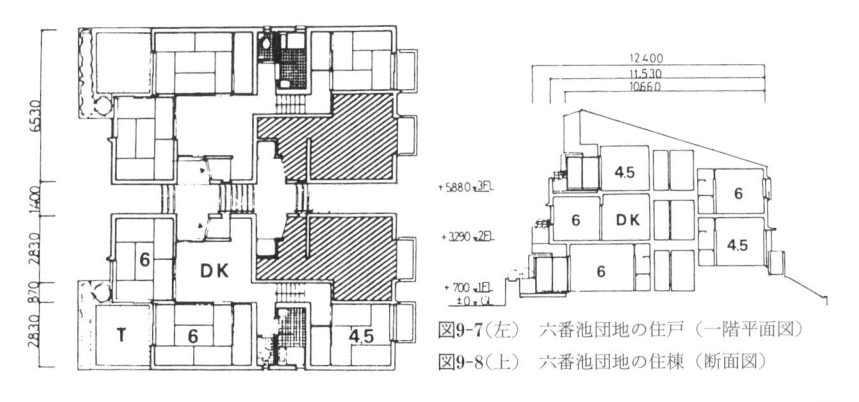

図9-7(左)　六番池団地の住戸（一階平面図）
図9-8(上)　六番池団地の住棟（断面図）

組むことにより，土地に根をはやしている長屋の路地のような雰囲気を演出してみせた。

こうして，六番池団地は"バタリ"をはるかに越えるものとなった。それは，現代の集合住宅は地域固有の魅力を生かすとともに人々が愛着と誇りを持てるような新しい住風景を地域に創造するという意味での住まい・まちづくりでありたいというメッセージを鮮やかに社会に向けて投げかけた。事実，このプロジェクトをきっかけにして，行政担当者の発意と，建築家の創意に満ちた集合住宅づくりが全国的にまるで燎原の火のように広がっていった。

住宅・まちづくりは，住み手の発意やかかわりが大事であることは次節以降でも述べるが，いまひとつ，ものをつくる側の立場にある行政・建築家の対応（地域と地域住民に顔を向けること）もまことに重要であるといえる。

3　参加による住まい・まちづくり

❖ 生活者主体による住文化創造の時代へ

団地を舞台にした一冊の児童文学を開いてみよう。『菜の花団地つむじ風』（千田節子著，講談社，1984年）の物語の舞台は，関東平野の西の端，秩父の山並みが見える団地。自治会の文化教育部長を引き受けざるをえなくなった主婦と，小学校6年の子供たち5，6人とが，それまでの既定の年間プログラムを越えて，自らの発見・発想によってコトを進めていく。

ある機会に，周辺の古い農家の老人を通じてこの土地には太鼓によるお祭があったことを知る。太鼓の響きに心打たれた子供たちによる創作太鼓の取り組みなど，団地住民による新しい都市文化の創造の心わきたつドラマが展開されていく……。

ここには，住環境と生活の価値観について新鮮な視点がある。第一に，小さな自然と人工的空間との共存を可能とする環境像が示されている。それは，団地の共用空間が子供にとって生き物と出会うかっこうの場であること，および子供たちが太鼓の手ほどきを受ける近くの高校の先生が野生の草花への熱心を持っている姿などに描写されている。

第9章　これからの住まいと"まちづくり"

　第二に，環境形成の歴史的文脈への気づきを促していること。子供たちは太鼓打ちを習いつつ，この団地ができるはるか前に，やせた泥田で貧農が生きる叫びとして太鼓のリズムの伝統芸能を生みだしたこと，そして団地の下には菜の花がたくさん咲いていたことに気づく。子供による「菜の花宣言」は，彼らの団地への愛着の深さを伝えてあまりあるものがある。

　第三に，押しつけや借りものではなく，住み手が自分たちの住んでいる場所・地域にこだわった，クリエイティブな生活様式が示されていること。それは，自らさまざまな人間関係に開かれた存在としてかかわっていく主人公トモの生き様や，子供たちが創作太鼓の練習や子供会づくりに夢中になっていく過程が示されている。

　団地という計画的に整備された「器」のなかに，住み手ならではの発想と行動の積み重ねによって，人間的なぬくもりのある生活の「中味」がつくられていくプロセスが，ここにはよく示されているが，このことはまぎれもなく「参加によるまちづくり」である。

　住まい・まちづくりが，経済的な合理性追求の時代から，生活文化創造の時代に移り変わろうとするいま，この小さな書物には，住み手の手がじかにまわりの環境と人間にふれるという感覚への促しがみられる。

❖　「ハード」と「ソフト」の相互関係としてのまちづくり

　ところで，「参加によるまちづくり」とは何をいうのか，いま少し，こうした言葉が登場した頃のことをふり返りつつ，その意義を確かめてみよう（延藤安弘・宮西悠司「内発的まちづくりによる地区再生過程——神戸市真野地区のケーススタディ——」『大都市の衰退と再生』東京大学出版会，1981年，137〜139頁）。
　「街づくり」という言葉が，高度経済成長まっただなかの昭和40年代に登場したとき，それは区画整理による道路拡張やマンション建設にともなう日照が奪われることなどへの反対ののろしとして使われた。そこには，都市計画という固い言葉を柔らかく聞こえるように置き換えただけでなく，一方的な上からの，地元無視の都市計画・建設をしないこと，自分たちの町は自分たちで守るということが含意されていた。

地域住民による「建設」「乱開発」の反対のムーブメントのなかに成立したまちづくりの概念は，従来の都市計画のそれを質的に変えた。すなわち，法による都市計画が広域対象に top-down 方式を特徴としたのに対して，まちづくりは住民の身近な生活環境を地元合意にもとづいてつくり変えるという bottom-up 方式を特徴とするコントラストを描きだした。都市計画という「名詞」的な静的なイメージから，街づくりという「動名詞」的に考えるという，主体のかかわりや，継時的プロセスを含むダイナミックな論理に変化した。

　「まちづくり」は，「町づくり」とも，「街づくり」とも表記される。活用される場の状況に応じてその意味は幅がある。あえて区分すれば，漢字の「街(町)づくり」は，器としての環境・「もの」をはたらきかけの主な対象とするのに対し，「まちづくり」はそれらを含みつつ，住民の健康・福祉・教育・レクリエー

| コラム | 景観法および景観緑三法について |

　それぞれの都市や居住地にもいろいろな風景・景観の特徴がある。例えば歩行者に魅力のない駅前の広場や，ごちゃごちゃして落ち着きのない商店街，町並みにそぐわない巨大な広告看板が乱立する場所や，建物の高さがばらばらで不統一なスカイラインの地域，街の中にも緑陰の潤いある空間や「ほっと」するスペースの余裕が欲しい場所がある。これは中心市街地だけでなく住宅のある居住地の雰囲気・景色でも同じである。誰でも美しい都市，気持ちのいい環境で暮らしてゆきたいものだ。

　平成16（2004）年美しい国，まちづくりのための「景観法」が制定された。そこに住む住民の合意さえあれば，街区の建物のデザインや色彩の制限を決めることができる。建築物の高さや，壁面の位置をそろえて統一感を守ることもできる。街路などの景観を重視して，並木・ガードレール・舗装などを配慮し良好な道路整備を目指すこともできる。歴史的に由緒のある建物を大切にし，重要建築物として良好な景観の形成に位置付けることもできる。電線共同溝により電線を地中化することもできる。このような景観の整備は都市緑化・広告宣伝物などとも深く関連してくる。

　景観法は都市の緑化に関する法律と，屋外広告物に関する法律と深く関連していて，これら三者の一体的な運用による景観の向上が望まれている。これから私たち住民はこの法律の存在を理解し，行政の協力を得ながら自分たちの都市，街，居住地，田園環境を積極的に保全・整備してゆかなければならない。（渡辺）

ション・コミュニティ形成などを視野に入れた，よりソフトな領域，「生活」をも働きかけの対象にする。まちづくりは，住民をとりまく目に見える物的環境の改善と，目に見えない地域生活の向上の結合のなかに，すなわち物づくりと生活づくりの統合のなかに新しい意味を見出すことになる。すでにできあがった住宅地空間・市街地の住民にとっては，建物・道路などの質の向上よりも福祉の向上を望む場合もあるし，ソフトな生活の質の改善がハードな物の改善エネルギーを育み引き出すこともある。まちづくりとはそのようなソフトとハードの相互規定関係を指す。

物としての環境を「造る」ことには，はじめと終わりがあるが，ソフトな生活を「作る」ことには，絶え間なく上に向かおうとするエンドレスな人間の営み＝参加が裏打ちされている。

参加によるまちづくりは，21世紀に向けての住文化を創発するうえで，住宅・福祉・教育・文化の多領域を横断する重要テーマである。

設問 2

自分たちの生活している町でのまちづくりにはどんな事例があるか。その動機，性格，関係主体の参加の促進・阻害要因，展望などを考えてみよう。

4　集住のライフスタイルを育てる

❖　「ホテル家族」vs「いろり家族」

これからは都市集住の時代である。集住には二重の特徴的現象があらわれる。しかし都市化には，空間的には住居と住居の関係密度が高まり「密住」現象が進む反面，人間関係の面では「人々が人間関係から逃げる時代」といわれるように「孤住」現象が進行する一面がある。

『フジ三太郎』の漫画をひいてみよう（図9-9）。5月の青空に泳ぐ鯉のぼりの家族の仲のよさに涙する課長の家は，一人ひとりが自室で思い思いのことをしている。

核家族化の進行，家庭の基本的機能であった「生老病死」の場の外化の進行，

家庭電化製品のパーソナル化の進行，家族成員間の生活時間のズレの進行などの諸要因によって，現代の家族は，帰宅してもそれぞれ自分の個室を持ち，リビングルームはホテルのロビーのような役割を果たしている。このような現在のわが国の家庭・家族の状況を，精神分析学の小此木啓吾氏は，その著『家庭のない家族の時代』（ABC出版，1983年）のなかで，「ホテル家族」と呼んだ。

高度な都市化・産業化の社会ではこの傾向はいっそう助長されていくかにみえるが，果たして，人間らしい暮らし，すなわち，人間と人間の豊かな関係を家庭内および近隣周辺につむぎだす方向はどうなのだろうか。

人と人の関係の再創造に向けての住まいづくりの典型は，コーポラティブ住宅にみることができる。その一つである京都洛西ニュータウン内の「ユーコート」（図9-10，図9-11）48戸の間取りは，どのプランもその価値配分において，集いの空間に重きを置き，寝室（個室）をできるだけコンパクトに抑えていることが特徴である。

そのうちの一軒のリビングルームの真中には「いろり」がある。集合住宅のなかにいろりがあるのは不思議な感がするが，この家の父親が，子供の頃「いろり」のまわりにみんなが集まり，楽しさとしつけの場であったことを思い出し，それを現代に再生させたいという願いからできあがったものである（図9-12，図9-13）。

いろりには長い座卓が続いており，それは食卓でもあり，勉強机でもあり，酒をくみかわす台でもある。赤々と燃える火を前にしていると，火がごちそうとなってお酒がおいしく飲めるので近所の人々，友人たちがよくここに集まる。

最上階の屋根裏を活用して子供部屋ができているが（図9-14），いろりの空間

図9-9　仲のよい家族とバラバラの家族

（注）　サトウサンペイ「フジ三太郎」『朝日新聞』1987年4月30日

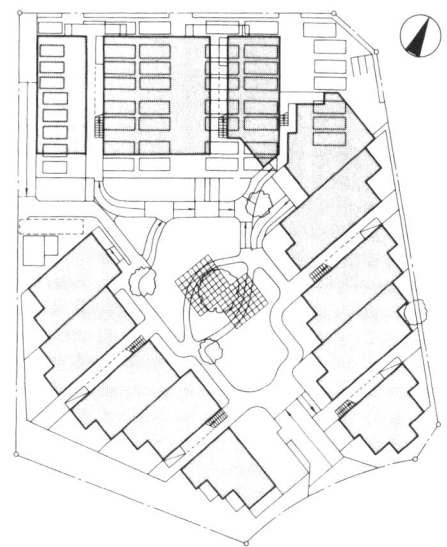

第9章　これからの住まいと"まちづくり"

図9-10　ユーコートのレイアウト 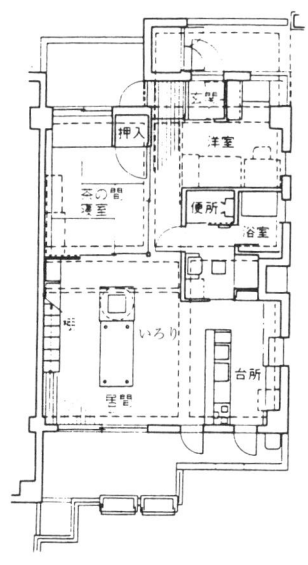　　　図9-12　いろりのある家（ユーコート）

図9-11　ユーコートは人の顔のような表情をしている

を通して，この子供部屋と台所の間には親子がいつも何気なく相互に気配を感じることができる関係もうまく仕組まれていることも注目される。

　このいろりのある家は，「ホテル家族」の進行にあらがって，むしろ親と子の

図9-13 いろりのあるリビングルーム（ユーコート）　　図9-14 屋根裏の子供部屋への箱段

直接・間接のふれあいや，家族外の人々との関係の網の目を形成する場としての集いの空間をつくることによって，「いろり家族」たらんとしているかに見える。

設問 3

「ホテル家族」と「いろり家族」の双方について，その必然性，長所，短所，可能性にわたって比較検討してみよう。

❖ 集住の「わずらわしさ」を越える

都市的社会の成熟化過程における住生活のひとつの要は，住み手の側の集住の生活様式の共通性を確立することである（延藤安弘『集まって住むことは楽しいナ——住宅でまちをつくる』鹿島出版会，1987年12月，40〜54頁）。

集住のライフスタイルには二面がある。一つは，「わずらわしさ」の側面。実際の集住の生活過程では，生活騒音，ごみ処理，ペット飼育，共有物の利用方法とその維持管理等々，やっかいな問題が日常的に多発する。このわずらわしさから逃げるか，集住のルールのあるべき規範を求めるのか，住み手側の態度が問われてくる。

例えば，生活騒音をとりあげてみよう。ジョン・バーニンガムという英国のコミカルな作家の描く『ねえ，どれがいい？』（評論社）という絵本のなかに，子供と生活騒音をめぐるとても面白いことがらがみられる。

この絵本には，「もしぞうさんがお風呂のお湯を飲んでしまったら」「くまと

第 9 章　これからの住まいと"まちづくり"

本を読むことになったら」などという奇想天外な状況が描かれているが，中ほどに「家の中でシンバルを鳴らし，ドラムをたたいたら」の絵を見つけることができる（図9-15）。

さらに，その隣のページには「家の中でトランペットを吹いたら」がみられる。赤ん坊の泣く姿，安眠を妨げられた人の不機嫌な顔，みけんにしわを寄せて怒っているおばさんのしぐさなどが描かれている。これを見ているうちに，生活・レジャー騒音について，知らず知らずのうちに他者の身になって考えることになっていくのではないかと思う。

集住のマナーを住み手に伝えるためには，単に「…してはいけない」の固い規制策だけでは決して十分でない。むしろ，子供から大人まで，知らず知らずのうちに自ら納得してしまうような柔らかい仕掛けの工夫が待たれる。

また，集住生活における音には「顔」があるという観点から，日常の近隣関係が大切である。例えば，上の階で小さな子供が椅子から床に飛び降りて遊んだりする場合，下の階の住み手はどのようにそれを受けとめうるだろうか。もし，日頃あいさつを交わしたりする顔見知りの関係ならば，「○○ちゃん，今日も元気ネ」と反応できよう。しかし，まったく見ず知らずの関係ならば，いらだちと怒りがこみあげてくるであろう。

図9-15　家の中でシンバルを鳴らし，ドラムをたたいたら……

生活騒音の発生者のことについて知っている場合には，その騒音の程度いかんにもよるが，「受忍」の範囲は広がる。そして，共感の持てる間柄である場合には，相手の立てる音がここちよく響くこともありえよう。
　集住のわずらわしさを克服するためには，日頃からの近隣同士のコミュニケーションを下地にしておくこと，それが育まれやすい空間をつくることが不可欠である。

❖　集住の「楽しさ」を演出する
　サトウサンペイ作の漫画「夕日くん」（図9-16）には，縁側のあるマンションが描かれている。縁側は，ひと昔前のわが国の住宅にあっては，家族と近隣の人々のコミュニケーションの場であった。大量の住宅を安く早く建てることが社会的要請であった時代に，そして地域性が無視され，全国一律の住宅になった時代には，縁側は都市の住まいから消え失せた。
　しかし，人々が地域に定住し，自らの暮らしにあった住まい・環境を希求する時代になると，先にあげた「いろり」をはじめ「縁側」，「土間」「路地」な

図9-16　縁側のあるマンション
（注）　サトウサンペイ「夕日くん」『週刊朝日』1975年12月

第9章 これからの住まいと"まちづくり"

ど，日本の住文化のなかに蓄積されてきた，人と人の関係をとり結ぶ仕掛けが見直され，再生させる動きが見えはじめている。

「ユーコート」の例をまたひきあいに出そう。そこでは，住み手が48世帯集まって，住んでみたいと思う住居・環境像の議論を百出させて，従来の集合住宅の標準をはるかに越えるものを生みだした。階段室を上り下りする際，人々はそこに「路地」空間にたたずむようなここちよさを感じる（図9-17）。また，バルコニーには隣戸間に仕切り板がなく続いており，「垣根ごし」のおつきあいができるようになっている（図9-18）。

図9-17 雨の落ちる路地のような階段室（ユーコート）

一階の住戸は縁側があり，上階の住戸でも，リビングルームにレベル差を変えた和風空間を融合させることにより，「縁側」的空間をうまくつくっている（図9-19）。玄関の入ったところを黒っぽく塗られた板の間にして，まるで「土間」空間をほうふつさせる家もある（図9-20）。

これらは，いずれも自己の記憶のなかにある「思い出の空間化」であるとともに，日常生活のなかで人々の交流が自然にはじまる空間ともなっている。

また，居住者相互でどんな暮らし方をしたいかという夢を語りあいながら環境デザインを進めていった結果，そこでは，土や水や花木のある広場，学童保育やパーティを開ける130m²の集会所，郷里イメージを高めてくれる家並みのシ

図9-18 バルコニー越しに隣人は語り合う

図9-19 リビングルームの縁側的空間

図9-20 土間をほうふつさせる居間のある家

図9-21 家並みは美しい集落のシルエットのよう

図9-22 泉のほとりの音楽会（あじろぎ横丁）

ルエット等々，素敵な住環境を住み手は手に入れている（図9-21）。

　住み手共有の住環境創造の工夫という点では，同じくコーポラティブ住宅の「あじろぎ横丁」（宇治市）も注目される。17戸の低層集合住宅の間に，土・水・緑の豊かな共用空間を介在させ，そこにおいて子供・大人・年寄りが群れて生活することの楽しさを享受しあっている。子供たちがはだしで土を踏むと気持ちいいようにこの住宅地のなかの道は地道にしてあり，そこで運動会をやったりする。泉のほとりでは，音楽会，クリスマスパーティなどがおこなわれたり

する（図9-22）。

　こうした住み手たちのともに住むことの楽しさを共有しあうことの裏側には，環境の共同管理に向けての日常・非日常の努力がある。土・水・緑という世話のやける対象への持続的な維持，管理の労力エネルギーは大変なものである。集住の楽しさを味わうためには，その舞台ともなる環境のメンテナンスの共同作業をいとわない，いわば「重荷をともに担いあう」という生活スタイルがここにはみられる。

　コーポラティブ住宅という住まいをともに創る体験の共有が，こうした集住の楽しさとわずらわしさを統合するライフスタイルを見事に可能にさせていると思われるが，一般の集合住宅においても，このことは都市集住の「コモン・センス」として育んでいくことが，これからいっそう重要になってこよう。

> **設問 4**
> 　集住のわずらわしさと楽しさを統合する生活を営むためには，どんな「環境態度」が必要であろうか。まわりの人間や住環境への心配りのありようを考えてみよう。

5　ともに生きるまちづくり

❖　老若提携の住まい・まちづくり

「あじろぎ横丁」には，障害児が住んでいる。この子供はここに引っ越してくる前までは高層マンションに住んでおり，家と保育所を往復する生活だった。しかし，ここに集住してからは，低層住宅に住んだこと，近所の子供が毎日遊びにさそってくれること，家の前には共同の庭・道があることなどによって，連日，地道を遊びの舞台にして，外気にふれ，そして，よその子供たちとふれあうようになった。

　その結果，保育所の保母さんが「この子は障害児とはとても思えないほどに心身ともに変わりましたネ」というようになった（図9-23）。

　また，同じところに住んでいる70歳代のおじいさんは，ここに越してくるま

コラム コーポラティブ住宅

　コーポラティブ住宅の現在的規定は,「自ら居住するための住宅を建設しようとするものが,組合を結成し,共同して,事業計画を定め,土地の取得,建物の設計,工事発注,その他の業務をおこない,住宅を取得し,管理していく方式」である。それは,いままでのところは商品化された持ち家を越えて,住み手が集まって協力することによって,住み手の思いのこもった住まいを実費主義でつくる区分所有方式の持ち家である。

　しかし,その将来的規定は,組合の不動産所有という公共性と利用権方式によって個人の財産権の留保を組み合わせるということにあり,従来の持ち家・借家,公共・民間にかわりうる「第三の住宅所有形態」を生みだすという可能性を秘めている。

　1989（平成元）年現在,全国に計約250プロジェクト,約4,500戸のコーポラティブ住宅が建設されている。1975（昭和50）年,OHP住宅（東京都）,コーポラティブハウス柿生（川崎市）が関東ではじまったが,昭和50年代になると関西各地に多様なコーポラティブ住宅が根づきだした。大阪市の都心に10を越えるプロジェクトを成功させてきている「都住創」（都市住宅を自分たちで創る会）,大阪府下で市民運動として展開している「住宅の協同建設をすすめる市民の会」,そのほか京都,神戸,尼崎の各地に持続的なコーポラティブ住宅を推進しようとするグループが存在している。

　コーポラティブ住宅のメリットは,流通コスト節減,家族構成や好みにあわせた間取りとデザインが可能,個性のある共同空間形成,最初から近所づきあいのあるコミュニティ形成,集合の建築的表現,直接民主主義的手法とその展開,住み手と創り手が一体となる「プロシューム」方式であることなどである。

　とりわけ,集住のライフスタイルを積極的に形成しうる可能性がある点については,都心に定住空間を再生させる（長屋の共同建て替えなど）,集住コミュニティの活性化（共同空間の周辺地域への開放など）,都市的環境のなかでの自然との共生（土・緑・水の一体的住環境づくり）,居住地のなかでの子育て（異年齢子ども集団の形成など）,住宅・福祉連携のコミュニティ（老人・身障者のハード,ソフト両面にいたる積極的配慮）等々にわたっての実践例が数多く生みだされている。これらは,都市を人間的居住の場に鍛えあげていくこと,都市に生きる種々の努力をインテグレートする仕掛けとして,きわめて有意な内容をはらんいる。

　世界的にはヨーロッパ,北米などで,コーポラティブ住宅が盛んである。近年は,イギリスにおける公営住宅団地における管理型コープや共同所有型コープ,半借家半持ち家型コープ,およびカナダにおけるコープ住宅への公営住宅居住者

第9章　これからの住まいと"まちづくり"

> 層の一定比率巻きこみにともなう公的補助金の導入など，特徴的な方式が発展しつつある。
>
> 　今後，わが国におけるコープ住宅は，持ち家取得の便法としてではなく，広く都市の住宅・環境・生活を再編・強化していく社会的文脈を形成しうるような，地域ごとの多様なムーブメントとしての展開，住宅政策体系における正当な位置づけと，具体的に支援する公的政策の拡充が期待される。（延藤安弘「コーポラティブ住宅」日本住宅会議『1986年版住宅白書』ドメス出版，1985年）（延藤）

図9-23　地道を遊び場にして障害児と健常児がたわむれる（あじろぎ横丁）

図9-24　居住者みんなで共同環境の管理をする（あじろぎ横丁）

では寝たきり老人で「先は長くない」といわれていた。しかし，ここに来てからは，毎日子供たちが勢いよく小さな自然を相手に遊んでいる生活に驚き，隣地に借りた共同菜園で朝トレトレの野菜を育てることに喜び，向かいのおばあさんに毎朝早く元気なあいさつをおくられ……等々，多様な刺激を受けているうちに，とうとう腰はしゃんと伸びてしまった。

　「春の道づくり」と称して地道を直す1週間がかりの住民共同作業にも率先して出るようになった（図9-24）。寝たきり老人が「元気老人」に様変わりしてしまった。現代の住まい・まちづくりは老人の生命をも呼び覚ます力があるかに思える。

　ここには，障害者と健常者，老人と子供たちが居住地をベースにしつつ「ともに生きる」（ノーマライゼーション）の生活様式を育てつつある一面がうかがえよう。

　「ともに生きる」まちづくりという点では，神戸の下町・真野地区も，過去40

年間住民参加のまちづくりが積極的に展開されている典型地区として見のがせない。

　昭和40年代には，住民の病気の元凶を住民による調査によってつきとめ，問題の公害工場を追い出し，その跡地を市に公園や老人いこいの家，保育所などを整備させた。引き続き，50年代には，人口定着，住工共存，うるおいのある住環境づくりを目指して，20年先と当面を見通した「まちづくり構想」を住民間の共感を呼ぶ合意に支えられて策定した（図9-25）。

　この町のまちづくりにかかわっているのは，この町の産業・生活・コミュニティ形成面で主導的立場をとってきた老人たちと，それに引き続く次の若い世代の人たちである。ある夜，まちづくりの会議が終わったとき，二人の老人はこんな会話を交わしていた。一人が「このプランはいつ実現すると思う？」と問えば，もう一人の老人は「ぼくらの目の黒いうちには無理かもしれんが，みんなでまちづくりを考えるというのは楽しいもんやな」と反応した。

　ここには，老人がまちづくりにかかわり続けることが生きがいとなっている姿がみられるとともに，老若提携のまちづくりムーブメントは，老人に高度な福祉を提供していることをのぞかせているかに思う。

　ともに生きる住まい・まちづくりに向けての発想を，地域の状況に応じてどのようにふくらませ，行動化していけるのか，あらゆる立場の主体が今後反すうすべき課題であろう。

❖　子供にワイルドな環境を

　1960年代以降の都市における開発ラッシュは，子供たちの生活環境から原っぱや樹林地を奪い去ってしまった。その代わりにできた公園や遊び場といった制度化された時空では，禁止事項がいっぱいあり，遊びという最も自由な行為が，「管理」のために枠のなかにはめこまれている。そんな現実は，今日どこでも目にすることができる。

　しかし，東京都世田谷区にある羽根木公園の一隅には，「自分の責任で自由に遊ぶ」と題する，素人がペンキで描いた大きな立札が掲げられている。そこには，次のように書かれている。

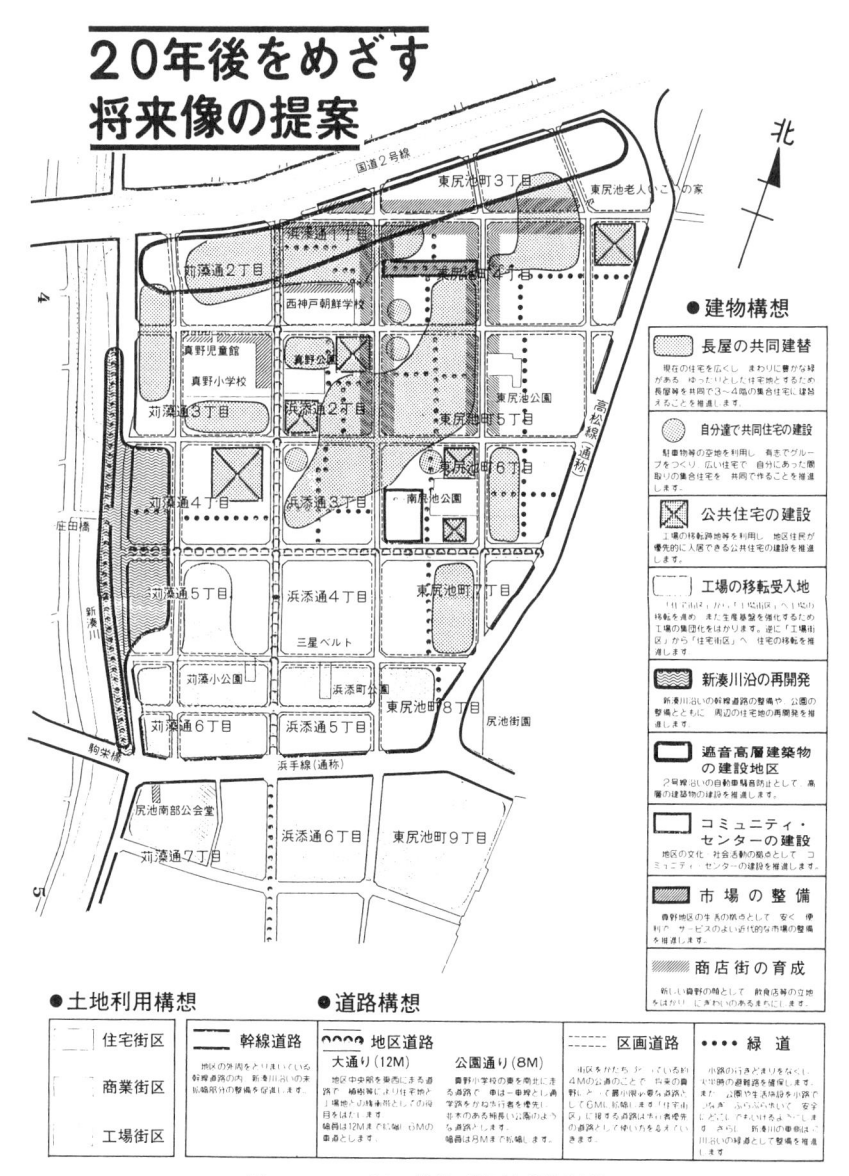

第9章 これからの住まいと"まちづくり"

20年後をめざす将来像の提案

図9-25 まちづくり構想（神戸市真野地区）

図9-26 住民たちの手でつくった冒険遊び場（羽根木プレイパーク）

「プレイパークは公園での自由な遊びをめざして，区と地域の人たちと学生ボランティアとの協力で運営されています。

　ここの道具は区の公園課で作ったものではありません。子どもの欲求に応じてボランティアを中心とする人たちの手で作られています。安全点検は皆の協力が必要です。気がついたことはプレイリーダーに知らせてください。」

これは，1975年から続けられてきた地域住民による「冒険遊び場」づくりが，1979年の国際児童年関連事業として実施された遊び場の立札である。

ここには，ターザンロープ，滑車ロープ，ニワトリ・ウサギ小屋，モンキーブリッジなどがみられる（図9-26）。秘密の場所となる大きな漬け物樽もある。子供たち自身による小屋づくりや，木工，竹細工など手づくりの喜びを体験する場と機会もある。

泥，水遊びだけでなく，常設のかまどではいつも火遊びもできる。ダンボール箱を投げ込んでキャンプファイヤーさながらの炎にしたり，サツマイモで焼イモ，名物「遊ぼうパン」などのクッキングをしたり，早く燃えるかまどづくりをしたり，かまどと火は，子供たちに新しい発見と発明の宝庫となっている（図9-27）。

火・土・水といった今日では子供の生活空間から「安全」のために排除されている環境要素に対して，子供たちが直接出会えることは，彼らの心のなかに

第9章　これからの住まいと"まちづくり"

図9-27　鳥の見たプレイパーク（羽根木プレイパーク）
プレイパークは過密状態。昭和54年7月21日，国際児童年にちなんで，公園内の自由な遊び場羽根木プレイパーク，オープン。4年目を迎えた昭和57年度，利用者はますますふえ，マスコミにもたびたび紹介され，見学者もふえる一方。こども会，学校，幼稚園，自主保育グループなどの利用も多くなり，火曜を除く毎日開園。

（注）　羽根木プレイパーク実行委員会「羽根木プレイパーク・昭和57年度報告書」（制作：西勝郁郎・尾野和子）

それらへの初原的な驚きと喜びをもたらしているかに思える。

　冒険遊び場は，地域住民の参加による自主的な運営管理によってなりたっているとともに，プレイリーダーと呼ばれる若者ボランティアグループにも支えられている。プレイパークという「場」には，地域に生きるさまざまな人がかかわっている。

　1981年3月には，室内に閉じこもりがちの都会の幼児たちが野外で「思いきり遊べる会をつくろう」との母親たちの願いから「ピッピの会」が生まれた。プレイパークや他の公園を根拠地にして子を持つ地域的に近い者同士が集まり，

▶冒険遊び場
　今日の都市社会のなかでは，ほとんどできなくなってしまった，子供の遊び場にかかわる多様な活動を受けとめる遊び場。その形態は，子供の欲求と主体的な行動によって決まるので，所により，時により，さまざまに変化する。例えば掘立小屋の建ち並ぶまちになったり，ニワトリやウサギなどの飼育になったり，たき火や料理や木登りや穴掘りやキャンプや草花づくりの場になったり等々，いろんな形態をとる（大村虔一「冒険遊び場」『キーワード50―3』建築知識社，1982年）。

> **コラム** ビオトープとは

ビオトープとはドイツ語でありドイツが発祥の地である。ビオ（バイオ）とは動植物などの生命あるもの，トープとはその生息する場所の意味である。ドイツでのビオトープはその実施の全国的な規模において注目されるものがある。

たとえばデュッセルドルフ市では高速道路の建設にともない自然が破壊されることを考え，トンネルの上に6ヘクタールにおよぶ広大な土の丘を築いた。そこに草原，低木林，池，湿地帯などの自然（ビオトープ）を作った。この自然は本物に近くタカの仲間であるチョウゲンボウが餌のネズミなどを狙ってくるようになったのだ。

多くの小川にあったコンクリートの人工護岸を取りはずし，直線を曲線にさせて浅みや茂みや，澱みをわざわざ作る。そこにヨシやガマなどの水生植物を茂らせ，昆虫の幼虫を発生させた。かつての汚いゴミ処理場やボタ山などを20年計画で樹林地に変えた。ルール地方の石炭採掘の跡地で残されたハイデ湖には，広大な水鳥の生息地のための湿地を造成中である。エルプ湖ではカワセミの営巣のためにわざわざ切り立った泥の崖を作り，その周囲を森林生鳥獣のためのハンノキの自然林に復元した。

アウトバーンの脇には90種類の野生動物のすむ草原を作り，昆虫や爬虫類のための枯れ木，石積み，灌木林を設けた。カールスルーエの6％は公有地として自然保護地域とした。ミュンヘン市の郊外道路にはカエルなどの小動物が横断する道が作られ，カエルの交通事故に関心が払われている。トカゲの生息のために石積みの日陰が作られ，川の河畔の盛土に凹凸の変化をつけてハンノキやヤナギなどの植物ベルト帯を作った。ここにもカモやバンなどの水鳥が泳ぎはじめ，周囲の森ではズアオアトリやクロウタドリがさえずりはじめた。ノルトライ・ウエストファーレン州では500種の野生動物の3分の1が道路端に育成していて，180種の昆虫や小哺乳動物が記録された。このために道路端の緑地帯の保全と，周辺の自然緑地の拡大を計っている。

学校などでも「ビオトープ」は盛んである。野生植物をできるだけ多種に，しかも自然に粗放管理することが特徴である。中庭緑

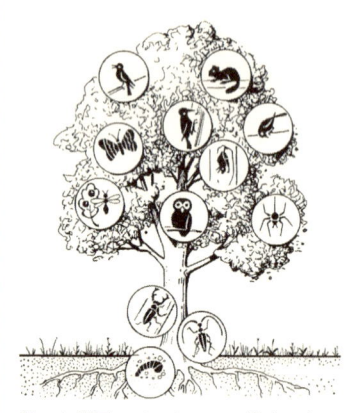

根から樹冠に至るまで——樹木のあらゆる場所が棲み家になっている。

（注）　バイエルン州内務省建設局編，千賀裕太郎ほか監訳『道と小川のビオトープづくり』集文社，1993年。

> 化，壁面緑化，屋上緑化や駐車場緑化が盛んで，ある市役所の屋上では，ここで誕生したクロタウドリの雛が人を恐れることもなく茂みに止まっている。このような動きはドイツだけでなく，オランダ・スイス・フランスにもあり，イギリスのナショナルトラスト運動やエコロジーパーク設置運動がある。イタリアにも画期的な「ガラッソ法」がある。（渡辺）

「自主保育の会」のネットワークもつむぎだされている。

　また，障害を持つ子供たちの放課後は家のなかに閉じこもりがちであるが，1982年の秋から，異なる学校の障害学級のお母さんたち10人ほどが集まり，5〜13歳までの情緒障害児をプレイパークの木立に囲まれた風景のなかで思い思いに過ごせる「どんぐりの会」が生まれた。毎週土曜日に集まり，最近はリーダーやお母さん方，居合わせた子供たちも巻きこんでの誕生会を毎月開いている。

　羽根木プレイパークでのコトの進行は，第一に，都市における住まいを住居の内部に閉じこめた考えではなくて，むしろ地域のなかの遊び場や広場によって補完されているという住居内・外をセットにして考える方向に人々を誘いだしてくれる。第二に，子供に安全なマイルドな環境だけでなく，冒険心を巻きおこすワイルドな環境を提供していることも，子供と住環境の関係のありようの視点からみて興味深い。第三に，それは健常者と障害者の「ともに生きる」暮らしの織物をも確実につむぎだしている。

　これらはいずれも，これからの住まい・まちづくりと都市における人間の生き方を考えるうえでまことに大切な示唆である。

設問 5

　「ともに生きるまちづくり」の具体例を身近に探してみよう。その取り組みの積極面と問題点を分析しつつ，今後の自らの課題としてどのように立ち向かえばいいのかを考えてみよう。

6　住まい・まちづくりにおける参加の機能

❖　近代を越えて

　近代社会は，生産者と消費者の間を著しく隔絶させる強力な「エンジン」を持っていた。住まいも生産・供給者側による計画・建設が主流となり，住み手は手になじむつくり方からは排除されてきた。

　しかし，これからの安定した地域社会形成をはかる時代になってくると，地域コミュニティに根ざした住まい・まちづくりの活動を強化する方向が見通される。A. トフラーが『第三の波』（徳田孝夫訳，中央公論社，1982年，353頁）で論じた"prosume"方式（生産者と消費者が不離不可分となる方法）や，居住者の参加と共同による住まい・まちづくりの社会的文脈形成をいかにはかりうるかが今後いっそう問題となってこよう。

　そこで，本章では，全体として，住まい・まちづくりの主人公としての住み手に着眼し，その参加を軸に論を進めてきた。最後に，以上の考察から住まい・まちづくりにおける参加の機能を集約してみよう。

❖　参加の機能

(1)　ユーザーの要求の多様な吸収

　社会全体に住居水準の低い時代には，「標準化」によって住宅の質的許容の範囲の「けじめ」を明示してきた。しかし，同質の基本的標準がある程度普及すると，それをベースにしながらも，地域的，時代的，人間的契機によって個性ある異質なものへの希求が高まってくる。

　そうした個々の異質な住要求をくみとり，住まいづくりに生かしていくためには，ユーザーが自ら住まいづくりのプロセスに直接・間接に参加し，個別性を生かした緻密な住宅設計・環境設計へのフィードバックが必要となる。

(2)　ユーザーは専門家とは違った発想・知識を持っている

　住み手は住まいを自ら維持管理する立場にあるため，形の美しさや使い勝手のよさに加えて，メンテナンスのしやすさといった点にもきめ細かい要求を持

ちあわせている。

先にあげた「羽根木プレイパーク」では，大きなしいの木にターザン・ロープを結んでいたら，自然保護派の人から批判された。しかし，地域住民は，子供たちが喜々として遊び続けているターザン小屋やロープを別の木に移し，指摘された木にはしばらく「おやすみ」をあげることで，樹木保全の要求に対応した。ユーザーならではの「柔らかい」管理の発想であり，住民参加の運営管理のたまものの一つである。

(3) 人間関係を育み，相互啓発プロセスを育む

住み手集団がともに創り，運営管理する住まい・まちづくりにおいては，住みよさの重要な柱である人間関係を育むことをもたらす，例えば，コーポラティブ住宅では「家をつくる最初からおつきあいがはじまっていい」といわれるように，参加による住まい・まちづくりは，住み手同士の間に，また住み手と専門家の間に，お互いの発想や知恵や技について学びあうというプロセスをもたらす。この相互学習・啓発の関係が各主体に感動と生きがい感を与えるとともに，各主体のその後の発想・行動を押し上げる作用をする。

(4) 自己尊厳の高揚と「環境人間」に向かわせる

住まい・まちづくりへの参加は，上に指摘したこととも相まって，住み手に住むこと，生きることに生き生きとした感受性と行動力を与える。

参加は，住む過程における生活表出機能の高まりとともに，「自分をとりまく複雑多様な環境を全体関連的に自覚し，それに積極的に働きかけていく人間」＝「環境人間（environmental man）」（亀山貞登編著『文化の心理学』朝倉書店，1983年，168頁）に向かわしめる作用を果たす。

(5) 「テキスト」から「パフォーマンス」へ

参加による住まい・まちづくりは，終わりのない，オープンエンディッドなプロセスである。その初発からの過程全体にわたりすすめ方を明示する教科書はない。

むしろ，固定的・閉鎖的体系を越えて，柔軟で開放的な思考・行動を発現させることが，参加による住まい・まちづくりという共同行為の活性化にとっては不可欠である。

それは，基本的に既成の価値観や「型」を編成した「テキスト」中心の思考様式から，新しい価値観の提起や「型やぶり」や遊び心などを含む「パーフォーマンス」中心の思考様式への転換を要求するものである（奥田道大『都市コミュニティの理論』東京大学出版会，1983年，188〜189頁）。

　「パフォーマンス」といえば，第一に参加主体が自ら演戯的・創造的行為をおこなうこと，第二に行為の即興性や遊び性を持続化させること，第三に「動態としての状況への鋭敏な感受性と洞察力」（奥田）が必須となろう。

　私たちは，これから「テキスト」を脱け出て，住まい・まちづくりの創造の地平への一歩を進めることにしたい。

（延藤安弘）

索 引

あ 行

アパート 57
安全性 116
池辺 陽 102
イス座様式 72
移動の障害要因 111
田舎畳 53
居 間 89
イメージ・ブレイキング 69
入母屋(いりもや) 139
いろり 7
ヴォルフェンスベルガー，W. 119
ウサギ小屋 15
エスキース 145, 150, 160
エステム（ESTEM） 102
LDK 152
LDK 論 64
エンゲルス，F. 200
大 壁 140
オウエン，R. 202
置炬燵 53
奥 行 148, 151
オクタビア・ヒル 226
思い出の空間化 243

か 行

家屋文鏡 48
下級武士の住生活 53
家 具 28, 59
家作禁令 50
瑕疵（かし）保証 183
家族空間密度 92

家族構成 142
家族システム 89
家族システム機能 101
家庭内事故 116
壁 155
環 境 18
環境共生住宅 169
環境人間 255
起居動作 12
起居様式 29, 72
起居様式論 72
起床在宅 31
機能分離論 63
キャビー 14
救貧院 123
京間畳 53
居住基本権 213
居住状態 35
居住水準 93, 194
切 妻 139
近隣関係 241
空間矛盾 68
クーリング・オフ制度 189
苦情（クレーム） 174
クロス法 202
景観法 236
ケアつき住宅 124, 129
計画条件 136
欠陥住宅 15, 170, 178
玄 関 51
建築家の役割 165
建築基準法 141
建ぺい率 137

行為達成障害　108
公営住宅　195, 204
公営住宅法　204, 212
公庫住宅　205
公私型住宅　58
公私室分離　70
幸田露伴　85
公団賃貸住宅　195
「公」と「私」　70
高齢者向け住宅　126
国際居住年　218
個　室　80
孤　住　237
個人的空間　96
誇大広告　177
子供部屋　2, 80
コーポラティブ住宅運動　170, 246, 255
コミュニケーション　42, 65, 90, 99
コミュニティ　248
コレクティブハウジング　109
今和次郎　84

さ　行

在宅時間　31
サービス・ハウス　128
シェルタード住宅　126
敷地の諸条件　136
敷地利用計画　137, 158
シックハウス対策　192
室礼様式　74
しもた屋　54
シャフツベリー法　202
住環境　234, 253
住教育　218
住居観　6
住居法　211, 215

住空間の模写　132
集合住宅　228
集　住　240
就寝(の)分離　39, 56
住生活　87
住宅運動　35, 213
住宅改善　35
住宅改造　118
住宅価格　33
住宅行政　18
住宅金融公庫法　203
住宅建設計画　206
住宅広告　27
住宅事情　25
住宅政策　60, 201, 212
住宅性能保証制度　170, 171
住宅トラブル　173
住宅の QC 活動　170, 171
住宅の消費者問題　187
住宅の商品化　187, 191
住宅貧困の階層性　195
住宅品質確保促進法　184
住宅復興　57
住宅問題　15, 199
住宅ローン　198, 208
収納空間　43
住民運動　186
住民参加　248, 251, 254
住様式　47
住様式比較　73
書院造住宅　52
消費者　15
消費者運動　168
消費者の権利　191
消費者問題　168, 190
初期のアパート　57

索　引

食寝(の)分離　39,56
食寝分離論　67
丈間物　53
所用室　142
自立生活住宅　125
真　壁　140
新居住水準　196
身体支持手段　110
寝殿造住宅　49
スケルトン賃貸方式　229
鈴木　恂　13
ストック　206
スペーシング　95
住まいの基準　210
住まいの貧困　194
住み方　39
図　面　161
図面読み　135
生活改善　83
生活空間と心理　11
生活行為　76
生活構造論　62
生活条件　142
生活像　24
生活認識　22
生活様式　29,235
生存権保障　209
政府住宅投資　216
接客中心の住宅　49
設　計　6,13,22,132
設計監理料　188,189
設計図　3,161
操　作　113
僧侶の生活　51
ゾーニング　65

た　行

台所トライアングル　66
台所の改善　56
多家具現象　72
多家具生活　59
畳の大きさ　181
建売住宅　58
竪　穴　46
田の字型住宅　50
箪　笥　52
団　地　233
断面図　163
地域コミュニティ　254
地域づくり　170
地域の分脈　231
地区の魅力　224
中廊下住宅　56
デイ・ケア　127
定　住　46
低層集合住宅　244
ディテール　133
ディンクスカップル　41
デザイン・ボキャブラリー　133,158
デザイン・ポリシー　144,158
テリトリー　11,94,97
登校拒否児の住生活　82,87,93
動　作　77,112
動　線　66
通し柱　140,152
特殊な商品　191
土座生活　47
都市政策　60
都市の整備計画　18
土地問題　172

259

な 行

流し元　54
中根千枝　81
長屋　54
中廊下住宅　56
西山夘三　67
日照条件　137
日本住宅会議　214
日本住宅公団法　204
農家住宅　50
ノーマライゼーション　117, 247

は 行

配置図　163
パースペクティブ　156
パッシブシステムとアクティブシステム　153
ハードビル法　224
早川和男　16
バリア・フリー・デザイン　123
「ハレ」と「ケ」　71
阪神大震災　171
ハンディキャップ　12, 106
ビオトープ　252
ヒル, O.　202, 226
吹き抜け　3
プライバシー　42, 65, 99
ブラムおじさん　17
不良住宅地域(スラム)　200
フリープラン賃貸住宅　229
フロー　206
プロクセミックス　95
平面図　4, 161
部屋の位置　145
部屋の間仕切　49

冒険遊び場　251
ボキャブラリー　133
ホール, E.　95

ま 行

間口　148, 151
マスハウジング　230
まち(村)づくり　18, 222, 234, 248
町屋住宅　48
マンション問題　186
密住　237
持ち家主義　206

や 行

屋根　46, 139
屋根の勾配　151
床　47
ユカ座様式　72
ユニバーサルデザイン　121
洋風　43, 72, 139
横穴住居　46
横丁　244
寄棟　139
予備室　10

ら 行

ライフスタイル　237
リビングルーム　58
リフォーム　176

わ 行

ワイルドな環境　248
和辻哲郎　100
和風　72, 139

執筆者紹介・執筆分担（執筆順，＊は編者）

＊渡辺光雄（序章・第2章・第3章・第6章）
　　奥付参照。

田中恒子（第1章）
　　1941年生まれ。
　　1963年大阪市立大学家政学部卒業。
　　現在　大阪教育大学教授。
　　主著　『住居学ノート』（共著）勁草書房，1977年。
　　　　　『新しい住生活』連合出版，1983年。

外山知徳（第4章）
　　1942年生まれ。
　　1965年武蔵工業大学工学部卒業。
　　　　　東京大学大学院工学系研究科を経て
　　現在　静岡大学名誉教授。工学博士。
　　主著　『住まいの家族学』丸善，1985年。
　　　　　『現代のエスプリ⑳子ども部屋』（編著）至文堂，1985年。

＊高阪謙次（第5章）
　　奥付参照。

上野勝代（第7章）
　　1945年生まれ。
　　1967年奈良女子大学家政学部卒業。
　　　　　奈良女子大学大学院家政学研究科を経て
　　現在　京都府立大学人間環境学部教授。学術博士。
　　主著　『講座・現代居住(2)　家族と住居』（共著）東大出版会，1996年。
　　　　　『市民がつくるくらしのセーフティネット』（共著）日本評論社，2004年。

岸本幸臣（第8章）
　　1940年生まれ。
　　1963年大阪市立大学家政学部卒業。
　　　　　京都大学大学院工学研究科（博士課程）を経て
　　現在　大阪教育大学教授。工学博士。
　　主著　『講座・現代居住(2)　家族と住居』東大出版会，1996年。
　　　　　『図解住居学Ⅰ　住まいと生活』彰国社，1999年。

延藤安弘（第9章）
　　1940年生まれ。
　　1964年北海道大学工学部卒業。
　　　　　京都大学大学院工学研究科を経て
　　現在　愛知産業大学大学院教授。工学博士。
　　主著　『こんな家に住みたいナ──絵本にみる住宅と都市』晶文社，1983年。
　　　　　『集まって住むことは楽しいナ──住宅でまちをつくる』鹿島出版会，1987年。
　　　　　『人と縁をはぐくむまち育て──まちづくりをアートする』萌文社，2005年。

〔編者紹介〕

渡辺 光雄（わたなべ・みつお）

　1942年生まれ。
　1966年東北大学工学部卒業。東京工業大学大学院工学研究科を経て
　現在　岐阜大学教育学部教授。工学博士。
　主著　『くらしのための住居学』（編）学術図書出版，1981年。
　　　　『農村計画論』（共著）農文協，1984年。
　　　　『住み方を創る──人とモノとのいい関係』連合出版，1988年。
　　　　『住領域から考える「サザエさん」の家庭科教育論』教育図書，1999年。

高阪 謙次（こうさか・けんじ）

　1946年生まれ。
　1969年名古屋大学工学部卒業。名古屋大学大学院工学研究科を経て
　現在　椙山女学園大学生活科学部教授。工学博士。
　主著　『老人と生活空間』（共編著）ミネルヴァ書房，1984年。
　　　　『高齢化社会と生活空間』（共著）中央法規，1985年。
　　　　『地域で住まう　やっと実現！玄関のあるくらし──障害のある人のための住宅リフォーム実例集』（共著）風媒社，2001年。

	新・住居学［改訂版］ ──生活視点からの9章──	
1989年7月30日　初　版第1刷発行 2004年4月15日　初　版第15刷発行 2005年10月1日　改訂版第1刷発行 2010年4月30日　改訂版第3刷発行		検印省略 定価はカバーに 表示しています
編著者	渡辺 光雄 高阪 謙次	
発行者	杉田 啓三	
印刷者	田中 雅博	

発行所　株式会社　ミネルヴァ書房
607-8494　京都市山科区日ノ岡堤谷町1
電　話　（075）581-5191（代表）
振替口座　01020-0-8076番

©渡辺光雄・高阪謙次，2005　　創栄図書印刷・清水製本

ISBN978-4-623-04444-3
Printed in Japan

現代住まい論のフロンティア
──────住田昌二編著　Ａ５判　412頁　本体4000円

●新しい住居学の視角　暮らしと住まいの関係を考える住居学の視点から，その歴史，政策，環境，そしてそこに生活する人々の問題などについて検討し，新しい世紀に向けての住まいづくり，まちづくりのあり方を考える。

マルチハウジング論
──────住田昌二著　Ａ５判　280頁　本体3800円

●住宅政策の転回　公営住宅，公団住宅，公庫住宅金融を三本柱とするハウジングの「55年体制」が崩壊した今，日本の住宅政策はどう再構築すべきか。1990年代における実践的検証をふまえ，政策転換の道筋をクリアにする。

ホームマネジメントハウス
──────清水　歌／関川千尋編著　Ａ５判　522頁　本体5796円

●その実践のあしあと　1952〜77年　戦後奈良女子大学家政学部に導入されたホームマネジメントハウス実習の貴重な足跡を追い，その26年間の「記録」と関連施設を含む写真・資料などから，戦後昭和の生活史を再現する。

欧米の住宅政策
──小玉　徹／大場茂明／檜谷美恵子／平山洋介著　Ａ５判　330頁　本体2800円

●イギリス・ドイツ・フランス・アメリカ　各国の住宅政策をそれぞれの視角から動態的に描ききるはじめての通史！　福祉国家の再編過程を射程に組み入れ，欧米の住宅政策の特徴を各国の歴史的展開から浮かび上がらせる。

少子高齢時代の都市住宅学
──────広原盛明／岩崎信彦／髙田光雄編著　Ａ５判　306頁　本体2800円

●家族と住まいの新しい関係　「少子高齢化」が家族と住まいにもたらした変化とはなにか。地域共同性の再生という視点から，地域社会と居住空間の新たな可能性を見出し，これからの都市と住まいのあり方を模索する。

──────────ミネルヴァ書房──────────
http://www.minervashobo.co.jp/